The Lawyers Who Made America

Anthony Arlidge

青蓝

改变美国的律师们

【英】安东尼·阿里奇 著
毕竟悦 译

中国法制出版社
CHINA LEGAL PUBLISHING HOUSE

导读：他们改变了美国

从殖民地时期起，律师就在美洲的建设中发挥了重要作用。律师奠定了美国的制度基础，促进了美国的发展与繁荣。在很大程度上可以说，律师塑造了美国。

探险与定居

沃尔特·雷利（Walter Raleigh，约1552年—1618年10月29日）首开法律人向美洲探险的先河。1575年，雷利加入了英国中殿律师会馆。主要是在雷利的影响下，中殿会馆成为英国向美洲探险的重镇。1578年6月，雷利的姻亲艾德里安·吉尔伯特被伊丽莎白女王授予特许状去探索远方未开化的土地。四个月后，由11艘船组成的舰队启程向西，雷利是其中一艘船的船长。雷利在美国东海岸附近的一个岛上建立了定居点，他以童贞女王（virgin queen）命名这个地方为弗吉尼亚。

理查德·哈克卢特（Richard Hakluyt）叔侄。大理查德于1555年成为中殿会馆的学生。自从进入中殿会馆，大理查德就对探险尤其是扩展英国的贸易兴趣浓厚。1578年，他撰写了《殖民笔记》，对殖民者如何选择定居点给出建议。1570年，小理查德进入牛津的基督教会学院，1574年，获得文学学士学位。获得学位后，他在牛津讲授地理学。1578年，他被任命为牧师。从1583年到1588年，他担任英国驻法国大使的专职教士。在大理查德去世后，小理查德与中殿会馆的学生建立了良好的关系。哈克卢特叔侄关注于为英格兰主张定居美洲的权利提供合法理由。

约翰·波帕姆（John Popham），在 1531 年前后生于英国西部农村萨默塞特郡的布里奇沃特。1547 年，他进入牛津的贝列尔学院，1551 年成为中殿会馆的学生，1557 年取得律师资格，1571 年成为布里斯托尔的特委法官和市议会成员，1578 年升任高级律师，1579 年被任命为副总检察长，1592 年被任命为王座法庭的首席法官。在波帕姆的主导下，弗吉尼亚公司成立，他参与起草了弗吉尼亚公司的第一部章程。

埃德温·桑迪斯（Edwyn Sandys），1590 年进入中殿会馆。尽管埃德温接受了律师训练，但是没有证据表明他曾在法庭执业。1593 年，他被选为国会议员，之后他的精力主要投入到国会的事业当中，到 1603 年，他已经成为非常有影响力的政治家。虽然詹姆斯一世授予桑迪斯准男爵头衔，但是在英格兰与苏格兰合并的问题上，桑迪斯强烈反对国王。桑迪斯支持自由贸易，曾是东印度公司的成员。1604 年，他成为平民院两个委员会的主席，起草了自由贸易法案，但是被贵族院否决。1618 年，弗吉尼亚迎来了新总督亚德利，根据亚德利的指示，桑迪斯起草了著名的《弗吉尼亚大宪章》，规定会员大会“对于涉及该殖民地的公共福利的所有紧急情况拥有处理、咨询和决策的自由权力”。这标志着美洲民主的诞生。

纳撒尼尔·沃德（Nathaniel Ward）在萨福克的黑弗里尔长大，是一位杰出的清教徒教长的儿子。他于 1607 年 2 月进入剑桥大学，并加入林肯律师会馆，于 1615 年 10 月 17 日取得律师资格。他似乎作为律师执业了一段时间。他保持了父亲的清教徒信仰，由于布道，劳德大主教在 1631 年谴责了他，1633 年解除了他的教区牧师职位。追随着寻求宗教信仰自由的移民浪潮，沃德于 1633 年移民到马萨诸塞。1638 年，沃德成为一个委员会的成员，为殖民地治理所必需的基本法律起草提供指导，他主要负责起草了《自由体系》，列出了100项基本法律。《自由体系》体现了沃德曾在林肯会馆学习的英国普通法，以及他学生时期发生在英格兰的宪法争论。这是英国和美国的《权利法案》的前身。

塞西尔·卡尔弗特（Cecil Calvert）建立了马里兰，作为天主教徒的避难所，而威廉·佩恩（William Penn）建立了宾夕法尼亚，作为贵格会教徒的避难所。两个殖民地都实施宗教宽容政策。二人都未曾作为律师执业，但是二人都曾在律师会馆学习，并把相关法律知识应用到殖民地的立法中。马里兰是英王赐予卡尔弗特的封地，卡尔弗特起初作为封建领主进行统治，但是殖民地的自由民想要获得英国公民的权利，这迫使他接受了1638年根据自由民的意见而颁布的《人民自由法案》，该法案反映了《大宪章》的内容。由于英国大主教劳德实施较为严苛的宗教政策，迫使一些基督教异议教派的成员来到北美。1649年通过了《马里兰宗教宽容法案》，规定只要是基督徒，所有的殖民地成员都会被宽容对待。佩恩曾由于向公谊会成员布道而在英国入狱。1678年，佩恩发布了《宾夕法尼亚的自由与政府框架》。该框架规定了宪法的一般原则，模仿古罗马政治制度设计了包含总督、邦理事会以及民众大会的政府结构。在宗教宽容方面，该框架甚至宽于《马里兰宗教宽容法案》，包容了非基督徒。

小詹姆斯·奥蒂斯（James Otis Junior，1725—1783年）生于法律世家，他的父亲约翰·奥蒂斯是一名法官。小詹姆斯·奥蒂斯是土生土长的美洲律师，于1743年从哈佛毕业，然后加入格里德利律师事务所，1760年被任命为波士顿海事法庭的总法律顾问。“无代表不纳税”这句话就是奥蒂斯的发明，他领导了殖民地的抗税运动，为此辞去了总法律顾问职务。随着《印花税法案》激起美洲殖民地的不满，在奥蒂斯的建议下，殖民地代表集会，要求撤销该法案。8个殖民地的代表于1765年10月在纽约集会，奥蒂斯是马萨诸塞的代表之一，代表们把这个会议称为“议会”。

威廉·布莱克斯通（William Blackstone，1723—1780 年），英国法学家、法官。布莱克斯通从未造访过美洲，然而他对美国法发展的影响比任何人都大。他是牛津大学的第一位英国法教授，之前英国大学未曾讲授过这门学科，而是讲授罗马法。布莱克斯通首先开设了普通法课程讲座，随后在 1765 年至 1769 年出版了巨著《英格兰法释义》，该书畅销于英格兰和美洲。布莱克斯通为在美国移植英格兰普通法提供了基本素材。

革命与建国

约翰·迪金森（John Dickinson，1732—1808 年），被誉为美国革命的“记录者”。迪金森在 21 岁时到伦敦游历 8 周，并于 1753 年注册成为中殿会馆的学生。从英格兰返回美洲后，迪金森于 1757 年加入了宾夕法尼亚律师协会，他在费城的律师执业取得了成功。迪金森先是被选为特拉华民众大会代表，1762 年又被选为宾夕法尼亚民众大会代表，参与组织了 1765 年的印花税法案议会，迪金森是会议通过的《权利与不满宣言》的起草者。1767—1768 年，迪金森以《宾夕法尼亚农夫致同胞书》为名发表了一系列文章，在文中，迪金森试图寻求平衡，避免走向激进革命。然而英国的做法日益令迪金森失望，使其逐渐走向支持美国独立的阵营。

约翰·亚当斯（John Adams，1735 年 10 月 30 日—1826 年 7 月 4 日），美国第一任副总统（1789—1797 年），其后接替乔治·华盛顿成为美国第二任总统（1797—1801 年）。亚当斯是马萨诸塞的执业律师，但是从第一届大陆会议开始，他就几乎把全部精力投入到殖民地的反抗事业中，开始从事公职。他在劝说各邦联合反抗英国政府中发挥了关键作用，尤其是在第二届大陆会议上，他劝说全部 13 个州签署了《独立宣言》。一旦美国宣布独立，接下来的焦点问题就是各欧洲国家如何承认新的美国政府。这个问题与《独立宣言》的起草本身一样重要，为此亚当斯承担起了外交的重任，与本杰明·富兰克林和亚瑟·李组成美国驻法三人委员会。1779 年，亚当斯又成为全权代表美国与英国以及其他欧洲国家签订条约的三位公使之一。1783 年 9 月 3 日签订的《巴黎条约》（实际上是与大不列颠、法国和西班牙的三个独立的条约），亚当斯在其中发挥了突出作用。1785 年 2 月，亚当斯被任命为美国首任驻英大使，于 1788 年 2 月 20 日被召回国任职。

托马斯·杰斐逊（Thomas Jefferson，1743 年 4 月 13 日—1826 年 7 月 4 日），美利坚合众国第三任总统（1801—1809 年），同时也是美国《独立宣言》主要起草人。1767 年，杰斐逊加入弗吉尼亚律师协会。1769 年 5 月，他被选为弗吉尼亚民众大会成员。1776 年，他为弗吉尼亚准备了宪法草案。从 1779 年到 1781 年，杰斐逊担任弗吉尼亚州州长。1785 年，杰斐逊被任命为驻法国王室政府的美国公使，因此在起草《美国宪法》时，他很遗憾不在美国。然而，他就宪法主题与麦迪逊进行通信，而麦迪逊在宪法制定中发挥了重要作用。杰斐逊是华盛顿总统的首任国务卿，于 1800 年当选美国总统。杰斐逊担任了两届总统。在 1806 年向国会发表的演讲中，杰斐逊提议立法废除奴隶贸易。第二年，国会通过法案，禁止进口奴隶，该法案于 1808 年初生效。杰斐逊总统任期中最著名的行为或许就是路易斯安那购买案，使美国的领土增加了近一倍。杰斐逊在教育方面也颇有建树，他在离任总统后，于 1819 年创办了弗吉尼亚大学。

约翰·拉特利奇（John Rutledge，1739—1800 年），于 1754 年 10 月 11 日进入中殿会馆。1760 年 2 月，他加入英国律师协会；1761 年 1 月，他加入南卡罗来纳律师协会。同年，他被选入南卡罗来纳议会的众议院。1765 年，他被选为南卡罗来纳反对印花税法案委员会的成员，他是该殖民地派去参加印花税法案议会的三名代表之一。拉特利奇参加了第一届大陆会议，当选起草《殖民者权利与不满》的委员会成员。约翰帮助起草了《南卡罗来纳宪法》，该宪法于 1776 年 3 月 26 日生效，正式宣布南卡罗来纳独立于英国。当天，他被选为南卡罗来纳的主席和总司令。他还被选为第二届大陆会议的代表，但是由于在南卡罗来纳的职务，在讨论《独立宣言》期间，他没有出席费城会议。当英国的军事威胁日益迫近时，他被选为南卡罗来纳州州长（此时州长头衔取代了主席）。制宪会议于 1787 年 5 月在费城召开，拉特利奇成为南卡罗来纳的代表之一。关于行政部门的设置，在制宪会议上，拉特利奇主张只设唯一的总统，这个主张最终获胜了。从 1789 年到 1791 年的 18 个月里，拉特利奇担任最高法院陪审法官，后来又成为南卡罗来纳普通民诉法庭首席法官。1795 年，华盛顿任命他为最高法院首席大法官，他接受了任命。然而不久后，他发表了一个过激的演讲，批评与英国达成的《杰伊条约》，12 月，参议院否决了他的任命。

罗杰·谢尔曼（Roger Sherman）和詹姆斯·麦迪逊（James Madison）处于观点对立的两极：前者支持各州的权力，把保护自由寄望于新政府的良知；后者力促强大的中央政府以及一部具体的权利法案。谢尔曼没有大学学位，但是多年的执业律师，还是康涅狄格普通民事诉讼法院法官。谢尔曼在两届大陆会议和制宪会议都工作过，是唯一一位签署了这些会议发布的所有重要文件的人，这些文件包括《独立宣言》《组织章程》《邦联条例》《美国宪法》《权利法案》。谢尔曼在宪法五分之三条款被接受的过程中发挥了作用。麦迪逊少年成名，曾在新泽西大学学习，阅读法律是他涉猎广泛的学习内容之一，尽管他从未获得律师资格，但是后来起草的文件吸收了他的大量学习成果。麦迪逊是弗吉尼亚参加制宪会议的七位代表之一，他起草了弗吉尼亚方案，该方案成为宪法讨论的基础。在决定修改宪法制定权利法案后，成立了一个六人起草委员会，谢尔曼和麦迪逊都是成员。谢尔曼对于确定修正案的形式起到了关键作用，他主张，应该制定独立的修正案，原文保持不动。1791 年 12 月，《美国宪法》的前 10 条修正案被批准。罗杰·谢尔曼在康涅狄格州批准《权利法案》的过程中发挥了作用，他于 1793 年去世。詹姆斯·麦迪逊后来成为美国第四任总统。

亚历山大·汉密尔顿（Alexander Hamilton，1755 年 1 月 11 日/1757 年 1 月 11 日—1804 年 7 月 12 日），是草根逆袭的典范。汉密尔顿本是一名私生子，由于找不到他的出生记录，他出生的具体日期无法确定。汉密尔顿追随华盛顿，参与了美国的革命战争。战争结束后，汉密尔顿回到纽约，于 1782 年 7 月 1 日获得出庭律师资格。1787 年，汉密尔顿被选为纽约代表参加制宪会议，讨论制定新宪法。从 1787 年 10 月到 1798 年 5 月，汉密尔顿与杰伊、麦迪逊一起以笔名普布利乌斯撰文拥护新宪法，这些文章于 1808 年出版时共收集了 85 篇，汉密尔顿撰写了其中三分之二以上的篇章。1789 年 9 月 2 日，联邦财政部成立，9 月 11 日，华盛顿任命汉密尔顿为首任财政部长。汉密尔顿提议国会设立国家银行，1791 年 2 月中旬，创建国家银行的议案获得两院通过。汉密尔顿对美国的贡献体现在宪法和经济两个方面。

约翰·马歇尔（John Marshall，1755 年 9 月 24 日—1835 年 7 月 6 日）于 1801 年被任命为美国联邦最高法院首席大法官，他担任这一职位达 35 年之久。在增强最高法院的地位和适用宪法方面，马歇尔发挥了重要作用。1780 年，马歇尔获得弗吉尼亚律师资格。1782 年，马歇尔进入政界，成为弗吉尼亚参议院议员。1799 年 12 月，马歇尔成为国会众议员。1800 年 6 月，亚当斯任命他为国务卿。1800 年秋，亚当斯在总统大选中落败，但是他还没有离职，亚当斯想确保下任最高法院首席大法官是自己所属的联邦党人，因此亚当斯任命了马歇尔。此时的最高法院还没有什么成就。1803 年 2 月，在影响深远的马伯里诉麦迪逊案中，马歇尔领导的最高法院声称其具有在某些情况下监督政府其他部门行为的权力。在科恩兄弟诉弗吉尼亚案中，最高法院在马歇尔的领导下声称其拥有裁决个人与州政府之间争议的权力。马歇尔的主要贡献在于根据宪法确立了一个与行政和立法部门平起平坐的最高法院。

发展与繁荣

亚伯拉罕·林肯（Abraham Lincoln，1809 年 2 月 12 日—1865 年 4 月 15 日）出身寒微。1836 年 9 月 9 日，亚伯拉罕获得伊利诺伊律师资格。从 1834 年到 1842 年，林肯代表辉格党的利益成为伊利诺伊州众议院议员。1854 年《堪萨斯/内布拉斯加法案》通过，在路易斯安那的中心地带创设了两个巨大的新领地，法案规定当这两个领地成为州之后，可以自由决定是否实行奴隶制。这违背了《西北条例》的精神，突破了《密苏里妥协案》。该法案的通过撕裂了辉格党和民主党。林肯认为需要一个新的政治结盟，以阻止奴隶制的扩张，1854 年 7 月 6 日，他参加了新共和党大会。在此之后，林肯发表了 175 场演讲，反对奴隶制的扩张。1860 年 5 月，林肯在总统选举中依然处于劣势，但是到 11 月 6 日，林肯获得决定性胜利。1861 年 3 月 4 日，林肯就职总统。时值内战正酣，1863 年，林肯发表了著名的《葛底斯堡演说》。1864 年，林肯赢得连任。1865 年 3 月 4 日，林肯宣誓就职，在就职演讲中，他承诺要实现真正的、持久的和平，不会以恶意对待任何人，将会以善意对待所有人。到 4 月 9 日，李（Lee）率领的南方军投降。5 天后，林肯遇刺，于第二天早晨去世。在接下来的几个月里，其他南方联盟军队相继投降，林肯的继任者安德鲁·约翰逊于 1866 年 8 月 20 日正式宣布内战结束。林肯结束奴隶制的决心结出了果实。参议院于 1864 年 4 月 8 日通过了宪法第十三修正案。该修正案在众议院经历了政治斗争，于 1865 年 1 月 31 日获得通过。直到林肯被暗杀后，该修正案才在 1865 年 12 月 6 日获得各州批准。

伍德罗·威尔逊（Woodrow Wilson，1856 年 12 月 28 日—1924 年 2 月 3 日）是美国第 28 任总统。1882 年 10 月，威尔逊获得佐治亚律师资格，他与亚特兰大的一名研究生一起设立了一家律所。然而威尔逊对于法律实务兴味索然，而对于法学学术研究感兴趣。1885 年，他出版了《国会政体》，并且被授予博士学位。他是当时唯一一位具有博士学位的美国总统。他在 1910 年当选为新泽西州州长。1912 年 11 月，威尔逊赢得总统选举。上任后，威尔逊坚持自由市场，取消或减少进口关税，引入联邦所得税，建立联邦储备银行。然而不久后，威尔逊就遇上了第一次世界大战。1918 年 1 月 8 日，威尔逊向国会发表了著名的《持续和平的十四点原则》。在这份理想主义的文件中，有三个要点：外交应该公开；世界人民可以自决；应该有一个国际联合组织。然而，威尔逊的理想主义在生前未能付诸实施，世界又陷入第二次世界大战的深渊。直到“二战”结束，威尔逊的设想才变为现实。威尔逊的《持续和平的十四点原则》对 21 世纪国家间关系产生了相当大的正面影响。

小奥利弗·温德尔·霍姆斯（Oliver Wendell Holmes Junior，1841 年 3 月 8 日—1935 年 3 月 6 日）于 1902 年就任美国最高法院大法官；路易斯·布兰代斯（Louis Brandeis，1856—1941 年）于 1916 年成为他的同事。霍姆斯于 1932 年退休，而布兰代斯于 1939 年退休。他们都是伟大的异议者，经常可以发现他们与其他同事不同的“进步主义”观点。然而这些观点强烈影响了后来最高法院的判决。虽然霍姆斯和布兰代斯经常组成联合阵线，但他们个性迥异；霍姆斯更加学术化，富有哲理，而布兰代斯更注重事实。1880 年，霍姆斯在英国进行了 12 次关于普通法的讲座，讲座内容最后以《普通法》为名出版成书，在书中，霍姆斯表达了他的法哲学观，这些观点体现在了他日后的职业生涯的判决意见中：法律的生命不是逻辑，而是经验。1921 年至 1930 年，美国最高法院由前总统威廉·塔夫脱主持，并被视为一个保守的法院，这无疑是霍姆斯和布兰代斯经常持异议的原因。这两位伟大的异议者在社会达尔文主义占主导的年代推动了对弱者权益的关注。

厄尔·沃伦（Earl Warren，1891 年 3 月 19 日—1974 年 7 月 9 日）于 1953 年 10 月国会休会期被总统任命为最高法院大法官，这使他赶上了著名的布朗诉教育委员会案的重新辩论。1954 年 3 月，沃伦被参议院批准为首席大法官。1954 年 5 月 17 日，他发表了最高法院的一致判决意见，宣布在公立学校将黑人和白人学生隔离是违宪的。这是他任期的第一个判决意见，也标志着“沃伦法院”的开始。沃伦法院在保护民权领域取得了一系列成就。

理查德·尼克松（Richard Nixon，1913 年 1 月 9 日—1994 年 4 月 22 日）是美国唯一一位辞职的总统；阿奇博尔德·考克斯（Archibald Cox，1912—2004 年）是美国总检察长任命的特别检察官，负责调查水门事件。考克斯与尼克松是同时代人，二人都曾从事律师执业，但二人注定要成为冤家。尼克松于 1972 年 11 月再次当选总统，而水门事件的审判始于 1973 年 1 月。1973 年 5 月 25 日，考克斯就任特别检察官。考克斯发出九张传票，要求总统交出与案件相关的办公室谈话的录音带。1973 年 10 月，总统命令总检察长理查森辞退考克斯；理查森拒绝并辞职。副总检察长被说服，辞退了考克斯，考克斯的特别检察官职位被莱昂·贾沃斯基取代。总统仍然拒绝遵守传票。1974 年 3 月 1 日，大陪审团提起公诉，指控总统幕僚中有七个人共谋欺骗国家并妨碍司法公正。尽管由于拥有豁免权，总统没有被指控犯有这些罪行，但他被命名为共谋者。针对交出录音带的传票，尼克松一方提出上诉。在双方试图达成中间路线失败之后，此案最终被提交到了最高法院，最高法院于 1974 年 7 月 8 日发表了意见。首席大法官沃伦·伯格（Warren Burger）发表了最高法院的多数意见。尽管沃伦·伯格是被尼克松任命为首席大法官的，但他基于法理支持了考克斯的主张。最终，一些录音带的内容被公布，显示总统至少参与了掩盖卑鄙伎俩的行为。7 月 27 日，众议院司法委员会投票决定对妨碍司法公正的总统启动弹劾程序。8 月 8 日，尼克松辞职。近 50 人被判犯有与水门事件有关的各种刑事罪行，其中许多人拥有律师资格。这不可避免地导致了对美国律师协会成员管理的批评。此后，职业操守日益被律师职业所重视。考克斯践行了柯克勋爵在 17 世纪的英国所树立的最高的法律规则：国家元首必须服从法律。

1981 年 7 月 19 日，桑德拉·戴·奥康纳（Sandra Day O'Connor，1930—）被任命为最高法院首位女性大法官。12 年后，露丝·巴德·金斯伯格（Ruth Bader Ginsburg，1933—2020 年）追随奥康纳的脚步进入最高法院的法官席。她们的年龄相差三岁，一人是爱尔兰后裔，另一人是犹太人，代表了美国的两大移民群体。两名女性在职业生涯初期都曾遭遇性别歧视。一般而言，奥康纳被视为最高法院的保守派，而金斯伯格属于自由派。然而，有时奥康纳也会让保守派失望。在当时的最高法院，保守派与自由派旗鼓相当，经常摇摆的奥康纳常常在一些案件中成为关键投票，特别是关于两性关系和少数族群的案件。不管怎样，二人的判决意见都显示出一种独立于性别的思想说服力。她们的成就将激励许多年轻女性。

巴拉克·奥巴马（Barack Obama，1961—）是美国第一位黑人总统。奥巴马于 1988 年被哈佛法学院录取，后成为《哈佛法律评论》的主编，并于 1991 年以优异成绩毕业。随后，他获得芝加哥大学法学院的教职，并在一家专门从事人权案件和社区发展的律所实习。1997 年，他以民主党的身份成为州参议员，2005 年成为国会参议员。民主党在 2008 年提名他为总统候选人，2009 年奥巴马成为总统。奥巴马在经济衰退时期上台，恢复了美国经济。他扩大了医疗保健的范围，他还是诺贝尔和平奖的获得者。现在判断奥巴马对美国发展的贡献还为时尚早。

本书所描写的人物大多拥有显赫的政治地位，但是他们并非因为身居高位而流芳千古，而是主要因为与强权斗争、为更多的人谋取自由而名垂青史，他们的身上体现了法律所追求的平等、自治的精神。总有伟大的心灵在推动社会的进步，总有人性的光辉令人感动！

毕竞悦

序

1616年至1700年，大约30万人（在当时是一个巨大的数量）离开英格兰，历经千难万险，面对扑朔迷离的前景，在风雨飘摇中跨过大洋，在未来的美利坚合众国的东海岸建立起殖民地，在异国他乡寻求新生活。他们带着作为英国人的权利而启程，尤其是关于恰当的政府设计的理念，这种理念在英格兰发端于17世纪初。其间发生了一场内战，以公众对国王的审判和处决为顶峰，冲击了欧洲的其余地方；后来，另一位国王又被驱逐和代替。这些事件确立了君主并非绝对的理念。国王，像任何人一样，要服从法律。这种我们视为理所当然的理念，在当时具有革命意义。这种理念与殖民者一起来到未来的美国。对《独立宣言》和1776年美国的创建有许多解释和讨论，但其中确定无疑的一点是坚决的独立思想和对合宪性理念的坚守，它深植于最初的殖民者及其后代的骨子中。

英国律师在殖民地的创建过程中居于核心地位。土生土长的美国律师倡议更好的政府制度，而非大洋彼岸的千里之外的议会专制。美国律师长期致力于根除奴隶制。

当然，美国历史不只是由律师创造的，但是律师与美国历史的许多重大时刻密切相关。他们参与了许多重大事件，致力于创造历史：他们自身的人格和个性、缺点和弱点、原则和偏见的影响超越了法律。以第二任总统约翰·亚当斯为例，像所有反抗来自伦敦的统治的人一样，如果独立战争失败，他可能会因叛国而被绞死。他不满足于仅仅作为律师而发言。再次以他为例，约翰·亚当斯的妻子阿比盖尔·亚当斯（Abigail Adams）的观点经过几个世纪流传下来，可以想象这位出色的女性对于他的影响。或许我们也应该记住，尽管本书中的所有人物都是律师，但他们也是人。

关于本书中的所有人物，从 1600 年至今，我们追溯的事件作为历史尚未被书写。他们的未来依然可期，他们将持续塑造未来。没有他们，世界完全不同。从沃尔特·雷利到奥巴马，安东尼·阿里奇富有洞见地分析了几个世纪以来铸造美国律师的生活和时代。这是一本令人着迷的著作。

荣誉大法官、王室法律顾问，英格兰和
威尔士最高法院前首席法官　伊戈尔（Igor）

前　言

2015年，我参观了在大英图书馆庆祝《大宪章》签署800周年的展览。该展览展示了与该宪章有关的后来的宪法性文件。其中有托马斯·杰斐逊起草的美国《独立宣言》，包含最终版本中删除的谴责奴隶制的段落。我开始阅读《独立宣言》的背景，为其中涉及的人物和问题的相互影响所着迷。反对英国政府行为的人以声称他们作为英国臣民的权利为着力点。不必吃惊，《弗吉尼亚宪章》就是由英国律师起草的，所有早期的殖民者都坚持他们依然是英国臣民。大约50年前，我被叫到位于中殿会馆的英国律师协会，这是与美洲的英帝国创建密切相关的律师会馆。只是由于乔治三世政府的拙劣导致了美国革命和美利坚合众国的诞生。在阅读中，我震惊于这实际上是一场法律革命。根据新宪法，没有取消奴隶制，后来这成为影响这个新国家成长和名誉的痛处。同样是律师的亚伯拉罕·林肯后来终止了它，然而其不良影响一直持续到巴拉克·奥巴马总统任期。本书尝试通过改变美国的律师讲述这个国家独特的发展历史。

我尤其感谢罗伯特·奥雷杰，他既是美国律师，也是英国律师。尽管英格兰和美国的法律制度都是起源于普通法，但已经出现了许多微妙的差别；我开始意识到，我正在游离出我熟悉的领域。罗伯特纠正了我的一些滑稽可笑的错误，为我的未来研究指出了方向。我的老朋友、高等法院前法官大卫·伊迪爵士提出了一些非常有益的批评，对本书部分章节的写作提出建议。我的搭档希瑟·洛克伍德纠正了我的标点符号（值得指出，她的语法学校一定好于我的），提出了有益的建议，增加了论述的吸引力，并全力应付脚注。我的出版商在辛妮·莫洛尼的领导下全程提供了帮助和支持。2014 年，我与最高法院前首席法官伊戈尔合著了《大宪章揭秘》，伊戈尔法官友好地为本书作序。本书中的所有错误都属于我，上述诸位不承担任何责任。

对于本书中这些杰出的人物，我希望读者能像我在写作中一样感到惊喜。

安东尼·阿里奇（Anthony Arlidge）

大事年表

这份大事年表记录了本书中提到的一些主要事件。本书的叙述围绕着个人生活，而不是关于美国发展的编年史，因而事件的日期之间不可避免地存在着跳跃。

1497 年　约翰·卡伯特发现纽芬兰

1578 年　大理查德·哈克卢特撰写《殖民笔记》

1575 年　沃尔特·雷利加入中殿会馆

1584 年　沃尔特·雷利被授予特许状去发现遥远的地方

1587—1590 年　雷利在弗吉尼亚建立定居点的努力失败

1588 年　无敌舰队惨败

1589 年　小理查德·哈克卢特发表了关于英国新发现的报告

1602 年　巴塞洛缪·戈斯诺德发现科德角

1606 年　弗吉尼亚公司被授予第一部宪章

1607 年　英国定居者在弗吉尼亚的詹姆斯敦登陆

1609 年　第二部《弗吉尼亚宪章》

1612 年　第三部《弗吉尼亚宪章》

1618 年　指示代表弗吉尼亚公司建立弗吉尼亚代表大会

1620 年　清教徒的先辈们定居在科德角附近

1632 年　查尔斯一世把马里兰授予塞西尔·卡尔弗特，在那里为天主教徒建立了乐土

1638 年　《马里兰人民自由法案》，部分吸收了《大宪章》的内容，还包含一些宗教宽容的内容

1641 年　马萨诸塞参事会批准了《自由体系》，其内容部分以《大宪章》为基础

1681 年　查尔斯二世把宾夕法尼亚授予威廉·佩恩，他在那里确立了宗教宽容

1682 年　宾夕法尼亚政府框架被采纳

1761 年　小詹姆斯·奥蒂斯在波士顿海事法院主张恢复土地占有令状的有效性

1762 年　奥蒂斯声称，英国国会不得直接向美洲殖民地的居民征税，因为他们在国会无代表

1765 年　英国国会通过《印花税法案》，对文件征税；殖民者在纽约召开印花税法大会，提出《权利与不满宣言》

1765 年　布莱克斯通《英格兰法释义》的第一卷出版

1766 年　废除《印花税法案》，但是通过的《宣示法案》表明，英国国会有向殖民地征税的权利

1767 年　《岁入法案》对向殖民地进口的项目（包括茶）征税

1767 年　由约翰·迪金森撰写的第一封来自宾夕法尼亚农民的信出现在媒体上，敦促联合抵制进口英国货物

1768 年　《食糖法案》对进口到殖民地的食糖征收关税

1773 年　《茶叶法案》允许东印度公司直接向殖民地销售茶叶，而在殖民地，进口货物要被征税

1773 年　波士顿茶党的爱国者倾倒进口茶叶

1774 年　第一届大陆会议在费城召开，会议同意进一步抵制英国货物

1775 年 4 月，革命的第一枪在列克星敦和康科德打响。华盛顿成为大陆军司令。邦克山之战发生在波士顿城外。5 月，第二届大陆会议在费城召开，会议向乔治三世发出了求和请愿，乔治三世在 8 月宣布殖民地叛乱

1776年　英国退出波士顿，但是在布鲁克林高地战中击败了大陆军，夺回了纽约。7月，之前的殖民地签署《独立宣言》。英国开始针对南方各州的军事行动

1777年　已独立的殖民地之间达成《邦联条例》

1780年　英国进攻佐治亚

1781年　英国进攻查尔斯顿、南卡罗来纳，但是随后英国将军康沃利斯勋爵获胜，并包围了约克镇

1782年　英国从查尔斯顿撤出，美国人赢得战争

1787年　制宪会议同意《合众国宪法》取代《邦联条例》

1788年　到6月，足够数量的州批准了《美国宪法》，《美国宪法》生效

1789年　华盛顿成为美国第一任总统

1791年　美国《权利法案》被批准。汉密尔顿成为第一任财政部长，建立国家银行

1793年　《巴黎条约》达成了英国与美国之间的和平

1795年　汉密尔顿辞职

1797年　亚当斯就任总统

1801年　杰斐逊成为总统；约翰·马歇尔成为最高法院首席大法官

1803年　马伯里诉麦迪逊案判决

1804年　汉密尔顿在与亚伦·伯尔的决斗中丧命

1835年　马歇尔去世

1860年　林肯当选总统。1860年12月—1861年3月，南方各州相继退出联邦，采用《南方联盟宪法》

1861年　南方联军进攻查尔斯顿的萨姆特堡，内战开始

1863年　葛底斯堡战役导致双方巨大的伤亡，林肯发表葛底斯堡演说

1864年　南方联盟进攻亚特兰大、佐治亚

1865 年　南方的罗伯特·E. 李将军率大批南方军队投降。林肯第二次宣誓就任总统，但是不久被暗杀。12 月，取消奴隶制的第十三修正案被批准

1866 年　被批准的第十四修正案保证根据法律同等对待所有人，不分种族

1902 年　小奥利弗·温德尔·霍姆斯被任命为最高法院大法官

1913 年　伍德罗·威尔逊就任总统

1914 年　英国和德国开战

1916 年　路易斯·布兰代斯被任命为最高法院大法官

1917 年　美国对德国宣战

1918 年　威尔逊列举了他关于持续和平的十四点原则

1919 年　《凡尔赛和约》。11 月，国会拒绝批准。申克诉美国案判决

1920 年　国际联盟成立

1924 年　万江松诉美国案判决

1927 年　巴克诉美国案判决

1954 年　厄尔·沃伦被任命为首席大法官；布朗诉托皮卡案判决；罗伊诉韦德案判决

1972 年　理查德·尼克松第二届总统任期开始

1973 年　水门丑闻受审。阿奇博尔德·考克斯被任命为特别检察官，起诉水门阴谋

1974 年　最高法院裁决，总统必须披露与助手谈话的录音带。尼克松辞职

1981 年　桑德拉·奥康纳被任命为最高法院大法官

1993 年　露丝·巴德·金斯伯格被任命为最高法院大法官

2009 年　巴拉克·奥巴马当选总统

目　　录

第一章　序幕：沃尔特·雷利

> 1658 年，一艘船从泰晤士河出发，驶向美洲。乘客全部是律师。不幸的是，在到达目的地之前，他们为了生存，同类相食。奇怪的是，这艘船的储备并没有耗尽。这显示了一种新世界的讼争模式。

演讲人是雷蒙德·塞茨，美国驻英国大使，他在 1992 年向中殿会馆的会员发表演讲。从 14 世纪开始，英格兰的出庭律师就在伦敦的四个律师会馆（内殿会馆、中殿会馆、林肯会馆和格雷会馆）接受训练。每个会馆都倾向于吸收特定区域的会员，中殿会馆倾向的区域是英格兰西部。1575 年，一位来自德文郡的 21 岁的年轻人加入了这家会馆。他叫作沃尔特·雷利（Walter Raleigh），他的遗产就是美利坚合众国。主要是在雷利的影响下，这个律师学院成为西部探险的中心。

沃尔特似乎在中殿会馆住了一段时间。1576 年，他写了一首诗，批评乔治·加斯科因的《钢化玻璃》，署名为：中殿会馆的沃尔特·劳利（Walter Rawely）。隔壁的执业律师理查德·哈克卢特已经对探险非常感兴趣；他和他的侄子小理查德成为美洲的大不列颠帝国的主要倡导者。

雷利的家庭与中殿会馆有关系。[1] 通过他的母亲，他成为吉尔伯特家——德文郡的著名海员家庭——的姻亲。艾德里安·吉尔伯特 1562 年加入中殿会馆，在那里一直生活到 1566 年。1576 年，艾德里安的弟弟汉弗莱出版了一本小册子，倡议寻找去中国的新通道[2]，1578 年 6 月，他被伊丽莎白女王授予特许状去探索远方未开化的土地。4 个月后，由 11 艘船组成的舰队向西驶去，雷利是其中一艘船的船长。这次航行虽然以失败告终，但是沃尔特对探索的兴趣反而被激发。他在美国东海岸附近的一个岛上建立了定居点，他以童贞女王（virgin queen）[3] 命名这个地方为弗吉尼亚，但是很遗憾这个最初的努力失败了。

雷利曾经是伊丽莎白一世的宠臣，但是当詹姆斯一世于 1603 年成为英格兰国王之时，他失宠了；他被定为叛国罪，被中殿会馆会员、最
2 高法院首席法官波帕姆判为死刑。该判决没有立刻执行，雷利被投入伦敦塔监狱。波帕姆借雷利不在的时机，接管了他的美国定居点项目——这是司法没收的早期事例。在波帕姆的主导下，弗吉尼亚公司成立。

建立新的殖民地必然涉及法律组织。波帕姆终生以法律为业。然而到 16 世纪末，律师会馆成为富有野心的年轻人的社会中心，其中许多人像雷利一样没有从事法律职业的意愿。尽管他们所学习的法律很大程度上使新大英帝国区别于西班牙和葡萄牙帝国。对海外领土主张权利是基于发现这个事实，但是这必须合法化——它应该成为私人企业，还是公共企业？谁拥有被发现的领土？遥远的殖民地政府（美洲至少离英格兰有六周的航程）需要界定。西班牙和葡萄牙以国王之名进行征服，通过总督（名义上代替国王，西班牙在南美有两个总督）进行统治。英国以女王之名进行占领和主张权利，但是定居点的运行载体起初是一群个人，后来是一个公司。弗吉尼亚公司是股份公司，所有人都可以投资，

---

① See Middle Temple Admission Registers Vol 1.

② *Discourse of a discoverie for a new passage to Cataia* (London, Scolar Press, 1576).

③ 英国女王伊丽莎白一世的称号。——译者注

这是资本主义发展过程中的重要一步。鉴于母国与殖民地距离遥远，新殖民地发展出了一种自治机制，中殿会馆的另一位成员埃德温·桑迪斯为弗吉尼亚起草了第一份民主宪法。不幸的是，这个殖民地不像预期的那样有利可图，在创立 16 年后，它失败了；随后王室直接接管，但是弗吉尼亚会员大会存留了下来。

自 17 世纪以来，在美洲的东海岸建立了 13 个独立的殖民地，[①] 寻求信仰自由的英格兰少数宗教团体的成员推动了殖民地的建立。曾经在律师会馆受训的人为这些新殖民地起草宪法，在一些方面主要采纳了《大章程》的内容，并确保英国普通法在殖民地有效。新世界的第一份自由章程由林肯律师会馆成员尼古拉斯·沃德起草。

英国政府对待新殖民地采取了善意的忽视，让当地民众大会通过在当地征税来维持当地政府。18 世纪中叶的七年战争，导致法国被击败，这终结了他们在美洲的殖民野心，但同时使英国政府陷于严重的债务之中。英国国会试图通过向殖民者直接征税来弥补战争造成的部分损失，这导致殖民者主张 1689 年英国《权利法案》中规定的特权——他们在英国国会无代表，不得被征税。正是英国政府对这一主张的否定引发了革命。美洲的律师是反对英国政府的先锋，此时他们当中的许多人都是在当地出生；然而还有一些人依旧在英国的律师会馆受训，具有讽刺意味的是，尽管与英格兰的关系如此紧密，但是五名中殿会馆成员签署了 3
《独立宣言》，七名中殿会馆成员签署了《美国宪法》。

把这些革命者作为一个群体来看，会发现一些有趣的视角。其中许多人非常年轻。美国革命给予他们推动社会进步的巨大机会——尽管许多人出生在边远地区的小木屋中。时势使他们成为国际巨星——无人不晓约翰·亚当斯、托马斯·杰斐逊。对于争取独立的斗争，他们以胜利告终，他们不再是陷于地方政治的地方律师。他们起初的目标不是独

① 特拉华只是在《独立宣言》之后才宣布自己也是一个实体。参见后面第十二章。

立，而是确保他们享有英国人在英格兰所享有的权利。他们受到了威廉·布莱克斯通所著的《英格兰法释义》的强烈影响，布莱克斯通是牛津大学的第一位英国法教授，在美国独立前几年在美洲出版了该书。他们提倡发扬英国普通法和英国宪法的优点，当他们起草自己的宪法之时，他们是想在没有国王的情况下复制英国法。他们明显受到了 18 世纪欧洲启蒙思想的影响，尤其是运用理性解决人类问题的思想。他们中的许多人在美洲受教于苏格兰人，苏格兰人带来了流行于爱丁堡的休谟等人的启蒙思想。大多数美洲的英国殖民地是由寻求海外领土的英格兰的宗教少数群体所建立，在美洲他们可以自由信仰，而不会受到政府迫害。尽管其中许多成为美国革命先锋的人，由于一些私人原因而放弃了传统的宗教观点，转而支持自然神论或功利主义。当然还有许多人不是执业律师，如梅森和麦迪逊，他们在革命中也发挥了关键作用，但即使是他们，在普通教育中也充分了解了英国法律传统。这是令人兴奋的时代——美国是一张白纸，《独立宣言》和《美国宪法》的起草者们可以在上面绘制新共和国的美好蓝图。美国实际上也经历了一场法律革命。

然而，悬而未决的问题将撕裂这个新国家——大多数州有非裔奴隶，在南方农业劳动密集型诸州尤其突出。由杰斐逊起草的《独立宣言》宣称，所有人生而自由平等，因而奴隶贸易是邪恶的；但在南方诸州的鼓动下，这一主张被删除了。对于宪法起草者而言，全体一致是至高无上的。

新宪法创设了一个联邦最高法院。在 19 世纪初，约翰·马歇尔担任首席大法官长达 35 年，他决定性地使宪法倒向联邦权力。最高法院运用这项权力宣布国会和州的法案违宪，它的判决意见还深刻影响了社会变革，例如在种族隔离和堕胎领域。精挑细选的最高法院大法官展示了最高法院的工作，其中包括前两位被任命为大法官的女性。

4 美国内战结束了奴隶制。亚伯拉罕·林肯总统宣布并赢得了这场战争，他之前是位律师，后来进入政界。奴隶制及其余波是贯穿美国历史的主题，至今尚未解决。很大程度上是通过法院实现了种族和性别平等。

逃离欧洲成为美国公民的人们自然不愿牵涉欧洲事务。伍德罗·威尔逊在第一次世界大战发生前不久成为总统，他曾短暂地做过出庭律师，随后成为法律学者；他将领导美国人走出孤立主义，走向世界舞台。他在“一战”结束后的凡尔赛和会上指出，所有人都有资格自决——这个观点对于欧洲人而言很古怪，欧洲人认为国家至上。威尔逊的观点经过很长时间才被接受。但自他提出这个观点时起，美国一直在为国际社会警察的地位而斗争。

17 世纪英格兰的宪法冲突主要围绕着国王是根据君权神授进行统治，还是国王与臣民一样要服从法律。《美国宪法》确立了三个独立的政府部门——行政、立法和司法。在 20 世纪 70 年代，为了知晓民主党的选举策略，一些共和党成员潜入位于华盛顿水门大厦的民主党总部窃取文件。尼克松总统得知了这件事，有他与助手的录音为证。政治压力迫使尼克松的总检察长任命了特别检察官阿奇博尔德·考克斯，他要求总统提供录音带。总统主张行政特权。最终，他被迫披露了录音带，这致使他辞职。总统也在法律之下。

历史是由人民创造的。律师也是人民，尽管一些人尽力脱离人民。个体律师的选择促成了美国的建立和持续发展，他们是关键人物。毫无疑问，一些人被忽视了，他们本应被纪念。尽管法律定义通常出现在论述前面，但仍然可以看到更多的一般性影响。18 世纪中期“无代表不纳税”的呼声来自对贸易日益自信的殖民地，这种自信在美国独立之后愈加强大，尤其当美国取代英国成为世界上最繁荣的国家之后。现在总统们感到自己深陷难以预知的国际争端。本书通过法政界一些重要角色的生活来追溯现代美国的成长和定位。这的确是一个不可思议的故事。

第二章　地图与探险者：理查德·哈克卢特

5 理查德·哈克卢特于 1555 年成为中殿会馆的学员，他在庭审中实习，从而成为一名出庭律师。他在宿舍中生活，在假期则返回赫里福郡的家里。他有一个侄子，也叫理查德，生于 1554 年。小理查德的父母在他很小的时候就去世了，大理查德成为他的监护人，并把他送到威斯敏斯特学校。[1] 1589 年，小理查德致信女王的首席秘书弗朗西斯·沃尔辛厄姆：

> 我知道，作为一个年轻人和女王的一名学者，威斯敏斯特是一个孕育英才的场所，我很高兴参观了理查德·哈克卢特的会所，他是你熟悉的中殿会馆的绅士，我在他的宇宙结构学的书上偶然发现了一张宇宙地图；他看我很好奇，就开始给我讲解……通过那张地图，他引领我了解圣经，并转向《诗篇 107》……我读到，他们在海上坐船，住在海上，看见耶和华的作为。[2]

---

① See Intro to R Hakluyt jnr, *The Principall Navigations, Voiages and Discoveries of the English Nation*, (London, George Bishop and Ralph Newberie, 1589); (Harmondsworth, Penguin, 1982).

② ibid.

理查德叔叔收藏宇宙地图并不容易。当时重要的地图绘制者是来自安特卫普的亚伯拉罕·奥特利乌斯和佛兰德人赫拉尔杜斯·墨卡托（此时在德国工作）。在他的侄子到访之后，大理查德就给奥特利乌斯写信：

> 人们通常住在房子里，既不宽敞，也不明亮，无法方便地展开一幅大的世界地图，对许多人而言，理想的地图是：完全展开后正好适合于一个客厅，卷起时两端有一个平滑旋转杆，适合放在三四英尺见方①的桌子上。

这种地图未曾制作出来，因为墨卡托发明了一种绘制地图的新方法。1570年，奥特利乌斯出版了他的第一本地图集《地球剧场》。后来，小理查德出版了奥特利乌斯地图的副本，并与墨卡托通信，成为他儿子的朋友。②

自从进入中殿会馆，大理查德就对探险尤其是扩展英国的贸易兴趣 6
浓厚。16世纪50年代初，莫斯科夫公司成立了。1555年，在它的赞助下，威洛比和钱塞勒沿着北角航行，希望发现去往亚洲的东北通道。钱塞勒最终到达莫斯科，与俄国建立了贸易联系。大理查德写信给他，指引他如何收集情报。③ 1580年，在佩特和杰克曼起航寻找同样的通道之前，他也给他们写了类似的信。④ 1579年，他写便笺给正要去波斯旅行的染工赫伯尔斯通，提到尽管英格兰出产最优质的羊毛，但是英国商人没有能力更好地加工。他请求赫伯尔斯通考察波斯人如何印染羊毛。⑤

1578年，他撰写了《殖民笔记》，对殖民者如何选择地点给出建

---

① 1英尺等于0.3048米。——译者注

② See EGR Taylor, *The Original Writings and Correspondence of the two Richard Hakluyts* (London, The Hakluyt Society, 1935) Docs 7 and 26.

③ ibid, Doc 20.

④ ibid, Doc 25.

⑤ ibid, Doc 23 and see Doc 36 *Notes on the Levant Trade*.

议："对于当地人要理所当然地人道、恩惠和容忍，这样你就会与你的邻居建立坚实的友好关系，你就能拥有当地的商品。"① ——最终英国殖民者对这个好建议置若罔闻。1585 年（雷利由于探险和在北美定居而从王室那里获得特许状之后），大理查德撰写了《航海者喜欢去北纬 40-42 度的弗吉尼亚的诱因》。② 诱因包括：在异教徒中间培植基督教信仰；扩大女王的领土；羊毛衣物的未来市场；发现西北通道；为英格兰勘探石油、葡萄酒、啤酒花、食盐和糖；为年轻人移民和淘金、淘银提供机会。③

1570 年，小理查德进入牛津的基督教会学院，1574 年，获得文学学士学位。根据他自己的描述，④ 他在牛津花费了大量时间收集关于英国探险的信息，获得学位后，他在牛津讲授地理学。1578 年，他被任命为牧师。从 1583 年到 1588 年，他担任英国驻法国大使的专职教士。在那里，他发现，其他国家赞美他们的发现，但是"其余英国人则因循守旧，一直忽视类似的尝试，应该受到谴责"。⑤ 他继续收集英国船长的航海记录，他们是"不安分者和遥远世界的探索者"。⑥

7 1584 年 3 月 25 日，伊丽莎白女王授予雷利特许状，可以发现、探索和寻找遥远的天堂。根据雷利的指引，一些人首次尝试在美洲定居，他们发回了乐观的报告，作为回应，小理查德发表了《应沃尔特·雷利先生要求所作关于西方发现的必要性和商品多样性的论述》。该文放大了他叔叔关于支持定居北美的许多论述，详细说明如何装备探险队。1585 年 10 月 5 日，他被召去向女王提交该篇论文。⑦ 他接受了奖赏，

---

① ibid, Doc 18.

② ibid, Doc 47.

③ 该文很久之后才发表，in J Brereton , *A Briefe and True Relation of the Discouerie of the North Part of Virginia* (London , Eliot 's Court Press , 1602)。

④ See Preface to Principall Navigations above n 1.

⑤ ibid.

⑥ ibid.

⑦ See introduction to Taylor n 3 above.

成为布里斯托尔大教堂的教士（由于作为教士接受俸禄或收入，有时也称为受俸牧师）。尽管支持建立殖民地，但是女王实际上没有提供任何资金。1586 年，雷利受封骑士。小理查德被任命到布里斯托尔可能是有深意的，因为布里斯托尔与西方贸易关系密切。无论如何，这使他可以与商人接触，当弗吉尼亚公司成立时，这段经历被证明非常有益。一支探险队试图在罗诺克岛定居，该地邻近现在的北卡罗来纳海岸；拉尔夫·莱恩被任命为总督，1585 年 9 月，他给大理查德发去报告，赞美殖民地。[1] 1586 年，这群定居者中的幸存者被弗朗西斯·德雷克爵士所救，于 7 月 22 日返回英格兰的朴茨茅斯。登陆四天后，德雷克到中殿会馆用餐，可能是去向雷利报告。

1588 年，西班牙无敌舰队被击败。1589 年，为了激发国民的信心，小理查德首次出版他的《英国海陆的主要航海者和探索者》，献给弗朗西斯·沃尔辛厄姆。该书收集了航海的主要记录，试图主张英格兰殖民美洲的权利。下一年，小理查德成为萨福克的威瑟林赛特（Wetheringsett）牧区牧师。后来探险队新招募的人主要来自西部农村和东安格利亚，绝非偶然。

哈克卢特家族关注于为英格兰主张定居美洲的权利提供合法理由。小理查德的《论西方种植物》第十八章开头就是“英格兰女王头衔适用于所有西印度和佛罗里达周边，比西班牙人和其他基督君主更具有合法性和正当性”。他的论断主要依赖于约翰·卡伯特在 1497 年发现纽芬兰并主张权利。据此主张对北美东北海岸大部分地区的权利，这是非常重要的说法。为了理解背后的成因，有必要简单追溯欧洲殖民的历史。从 1418 年起，葡萄牙人就逐渐向非洲西海岸探险，并被教皇许可，他
们可以侵入、寻找、抓获、征服和镇压所有萨拉森人与异教徒，可以侵 8

① R Hakluyt Jnr n 1 above.

占王国和其他领土供自己使用。[①] 教皇尼古拉斯五世在1455年1月颁布的教皇诏书的前言中叙述了这样做的正当性：

> 我们对那些天主教国王和王子给予适当的支持和特别的感谢，他们好比运动员和勇猛的冠军……不仅控制了萨拉森人和其他异教徒、基督教的敌人的野蛮扩张，而且用信念征服他们的王国和居民，尽管地处我们未知的最遥远之处，并且让他们暂时自治。[②]

当葡萄牙和西班牙为哪个国家应该获得这种特别的嘉奖而争执时，西班牙的费迪南德和伊莎贝拉说服教皇亚历山大六世于1493年5月4日颁布诏书，划分了两国在非基督教地区享有的权利，但是偏向于西班牙。葡萄牙国王抗议教皇的介入。然而最终在1494年夏天，他与西班牙达成了《托德西利亚斯条约》，在佛得角以西370里格[③]处划界，根据这条线来划分两个王国的利益领域。该线以西已发现和新发现的所有土地属于西班牙，以东属于葡萄牙。[④] 由于西班牙人于1565年在佛罗里达建了一个堡垒，因而他们主张对于北美东海岸的全部权利。

英国人起步较晚。威尼斯人约翰·卡伯特曾试图从西班牙和葡萄牙那里获得赞助，以远航去发现西方，但是失败了，他于1496年来到伦敦。1496年3月5日，亨利七世通过特许证书授权他和他的三个儿子去航行，“打着英国的旗帜和徽章……去寻找之前所有基督徒未知的异教徒和无神论者的岛屿、国家、地区或行省”。一旦发现这种地方，卡伯特就可以占有，成为英国王室的封臣。后来他们登陆的地方被称为纽芬

---

① See Bull *Romanus Pontifex* January 8 1455 found in FG Davenport (ed), *European Treaties bearing on the History of the United States and its Dependencies to* 1648 (Washington, Carnegie Institute of Washington, 1917) 13-26.

② ibid.

③ 1里格合4.83公里。——译者注

④ 这就很好地解释了为什么西班牙在西半球具有巨大的影响力，而葡萄牙在巴西、非洲及亚洲东部拥有极大影响力。——译者注

兰（Newfoundland）①。

在《论西方种植物》② 中，小理查德宣称，美洲是由北威尔士亲王麦多克·欧文·古耐斯在 1170 年发现的。他继续断言，哥伦布曾经寻求英格兰国王亨利七世的支持；但是他的哥哥在从英格兰回来的路上被海盗抓住，他才求助于西班牙人。然而，最为重要的是他主张，约翰·卡伯特的儿子重新计算了他父亲勘查的东部海滨，从北纬 60 度向南到佛罗里达（穿越今天的加拿大）。哈克卢特记录此事发生在 1496 年。而哥伦布到达巴哈马群岛是在 1492 年，他在 1498 年之前 9
没有到过北美大陆，因此理查德认为，卡伯特为英国王室发现了南至佛罗里达的北美海岸，“享有权利的国家应是第一个看到和发现这里的国家”。③ 毫无疑问，哥伦布是在卡伯特登陆纽芬兰（本身就是邻近北美海岸的岛）之后才到达北美大陆的，但是卡伯特后来由于缺乏补给返回了英格兰，而没有沿着整个东部海岸航行。没有其他证据证明他航行了。

鉴于论据“A”未能证明，在《回应亚历山大六世把所有西印度地区授予西班牙国王的诏书》中，理查德又提出了论据“B”。④ 他主张，任何教皇都没有赠予领土的合法权力。基督认为他的王国不属于今世。“为什么教皇作为基督的仆人可以处置世界上如此多的王国呢？”

罗诺克定居的失败揭示，雷利低估了海外定居的挑战。土著的恶意、农作物水土不服的困难、从当地人那里感染的疾病以及保持殖民地补给的困难，共同导致了失败。这证明了一个反复出现的主题。雷利的兴趣主要在于发现珍贵的金属，如西班牙人在今天的南美发现的那些东西。这始终是坚持殖民新世界的人的目标。约翰逊、查普曼和马斯顿在

---

① 直译为：新发现的地方。

② Ch 18.

③ ibid.

④ Ch 19 of a *Discourse on Planting*.

1605 年出版的《伊斯特伍德的锄头》中讽刺了这个现象。席盖尔船长解释了在弗吉尼亚的发现：

> 那里的黄金比我们带去的铜还要多；尽管我们带去了尽可能多的紫铜，但是我得到的黄金重量是其三倍。为什么连人们的夜壶都是纯金的……还镶着红宝石和钻石，他们在假日出发，在海边收集宝物。①

哈克卢特肯定没有忽视发现这些财富的可能性，但是他们的作品反映了更普遍的爱国情怀。大理查德对于扩展英国贸易尤其感兴趣。叔侄二人都把殖民地视作治愈英格兰的失业和引导罪犯走向勤劳的途径。

雷利没有放弃关于定居的观点。大理查德·哈克卢特建议，最初的定居者应该带上一位画家，以记录他们的发现。他们选中了约翰·怀特，他绘制了关于罗诺克的水彩画，尤其是描绘了美洲土著。1587 年，雷利第二次组织建立定居点，任命约翰·怀特为总督，配以 12 名助手
10 协助进行管理。尽管他们意向的定居点是在切萨皮克湾，但实际上的殖民地就建在罗诺克本地。定居又一次遇到了困难，到年底，怀特回到英格兰寻找补给和其他移民者。不幸的是，由于无敌舰队的介入，他直到 1590 年才得以返回，但没有找到定居点和移民者的踪迹。

现在显而易见的是，需要更复杂的殖民手段。大理查德·哈克卢特于 1591 年去世，但是他的侄子很快在中殿会馆的学生中找到了新的同盟，来自萨福克的近邻，名叫巴塞洛缪·戈斯诺德。他们成为朋友，理查德对探险的热情感染了巴塞洛缪。他在 1597 年埃塞克斯伯爵去亚速尔群岛的远征队中获得了一个位置，之后参与了针对西班牙人的武装民船，得到了一笔巨款。1602 年，他从南安普敦伯爵那里获得资金支持，从事远征勘探以及在美洲东海岸定居。他从康科德的法尔茅斯起航，带

---

① George Chapman, Ben Jonson, John Marston, *Eastward Hoe* (London, William Aspley, 1605) Act 3 Sc 3; see GA Wilkes (ed), *Complete Plays of Ben Jonson* (Oxford, Oxford University Press, 1951).

着 32 人，包括雷利的同母异父兄弟巴塞洛缪·吉尔伯特。航行的目的是要在美洲土地上留下 20 名定居者，包括戈斯诺德。探险队起初到达了现在的缅因州的海岸，随后向南探险，在路上命名了科德角和马沙文雅岛（以戈斯诺德女儿的名字命名）。吉尔伯特理应为定居者过冬提供充足的储备，但是戈斯诺德发现储备不足，船只和有定居打算的人返回了英格兰。

第二年，伊丽莎白女王去世。直到她统治结束，小理查德·哈克卢特一直在推动海外探险。然而随着詹姆斯一世在 1603 年即位，哈克卢特的老朋友沃尔特·雷利失宠了。他被控密谋让阿拉贝拉·斯图尔特女士取代詹姆斯登上王位，这导致他被判叛国罪和死刑。他被投入伦敦塔监狱，在那里待了 13 年才被释放，然后准备远征考察圭亚那著名的黄金之城埃尔多拉多。他失败了，违背了承诺，没有参与西班牙人的行动，1618 年，他回国后被执行死刑。

第三章　弗吉尼亚公司：约翰·波帕姆

11 到 1603 年，约翰·波帕姆已经担任英格兰和威尔士的最高法院首席法官 20 多年。① 他主持了 1601 年对埃塞克斯伯爵和费迪南多·戈格斯爵士的审判，费迪南多·戈格斯爵士是做证指控伯爵的人之一。戈格斯曾经负责普利茅斯的防御工事，在那里建造了堡垒，并被任命为总督。他参加了埃塞克斯的叛乱，在发现没有得到民众支持之后，与其他人一起在斯特兰德附近埃塞克斯的府邸避难。女王派波帕姆去和他们谈判，但是他们抓了他作为人质。正是戈格斯放了他，或许是希望保全自己。二人之间的关系对于西方探险至关重要。戈格斯避免被审判，不过他被剥夺了城堡的总督职位。詹姆斯国王即位后，恢复了戈格斯的职位。

波帕姆在 1531 年前后生于英国西部农村萨默塞特郡的布里奇沃特。1547 年，他进入牛津的贝列尔学院，1551 年成为中殿会馆的学生，1557 年取得律师资格。1571 年，他成为布里斯托尔的特委法官和市议会成员。他的女儿佩内洛普嫁给了托马斯·汉南，汉南也是一位中殿会馆的成员，他最终接替波帕姆成为布里斯托尔的特委法官，并在弗吉尼

---

① DW Rice, *The Life and Achievements of Sir John Popham* (NJ, Fairleigh Dickinson University Press, 2005).

亚公司任职。波帕姆的另一个女儿伊丽莎白嫁给了理查德·钱珀努恩，通过钱珀努恩，伊丽莎白与艾德里安·吉尔伯特、汉弗莱·吉尔伯特和沃尔特·雷利认识。1578 年，波帕姆升任高级律师，1579 年，被任命为副总检察长。1581 年，他成为中殿会馆的财务主管，同年成为平民院发言人。1592 年，他被任命为王座法庭的首席法官。安德鲁斯教授在他的《美洲历史上的殖民时期》中说：

> 波帕姆是公共种植园理念的主要支持者，他反对私人企业，关于获取特许状，他对白厅施加了重大的影响，毫无疑问，他是公共种植园的主要发起者。①

皇家法院的沃尔特·科普爵士在 1606 年 3 月写给国王的首席大臣 12
罗伯特·塞西尔爵士的一封信中部分揭示了波帕姆的动机：

> 尊敬的最高法院首席大法官，根据阅历预见到军官和士兵的开销无数，可怜的工匠想工作而无法工作，懒散的流浪汉可以工作而不工作，这些人的增加威胁到了国家。首席大法官深情地寄望于弗吉尼亚的种植园，在那里他已经想方设法以每年 500 英镑支付了 5 年，希望事业景气。他期望通过精选承办人、商人，组建两支更好的探险队，尤其是通过你，或者通过其他先驱者。②

波帕姆首次接近西部农村商人的经历，揭示了政府批准的必要性。起初，布里斯托尔的商人不愿参与，除非国王加入；埃克塞特的商人拒绝资助探险，尽管普利茅斯的商人同意资助。③

国王授予的执照相比之前的许可有重大的进步。到 1606 年，探险

---

① CM Andrews, *Colonial Period of American History* 4 vols (New Haven, Yale University Press, 1934-38) 89.

② Cited in Rice above n 1, 20 and 236.

③ RA Preston *Gorges of Plymouth Port* (Toronto, University of Toronto Press, 1953).

许可都是通过特许状作出的。王室有各种手段发布命令。密封函令只针对接受者；特许证书则向普通公众公开，是更正式的执照。弗吉尼亚公司的发起人被授予了执照，这表明该许可的重要性。

尽管给发现者签发了特许状，但是亨利七世和伊丽莎白一世都没有提供任何资金支持，相反他们还向探险者要求获得所发现的金矿或银矿的五分之一。汉弗莱·吉尔伯特 1578 年的特许状和雷利 1584 年的特许状在形式上相同。都是针对他们个人，许可他们占有无基督教民居住的任何土地（换言之就是未被西班牙人占有的土地）；他们可以抵制试图在他们主张权利的区域定居的其他人。他们可以把所占土地的所有权授予他们选择的任何人，可以为殖民地制定和实施法律。对于殖民地的发展尤为重要的是，保证定居者和出生在殖民地的人与出生在英格兰的人享有同样的权利和特权。

为什么探险者感到有必要去寻求和获得这种许可呢？为什么不是直接发现和占领新土地，然后自行宣布规则呢？这是因为王室特许状的授予将鼓励更多的冒险活动，即使王室不负担探险的费用。此外，土地所有的封建制给领主施加了保护封臣的义务。卡伯特的许可明确指出他是作为国王的封臣而拥有该土地的。探险者或许还希望从王室那里获得海军的保护。然而，在探险者看来，最为重要的是授予他们对发现土地的垄断开发权。在都铎时代，王室通过授予个人经营特定商品的垄断权而
13 增加了收入。这些探险特许状实际上授予了探险者发现和占用海外土地的垄断权，并要求其以部分掠夺品作为回报。如果定居成功，这明显给予了特许状持有者巨大的利益。

在罗诺克定居失败后，显而易见的是，向个人授予垄断权的特许状作用甚微。一群商人联合起来，被授予对某个区域的贸易垄断权的模式得以确立。① 国王亨利四世向几个英国商人授予执照，允许他们在低地

① See E Lipson, *The Economic History of England—The Age of Mercantilism* (London, Adam and Charles Black, 1959).

国家与英国同行做生意，并给予他们金融特权。1505年，亨利七世向伦敦的商业冒险家授予特许状，组建由1名主管和24名助理管理的公司。这些冒险家被授予出口布料的垄断权。进入公司可通过父系关系、学徒身份、购买或偶尔的赠予。到1603年，该公司大约有200名成员。冒险家并不寻求定居（除了建立交易站），而是通常对个人航行或交易进行投资。1555年，莫斯科公司获得特许状，拥有与俄国进行贸易的垄断权。这被认为是第一家股份公司，其成员向公司不同程度地投入资金，并按比例获取收益。① 1580年，黎凡特公司被授予与中东进行贸易的垄断权。1600年，东印度公司（严格来讲是总督和伦敦商人在东印度进行贸易的公司）被授予与亚洲进行贸易的垄断权。② 所有这些公司都是进行贸易，而不是设立实体企业。

授予这些公司的章程为律师们起草《弗吉尼亚宪章》提供了可以借鉴的先例，但现在想要投资的人打算的是永久定居。最近的经验发生在爱尔兰的种植园。③ 1581年，时任副总检察长的约翰·波帕姆为都柏林公司起草了章程。④ “种植园”此时不仅意味着种植树木，而且指人们生活的特定区域。都柏林成为在明斯特组织种植园的典范。德斯蒙德叛乱被粉碎后，没收的土地被分给英国地主，用于安置定居者。约翰·波帕姆派了70名佃户去那里。他的侄子乔治成为该项目的主要管理者，也是承办人，就像雷利一样。⑤ 该项目从短期和长期看都失败了——爱尔兰土著不间断的暴乱难以吸引定居者。乔治·波帕姆于1587年放弃

① See TS Willan, *The Early History of the Russia Company* (Manchester, Manchester University Press, 1968).

② See R Brenner, *Merchants and Revolution: Commercial Change, Political Conflict and London's Overseas Traders*, 1550-1563 (NJ, Princeton University Press, 1993).

③ See NP Canny, *Making Ireland British* (Oxford, Oxford University Press, 2001); M Maccarthy- Morough, *The Munster Plantation—English Migration to Southern Ireland* 1583-1641 (Oxford, Oxford University Press, 1986).

④ See Rice above n 1, 73.

⑤ ibid, 76 and for the identity of George Popham see ibid, 105.

14 了他的任务，损失了 1200 英镑。然而理念的种子播下了，这种理念将在土著情况不太复杂的地方大放异彩。

第一部《弗吉尼亚宪章》由詹姆斯一世在 1606 年 4 月 10 日授予，指定人们合并两个独立的公司沿着美洲海岸组建种植园和定居点。第一个公司的指定成员是托马斯·盖茨爵士和乔治·萨默斯爵士，理查德·哈克卢特和爱德华·玛利亚·温菲尔德。他们被描述为“我们伦敦城的冒险家，其他人都应该加入他们的殖民地”。托马斯·盖茨是西部农民，由于突袭“以西班牙国王的胡子为标志”的卡迪斯有功而被授爵，在第一批罗诺克的定居者获救时，他在德雷克司令麾下担任副官。萨默斯是沃尔特·雷利的同代人，来自西部农村多塞特；在皇家海军中，他曾经指挥过许多著名的舰队，他将成为弗吉尼亚公司的舰队司令。尽管温菲尔德来自中部地区，但是他的叔叔雅克在理查德·哈克卢特担任教区牧师的威瑟林赛特（Wetheringsett）附近有地产。他的叔叔还是都柏林堡的治安官；爱德华与叔叔一起访问了爱尔兰。第二个公司被描述为布里斯托尔、埃克塞特和普利茅斯的冒险家，章程指定的成员是托马斯·汉南、雷利·吉尔伯特、威廉·帕克和乔治·波帕姆。威廉·帕克是武装民船的船员，曾经与德雷克一起到过卡迪斯，后来成为普利茅斯的市长。雷利·吉尔伯特是沃尔特的外甥。

美洲东海岸的意向定居点确定了。伦敦公司准备在北纬 34—40 度之间安置，而西部农村公司准备在北纬 38—45 度之间安置。尽管上述地区有重叠，但是两个定居点至少相隔 100 英里。[1] 每个公司都被授权从第一个定居点沿着海岸以各种方式开发 50 里格的领土。第 34 个定居点跨越美国海岸，大致在北卡罗来纳和南卡罗来纳之间，在威明顿城附近，第 45 个定居点大致在今天美国和加拿大的交界处。因而，英国人可以沿着美洲东部海滨的大部分地区选择安置地点，但是要与佛罗里达

① 1 英里等于 1.609344 公里。——译者注

的西班牙定居点保持安全距离。

最为重要的是，定居点将由公司建立和管理，并且要把在殖民地发
现的金银价值的五分之一和铜价值的十五分之一交给王室。这里还是没
有规定政府要提供资本。章程规定了公司应该如何组织。在英格兰将设
立理事会，在每个殖民地将设立独立的理事会，每个理事会应该有 13
名成员。伦敦理事会将被称为弗吉尼亚理事会，其成员将由王室任命，
并拥有“高级管理决策权，致力于与政府有关的事务以及几个殖民地的
事务”。地方理事会将“根据法律监管和组织几个殖民地内部产生、出
现或发生的所有事务和事业，法令和指示的制定和签署将通过我们之 15
手，加盖我们王国的玉玺而生效”。首先，这些规定的明显意图是创设
独立于国家的组织，但是要一定程度上接受政府的控制。尽管公司实际
上对定居点和收益拥有垄断权，但是这种垄断权掌握在群体手中，而非
个人手中。其次，这些规定设计了某种地方自治机制。其缺点在于，该
自治是局部的。

土地占有的形态发生了改变。地方理事会被授权把土地分给个人，“由我们、我们的继承人和后代持有，就像我们在肯特郡东格林威治的领地一样，我们拥有自由的共同租佃权”。租佃是一种封建土地占有形式，其中的役务不是军役，而是农役。随着时间的推移，封建制度式微，而租佃占有的好处在于，土地可以更便宜地继承和分配，只要支付金钱即可。这里提到东格林威治大概是指先例，那里有租佃占有的变通做法。租佃占有逐渐被绝对土地所有权取代，奇怪的是，雷利的特许状里就使用了这个词。

整部章程都出自律师之手。这显然是深思熟虑的文件。没有直接证据表明章程的实际起草人是谁，但是约翰·波帕姆爵士显然是整件事的幕后操刀手。在雷利被授予特许状之时，波帕姆是副总检察长，而且他肯定有相关知识。在章程指定的人中，布里斯托尔公司的成员有他的侄子乔治、他的女婿汉南，由于女儿嫁给了钱珀努恩家族，他本人也与雷利·

吉尔伯特有关系。布里斯托尔公司的第一次远征定居（目的地是现在的缅因）就是由乔治·波帕姆带领，该定居点起初也以波帕姆殖民地而知名。作为伦敦的最高法院首席大法官，约翰的参与和权威可以鼓励城市商人的冒险，他的作用独一无二，他与西部农村的关系也为他的参与提供了机会。他至少浏览了章程的草稿。

1606 年 10 月，布里斯托尔公司派了两艘船去考察美洲海岸的北部。前一年，在勘查了今天的缅因海岸之后，一位韦茅斯的船长带着 5 名美洲土著回到了普利茅斯，他把其中 3 人送给费迪南多·戈格斯爵士。[①] 正是戈格斯代表布里斯托尔公司组织了基金，并且又派出了一艘船，由查洛纳指挥。不幸的是，这艘船被西班牙人抓获，尽管查洛纳回到了英格兰。费迪南多后来写了《新英格兰的发现与安置简述》，描写了后来发生的事：

> 这令高贵的最高法院首席法官约翰·波帕姆爵士很感兴趣，他又派出了一艘船，准备了所有的必要补给，托马斯·汉南船长
> 16 成为司令官，布里斯托尔的马丁·普林随行。在如愿发现海岸、港口和停泊处之后，他们返回了。最高法院首席法官和我们都对这次任务很满意，下一年，对此感兴趣的人都愿意参与，派出适量的人为有希望的安置地奠定基础。随后，波帕姆船长、雷利·吉尔伯特船长以及其他人带着两艘船和一百名农夫离开了，命令和其他规定对于他们的生计和安全是必要的。[②]

分配给新殖民地的定居者的一项任务是寻找通往中国的西北通道。[③] 乔治·波帕姆被选为理事长，当其他人返回英格兰后，他留在了那里。定居者经历了严冬。1607 年 2 月，约翰·波帕姆去世，当年晚些时候，乔治也去世了。这两件事令定居者沮丧，以至于补给船在 1608 年到来

---

① See Preston above n 4, 138.

② Quoted in JP Baxter, *Sir Ferdinando Gorges and His Province of Maine* (Maine, 1923).

③ Rice above n 1, 247.

时，他们决定返回英格兰。然而，缅因成为下一拨殖民化的重点。

与之同时，到 1606 年末，伦敦公司已经向弗吉尼亚派出了 3 艘船，其中一艘船的船长是戈斯诺德，他注定要成为第一位在美洲去世的英国人。在经过更加曲折的航线之后，他们于 1607 年 4 月 26 日在美洲登陆；不久之后，爱德华·温菲尔德挑选了可以建造堡垒的地点，并把该地命名为詹姆斯敦，他也被选为弗吉尼亚理事会的首任理事长。地方理事会的成员们争吵不休，借口温菲尔德是无神论者而罢免了他，于 1608 年把他送回伦敦。伦敦理事会难以保证有足够的理事出席会议，显而易见，很难控制远方的定居点。这使得国王于 1609 年 5 月 23 日发布新的章程，废除了之前的章程。

1609 年的章程叙述道，第一殖民地的冒险者和种植园主已经从事于推动种植园的事业，现在他们作为谦卑的请愿者申请新章程。这个章程授权给他们之中的 650 人。其中一些人，如约翰·史密斯和爱德华·温菲尔德已经去弗吉尼亚定居。然而，大多数人似乎只是投资支持殖民地。他们包括上层贵族、骑士、商人和伦敦同业公会的成员。名单的长度反映出该方案得到广泛支持。新公司的称谓将是“伦敦市冒险家和种植园主在弗吉尼亚第一殖民地的司库和公司”，它将作为一个实体或共同体运作，拥有一个公章。该公司控制的土地被扩大了。安慰角（Cape Comfort）处于弗吉尼亚半岛的尖端，被流向切萨皮克湾的约克河和詹姆斯河环绕。它起初是殖民地的边界，现在则沿着海岸在南北方向上扩展了 200 英里。关于内陆的范围只字未提，这导致后来弗吉尼亚州主张内地的大片土地。 17

现在有了伦敦理事会，40 多人被指定为成员，其领袖为南安普敦、彭布罗克、林肯和埃克塞特的伯爵，还包括伦敦市长以及一名曾在东印度公司工作的杰出城市商人托马斯·史密斯爵士，他被指定为第一司库。该理事会未来的成员资格将由理事会集会的多数决定，但是成员必须拜见国家的一位高级官员，并向国王的顾问宣誓。该理事会被赋予了任命殖民地总督的具体权力。在殖民地居住或出生的任何人都享有英国人的全部自由。然而，为了排除罗马教徒，他们要被迫宣誓承认英国君主的至高无上。

这个新公司开头时不顺利，其第一任总督托马斯·盖茨爵士在去弗吉尼亚的路上遭遇海难，直到第二年也未能到达。① 定居者经历了饥饿，到 1610 年夏天，当托马斯·盖茨爵士带着增援出现之时，他们正打算放弃这个殖民地。此时，殖民地看上去像是糟糕的冒险。尽管该公司已被授予矿业权，但是还没有发现珍贵的金属。尽管种植了烟草，但是其作为出口品的重要性还没有被适当地实现。定居者正在垂死挣扎。在 1610 年秋天，公司找到了新的捐赠，但是只得到了一半。② 到 1612 年，冒险者开始抱怨，在伦敦的街道上和市场中，上帝的名字比弗吉尼亚公司的名字更常受到亵渎。③

1612 年，国王又授予了一份新章程。为了鼓励更多的冒险者，选举官员和接收新成员的权力从理事会转移给了公司会员大会。会员大会还被赋予为公司制定法律的权力，这等于在伦敦的公司内部创设了一种民主措施。为了缓和公司的资金困难，它还被授权发行彩票。在当月，就发行了第一次彩票，在下一年，彩票成为公司主要的、有价值的收入来源。

---

① 关于该公司和殖民的历史，参见 WF Craven，*The Virginia Company of London*，1606-1624（Williamsburg VA，Virginia 350th Anniversary Celebration Corporation，1957）。

② ibid，22.

③ 英语中，上帝的名字“Jesus”用来表示愤怒、意外或震惊。——译者注

第四章　民主：埃德温·桑迪斯

现在显而易见的是，英国的新殖民地没有提供像西班牙人从南美 18
殖民地所得到的那种成果。埃德温·桑迪斯爵士发起了对史密斯的管理的批评。自 1609 年以来，埃德温·桑迪斯一直是伦敦理事会的成员。他支持提高地方政府的地位，当他有机会付诸实践时，他对于在美洲土地上建立第一个民主大会以及最终的弗吉尼亚议会发挥了重要作用。

埃德温的叔叔迈尔斯·桑迪斯曾是中殿会馆的司库；埃德温本人于 1590 年进入该会馆，似乎直到 1596 年才在那里拥有了房间。埃德温的父亲是约克大主教，他在自己的教区给了埃德温较好地段的租约，埃德温以正当程序成为主教法律顾问，这个职位与法律有关，但似乎没有任人唯亲的问题。尽管埃德温被训练为律师，但是没有证据表明他曾在法庭执业。他从约克教区获得的收入似乎可以维持生计。1593 年，他被选入国会，之后他把精力主要投入国会的事业当中，到 1603 年，他已经成为非常有影响力的政治家。

詹姆斯一世即位后，创设了准男爵头衔，并广泛赏赐，包括赐爵给埃德温·桑迪斯。古文物研究者安东尼·伍德在 17 世纪后期写道，桑迪斯"因国君第一次到英格兰之时的一些模范服务"而得到了准男爵头衔。[1] 桑迪斯没有致谢；当詹姆斯提议把他的两个王国合并时，桑迪斯是主要反对者，在粉碎这个提议中发挥了重大影响。1604 年 4 月 19 日，桑迪斯建议平民院在同意合并之前要继续保持谨慎，因为两个王国之间没有基本的一致。[2] 他质疑：议会是否有权实施合并；合并是否否定了现有法律；英格兰的声誉是否会受损。一周后，他总结了这场争论。“没有任何王国通过合并法律、习俗、特权和荣誉的形式而成为一个整体，尽管它们拥有共同的首脑——国君。”桑迪斯在辩论中得到中殿会馆会员理查德·马丁的支持，后者将成为弗吉尼亚公司的秘书。又经过了一个世纪，英格兰和苏格兰才合并。

19 从弗吉尼亚公司的发展来看，更为重要的是桑迪斯支持所谓的自由贸易。[3] 早期的股份公司倾向于像老的手工业行会一样运作。比如莫斯科或黎凡特这样的公司都是由一小群商人控制，他们渴望维护对于某种贸易的垄断地位，希望涉足的人尽可能少。在伊丽莎白晚期的国会中，桑迪斯曾公开反对垄断。他曾是东印度公司的成员。东印度公司于 1600 年获得特许，吸引了超过 1500 名成员，这是桑迪斯希望效仿的例子。1604 年，他成为平民院两个委员会的主席，起草了自由贸易法案。在辩论中他表示，“所有自由的臣民自从出生就可以继承他们的土地，可以自由从事各种产业，可以致力于与之有关的贸易”。[4] 把贸易局限于少数人之手，违背了英格兰臣民的自然权利和自由。平民院以正当程序通过了该法案，但是被贵族院否决。1609 年的《弗吉尼亚宪章》中指定的冗长的冒险家名单反映了桑迪斯的观点，即任何人只要愿意，都可以投资企业。实际上，投资人的投资回报很少，或者没有。

---

① TK Rabb, *A Jacobean Gentleman, Sir Edwyn Sandys* 1561 – 1629 (Princeton NJ, Princeton University Press, 2005) 52.

② ibid, 78–83.

③ ibid, 88 – 96 and see also TK Rabb, *Enterprise and Empire: Merchant and Gentry Investment in the Expansion of England* (Cambridge MA, Harvard University Press, 1967).

④ Quoted ibid, 93.

同时，殖民地的情况从坏变得更坏。殖民者发现很难成功；没有发现金银，他们起初种植的庄稼没有商业价值。美洲变化无常的天气条件有时使他们无法自给自足。起初他们与土著居民建立了友好的关系，但是后来他们疏远了土著居民，在饥荒之时，他们无法得到当地的帮助。定居者被饥饿和欧洲人没有免疫力的疾病所摧毁。到 1618 年 4 月，仅存 400 人，伦敦公司倒闭了。当时的总督塞缪尔·阿高尔并不受定居者欢迎，因为他严格执行《神圣的道德与军事法律》,[1] 通过该法管理殖民地。

桑迪斯的观点是，要改善殖民地的状况，其农业必须多样化，必须把更多土地授予私人所有，把更多权力赋予殖民地而非伦敦。1618 年，桑迪斯领导的五人委员会起草了公司官员的职位和义务描述。新总督亚德利被任命，取代了阿高尔；新总督的指示由桑迪斯在 1618 年 11 月 18 日起草，这成为著名的《弗吉尼亚大宪章》，尝试对殖民地进行全面改革。[2] 现有的种植园将被组织成四个城市或自治镇，分别命名为詹姆斯敦、查尔斯、亨利科和基考坦。《弗吉尼亚大宪章》规定了建立亨利科大学的条款，还规定要为饲养牲畜留出土地。私人土地所有权得到允许和鼓励。任何自己支付旅费的人，都将得到 50 英亩土地，他带来的每 20
名定居者也可以获得 50 英亩土地。旧的法律制度被取代。最为重要的是，独立委员会授权总督在殖民地建立理事会，并召集会员大会，“对于涉及该殖民地的公共福利的所有紧急情况拥有处理、咨询和决策的自由权力”。美洲的民主诞生了。

史密斯与桑迪斯之间的敌意在持续，1619 年，桑迪斯成功发动政变，取代史密斯成为公司司库。1619 年 6 月 25 日，亚德利向自由民和

---

[1] William Strachey, *Laws Divine Moral and Martial* (London, Barre, 1612).

[2] SM Kingsbury, *Records of the Virginia Company* 1606 – 26 (WA, Government Print Office: Library of Congress, 1905) Vol Ⅲ 98 – 109; and compare WM Billings, *The Little Parliament* (Virginia, Library of Virginia, 2004) 5-6.

佃户签发令状，要求他们在自己的地区“通过多数的声音选举两名合格的人与他会面，并且参加会员大会理事会”。7 月 30 日，6 名理事会委员和 22 名市镇议员在詹姆斯敦集会。新的大会根据英格兰平民院的模式建立。1618 年，亚德利与特普伦斯·弗劳尔迪（她曾经嫁给第二任总督弗劳尔迪）结婚。他的表弟约翰·波里来到弗吉尼亚，成为亚德利的秘书。① 约翰·波里曾在剑桥接受教育，游历颇丰，曾短期担任英国驻伊斯坦布尔大使的秘书。1605—1610 年，他还担任过英格兰国会议员。亚德利任命他为新的大会的发言人。大会职员和警卫官都要宣誓，议员要宣誓承认英王的至高无上并效忠英王。②

这个大会模仿了英国的平民院。波里仔细记录了会议进程。一方面，他们讨论了烟草价格、雇员合同以及与土著美洲人的关系；另一方面，他们就某个自治镇参加伦敦理事会大会的名额进行了争论。尽管史密斯后来迫使桑迪斯离任司库，但桑迪斯实际上一直在通过他的继任者南安普敦伯爵管理公司。该殖民地曾盛极一时。可以在殖民地拥有财产的预期促使更多的定居者移民那里。然而，桑迪斯错误估计了对多样化农业的需求，最终挽救殖民地的只是一种作物——烟草。又一次，殖民者之间发生了争吵；国王取消了其发行彩票的权利，1622 年，一个印第安人发动突袭，杀死了三分之一的定居者。詹姆斯有充分的理由结束该特许。该殖民地现在直接受王室控制。③ 那么会员大会的情况如何呢？詹姆斯一世和继任的查理一世都没有取消它，他们二人都把它作为与殖民者交流的手段。会员大会被默许，被用于产生地方当权者。到 1639 年，殖民地人口增加到 10000 人，烟草贸易的利润也相应增长。到 1641
21 年，会员大会不再仅仅是伦敦理事会的附属物，而是成为地方政府的有

---

① See WS Powell, *John Pory, the Life and Letters of a Man of Many Parts* 1572 - 1636 (North Carolina, University of North Carolina Press, 1976) .

② See Billings above n 6, 44.

③ Billings above n 6, 11.

效形式。[1] 它注定会发展成为第一个州议会。桑迪斯播下这颗种子的重要性堪比人们对土地的播种。1625 年，桑迪斯的支持者列举了他治理下的殖民地成就。这些包括，殖民地政府的组织像英格兰一样；殖民者"拥有召开会员大会的自由"。[2] 桑迪斯于 1629 年去世。

桑迪斯对未来美国还有另一个贡献。1617 年，他会见了不信奉国教社区的代表，他们为了不因信仰而受迫害从英格兰移居荷兰的莱顿。[3] 他们发现在荷兰的生活很艰难，开始对在美洲定居感兴趣。桑迪斯鼓励他们的追求，给他们钱，在弗吉尼亚公司授予他们在哈得孙河谷定居的特许状的过程中发挥了重要作用。最终，他们没有在那里定居，而是在更北的地方建立了自己的定居点，就是现在的新英格兰。他们是清教徒之父，开启了一系列基于宗教原因的移民。

---

① ibid, 12-24.
② See Rabb above n 1, 39.
③ ibid, 331.

第五章　宗教与自由：纳撒尼尔·沃德

22 纳撒尼尔·沃德是来自英格兰东部的埃塞克斯的律师和宗教教长，他于 1633 年移民到马萨诸塞，1638 年起草了《新世界自由宪章》的最初版本。

他追随着寻求宗教信仰自由的移民浪潮。16 世纪英格兰的宗教改革滋生出多种新教信仰群体，如亚当派、再洗礼派、巴罗斯派、波希米亚派、布朗派、掘地派、家庭主义教、第五君主派、平均主义者、费城派、贵格会、守安息日派和探求者派。然而，都铎政府试图日益严格地实施统一的国教信仰。1563 年，英格兰教会发布了 39 条信仰条款，探索在罗马教会的天主教原则与日内瓦的卡尔文教派的极端新教原则之间的道路。圣餐变体论的天主教原则认为基督的身体和血实际上呈现为圣餐中的酒和饼，这一原则被否定了，尽管圣餐依旧象征着与全能的神的关系。另外，卡尔文主义的宿命论认为正派的人注定进入天堂，这一原则也被否定了。教会组织的问题与上述原则一样。英格兰教会否定了教皇以及天主教会总理事会的权威，但是保留了大主教、主教和教士的等级制——他们且只有他们可以施洗礼、分发圣餐和主持婚礼。所谓的清教徒教派组织的观点则各异，如长老会认为，应由受长老领导的教会圣会管理教会，而贵格会认为，每个人都直接通向上帝。

都铎国会通过的《国教至上和遵奉国教法》要求所有人遵守英格兰教会的做法，承认主权者作为国教教会的首脑。伊丽莎白政府批准了修订版的《公祷书》，希望统一宗教信仰。1559 年的《统一宗教法案》（代替之前的类似法案）要求宗教大臣在罚金和徒刑方面遵从该文本。法案迫切地和认真地要求所有臣民加入英格兰地方教会，否则将被处罚 12 便士。于是不信奉英格兰教会原则的信徒开始寻求新生活，寻找他们可以实践信仰、组织教会而不会受到惩罚的地方。 23

布朗派就是这样一个群体，其名字来源于他们的创建者之一，于 16 世纪下半叶在英国中部发展起来，由长者而非教区牧师管理。他们在林肯郡的家庭里秘密进行敬神活动，他们逐渐认识到，他们的宗教观点需要他们脱离英格兰教会——因此他们的别名是分离派。他们 1608 年去莱顿的旅程未能成功；他们发现荷兰话很难说，也很难找到工作，10 年后，他们决定到其他地方安家。他们向弗吉尼亚公司请求特许状，以在美洲定居，1619 年 6 月，弗吉尼亚公司允许他们在哈得孙河入口处附近定居。1620 年 8 月，五月花号和虎尾草号从达特茅斯启程，于 11 月在哈得孙河北部登陆，接近今天科德角的普罗温斯敦。下个月，他们在科德角海湾的西侧建立了定居点，命名为普利茅斯。[①] 这些人就是清教徒之父（这个名字只是在 18 世纪末才流行起来，这个群体实际上称自己为圣徒）。他们感谢他们的安全通道。1575 年，莱顿曾因西班牙人的围攻而损失惨重，在他们获得解救的周年纪念日，举行了感恩仪式。清教徒之父也在他们登陆的周年纪念日举行了感恩仪式。

随着他们定居的区域超出了弗吉尼亚公司特许状授权的范围，男性旅客决定他们可以自由组织自己的政府。在登陆前不久，他们中的 41

---

① See N Philbrick, *Mayflower*: *A Story of Courage*, *Community and War* (New York, Viking, 2006); S Morison, *The Story of the Old Colony of New Plymouth* (New York, Knopf, 1955).

人达成契约，首次表示效忠詹姆斯一世，同意结为“一个公民政治体，为了更好的秩序……实施……公正和平等的法律……最大限度满足殖民地的总体利益”。这是真正的社会契约。直到 1692 年，该殖民地都在没有特许状的情况下运作，经过动荡的政府时期，它与马萨诸塞湾殖民地合并，接受一个王室总督的领导。

马萨诸塞湾殖民地的建立稍晚于普利茅斯殖民地，并且独立于普利茅斯殖民地。主要由长老会教徒组成的一群人在普利茅斯殖民地北部的马萨诸塞湾定居，即今天的波士顿附近。1628 年 3 月，他们说服查理一世授予特许状给“在马萨诸塞湾建立种植园的新英格兰公司”。[①] 这是一个拥有总督、伦敦理事会和股东的股份公司，模仿了弗吉尼亚公司的模式。1629 年 11 月 25 日，公司在伦敦召开的总理事会会议上，纳撒尼尔·沃德当选为成员。该公司章程（像《弗吉尼亚宪章》一样，要求总理事会必须在伦敦召开）没有具体指明理事会应该坐落何处，股东应该在哪里召开年度会议。同一年的晚些时候，他们在英格兰的剑桥集会，达成一致意见：想要移民和在美洲定居的人应
24 该购买其余人的股份。结果是，这家新公司的管理地点移到了波士顿，由参事会（General Court）[②] 管理。这是第一个完全在自己的领土上进行管理的殖民地，也通过正当程序成为最激烈反对英国政府的中心。

纳撒尼尔·沃德在萨福克的黑弗里尔长大，是一位杰出的清教徒教长的儿子。[③] 他于 1607 年 2 月进入剑桥大学，并加入林肯律师会馆，于

---

① See B Labaree, *Colonial Massachusetts, a History* (Millwood NY, Kraus International Publications, 1979); W Hubbard, *A General History of New England, from the Discovery to MDCLXXX* (Boston MA, Massachusetts Historical Society, 1815).

② 北美殖民地时期兼行使司法权和立法权的机关，为马萨诸塞所首创，在新英格兰地区实行。——译者注

③ 关于他的详细生平可见 Theodore de la Guard's edn of Ward's *The Simple Cobler*，可在古腾堡电子书项目中找到，www.gutenberg.org/files/34974/34974-h/34974-h.htm，released in 2011。

1615年10月17日取得律师资格。他似乎作为律师执业了一段时间，还曾在欧洲大陆旅行。他在1618年成为普鲁士一家英国商人的工厂的专职教士，1628年成为埃塞克斯的斯通登·梅西的教区牧师，他对宗教的兴趣日益增长。他保持了他父亲的清教徒信仰和实践，由于布道，劳德大主教在1631年谴责了他，1633年解除了他的教区牧师职位。这促使他在第二年移民到马萨诸塞的伊普斯威奇（印第安名字为阿格瓦），在那里，他担任了一段时间的教区牧师。1628年的《马萨诸塞湾公司章程》是一份商业文件，赋予该公司广泛的治理权力，对于司法则只字未提。17世纪初见证了《大宪章》授予的自由在英格兰的复兴；在最高法院首席法官柯克的领导下，广大法律人致力于反对詹姆斯一世和查理一世关于神权统治的主张。1638年，沃德成为一个委员会的成员，为殖民地治理所必需的基本法律起草提供指导；似乎他主要负责起草了《自由体系》，列出了100项基本法律。《自由体系》于1641年提交给参事会，经过一些修正后，分发给该殖民地的所有城镇。这是美洲第一份此种形式的文件。《自由体系》体现了沃德曾在林肯律师会馆学习的英国普通法，以及他学生时期发生在英格兰的宪法争论。这是英国和美国的《权利法案》的前身。参事会认为它优于约翰·科顿基于圣经而起草的版本。①

沃德版本的开篇条款明显来源于《大宪章》：

> 不得根据法律或权威，剥夺任何人的生命，玷污任何人的荣誉或名誉，逮捕、控制、流放、肢解或以其他方式惩罚任何人，夺去任何男人的妻子儿女，拿走任何人的物品或地产，以及以任何方式造成伤害，除非根据国家明确保证上述权利的法律才能正当地予以剥夺，由参事会裁定和公示，如果法律存在

① WB Stoebuck, *Reception of English Common Law in the American Colonies* 10 *William and Mary Law Review* 399 and see JK Hosmer (ed), *Winthrop's Journal: History of New England 1630-1649* (New York, Charles Scribner's Sons, 1908).

> 25 缺陷，则根据神意。在重要案件中，或在涉及肢解或流放的案件中，则由参事会根据神意进行裁判。①

它还接着保障了言论自由、陪审团审判的权利和一事不再罚的规则（一个人不得因同样的罪行被审判两次）。它为许多罪行都设定了死刑，其中包括巫术（无论男女）和亵渎上帝。然而，徒刑的判决很有限，并且有权准予保释。它还规定了快速审判，鞭刑限于 40 下，禁止刑讯，除非在重大案件中，已被定罪的人才可以揭发同伙！不允许任何不人道的、野蛮的或残酷的体罚。只有在自卫战争时，才必须服兵役。它还反对英国斯图尔特王朝授予的垄断权，认为只有有利于国家的新发明才应该授予短期垄断权。

《自由体系》接着规定了政府机制。自由民有权选举他们的代表参加参事会，参事会可以选举殖民地的总督以及其他官员，并有权取消他们的选择。它还谈到了非自由民的自由。如果一个男人死前未能给妻子留下适量的地产，那么参事会应给他的遗孀以救济。已婚妇女免受丈夫的体罚或鞭打，除非丈夫因妻子的攻击进行自卫。这个并非完整的女性主义议程，至少比英国法先进。儿童也有自由——规定了无遗嘱死亡的继承权，包括在无子情况下女儿的继承权。父母不得无理地拒绝同意子女的婚姻，不得对孩子反常地严厉。仆人同样免受伤害，有权反对解雇，如果他们勤勉、忠诚地服务七年时间，“则不得被净身出户”。逃离暴政或战争的外国基督徒将被接纳或救助。《自由体系》还对取消奴隶制有兴趣：第 91 条规定，“我们之中不得存在奴隶关系、隶农关系或囚禁关系，除非通过正当的战争进行合法囚禁，或者外地人自愿卖身”。在该殖民地早期，奴隶的存在就众所周知，尽管其数量不如后来南方殖民地的进口人数。波士顿成为非洲、西印度群岛与南方殖民地进行奴隶贸易的主要港口之一。

---

① Stoebuck, ibid.

在公理会教友的传统中，教会管理被授予个人集会，他们可以掌控入会和除名。思维正统、生活无丑闻的人可以建立教会，每个教会都拥有选举所有官员的自由，只要他们有能力、虔诚且正统。然而，这一规定不涉及完全的宗教自由——如果你不符合正统，你就要接受极端的惩罚。尽管经历过歧视，但是马萨诸塞的定居者并不打算对其他人显示宗 26
教宽容。

这反映在了沃德出版的长篇小册子中，名为《阿格瓦纯朴的鞋匠》。①这是揭示17世纪奢华的经典随笔，但是其传递的核心信息一目了然——除了清教，任何信仰都不被宽容。他对新英格兰的描述很不友好：

> 我们曾因坚持异见而知名，涌入遥远的蛮夷之地，为我们的言论和行动寻找空间；我相信我们勤劳的过去和不懈的努力将保佑我们更好的未来。我斗胆作为新英格兰的先驱，以我们殖民地的名义向世界宣布，所有家庭主义教成员、道德律废弃论者、再洗礼派教徒和其他狂热的支持者都拥有离开我们的自由，可以更快地去往更好的地方。

他接着哀悼了西印度群岛的章程，该章程“为各种意识提供了自由稳定的空间，即使它们肮脏、下贱”。

《自由体系》为女性提供了某种保护，沃德希望女性成为谦逊的清教徒。他对于女性的服饰有强烈的主张：

> 我尊敬妆容得体的女性……无论基督教或礼仪如何要求，我倾向于伦敦的方式：但是当我听到一个卑不足道的名门淑女，打听女王这个星期穿的是什么衣服，宫廷妇女的制服又是什么样式的之时，我意识到无论如何最新的潮流就在其中；我会轻视她，把此视作东施效颦，毫无意义；穿着与地位相符合，才值得尊敬。

---

① See above n 3.

无论人们如何看待他的观点，都很难不支持他的逻辑。

在各种异议教派中，基督教公谊会是最不受其他宗教人士欢迎的。① 他们作为一个组织在英格兰的宗教骚乱中出现。他们的创建者乔治·福克斯在 17 世纪中期开始布道，主张每个个体都拥有与上帝建立直接关系的能力，上帝的光芒将照在他们的身上。1653 年，约翰·伯恩耶特描述了“我们如何在沉默中相遇和等待；我们可能相处数月而不说一句话，但是每个人都虔诚地等待发自内心的圣言”。② 当圣光照在他们身上时，他们会颤抖（quake）——贵格会（Quakers）的名字就起源于
27 别人对他们的嘲讽。对这种现象的一种解释是，信徒在反思原罪时会颤抖。他们认为，无论等级，教士、老人或会众都必然获救。这超越了教皇制信奉者、英国国教徒和长老会教徒等人的信念。与男人一样，圣光也会照在女人身上——他们允许女性单独布道和旅行。

在其他宗教人士看来，所有这些观点都糟透了，而他们的传教热情使事情变得更糟，干扰了其他信徒的宗教仪式。一些人透过这些仪式赤裸裸地揭示了他人精神上的贫瘠。③ 贵格会教徒被打上疯子、异教徒和公民政府威胁的烙印，被控行为不当。在法庭上，他们拒绝脱帽和对圣经宣誓。然而他们具有赤脚律师的能力，在庭审中采取科学的观点，尽可能拖延程序。包括福克斯在内的许多人都被下狱；1669 年，佩恩被关进伦敦塔，在那里他撰写了名著《苦难辉煌》。福克斯使人们确信，和平是他们信仰的实质，他们对迫害的反抗是非暴力的。1658 年，马萨诸塞参事会通过法案，要求对该殖民地发现的非居民贵格会教徒施以鞭刑，并驱逐出

---

① See JE Calvert, *Quaker Constitutionalism and the Political Thought of John Dickinson* (Cambridge, Cambridge University Press, 2008) and R Moore, *The Light in their Consciences: Faith, Practices and Personalities in Early British Quakerism* (PA, Pennsylvania State University Press, 2000).

② Calvert, ibid, 34.

③ ibid, 49.

境，违者处死。一名叫作玛丽·戴尔的英国贵格会教徒[①]和三名男性贵格会教徒被发现在该殖民地布道，他们被驱逐出境。后来他们偷偷返回，男人被执行死刑。玛丽被判处死刑，但是在最后时刻被缓期执行。然而她坚持被处绞刑。这激怒了英格兰。查理二世禁止新英格兰当局处决贵格会教徒，并派去皇家总督取代殖民地政府。

① R Larson, *Daughters of Light*: *Quaker Women Preaching and Prophesying in the Colonies and Abroad* (New York, Knopf, 2000).

第六章　宗教宽容：塞西尔·卡尔弗特和威廉·佩恩

28 塞西尔·卡尔弗特建立了马里兰，作为天主教徒的避难所，而威廉·佩恩建立了宾夕法尼亚，作为贵格会教徒的避难所。两个殖民地都实施了马萨诸塞拒绝实施的宗教宽容政策。二人都未曾作为律师执业，但是二人都曾在律师会馆学习，他们殖民地的宪法和立法都体现出了相当多的法律知识。

斯图尔特王朝的国王们把无偿授予美洲土地视作奖励追随者的方式。塞西尔的父亲乔治是地下天主教徒，他在詹姆斯一世的政府升到了高级职位；詹姆斯和乔治去世后，乔治的服务得到查理一世的表彰，他于 1632 年授予乔治的儿子特许状，使他成为一大片土地的所有者，这就是现在的马里兰。它形式上是封建土地，类似于诺曼时代以来授予男爵的边界地区、威尔士的边陲地带和爱尔兰的土地，通过授地使其成为王室的封臣，但是也使他成为真正的、独立的土地所有者，拥有为自治而制定法律的明确权力。查理二世在 1663 年沿用了这种模式，他通过授予卡罗来纳（以他的名字命名）的土地所有权，奖励了八名帮助他复辟王位的人。1664 年，约克公爵詹姆斯（国王的弟弟，后来的詹姆斯二世）资助了一次探险，从荷兰手里夺取了纽约，他被奖励成为该地区的所有者，包括现在的曼哈顿岛、纽约州以及新泽西、特拉华和缅因的部分地区。1681 年，查理二世出人意料地把现在的宾夕法尼亚的所有权授予威廉·佩恩，理由将在后文介绍。

卡尔弗特来自约克郡里士满附近的天主教大本营，在 16 世纪因为信仰而遭到迫害。① 在牛津毕业后，乔治·卡尔弗特从 1598 年到 1601 年在林肯会馆学习法律。他随后遇见了伊丽莎白和后来的詹姆斯一世的首席大臣罗伯特·塞西尔爵士，并且为他工作。他似乎隐藏了他的天主教倾向，在政府里稳步升迁，1617 年被封为骑士，随后在 1619 年成为詹姆斯国王的两名主要国务大臣之一。1623 年，他在爱尔兰的科克郡被 29
授予大片地产，该地被称为巴尔的摩，他成为第一位巴尔的摩男爵。因支持威尔士王子查理与西班牙公主的无效婚姻，他很快在国会受到排挤，1625 年，他从政府辞职，随后立刻皈依天主教。因此，他致力于为天主教徒在美洲定居建立安全地点，起初他的目标是纽芬兰，他考察后发现那里气候恶劣。在进入弗吉尼亚失败之后，他请求国王查理一世授予特许状，在特拉华河西岸的弗吉尼亚北部地区定居。查理表示赞同，但是在授予特许状之前，乔治去世了，因此该特许状授予了乔治的儿子。该子名为塞西尔，以他父亲的赞助者命名，他于 1633 年进入格雷会馆，可能由于该会馆与罗伯特·塞西尔家族有着密切联系。新殖民地以亨丽埃塔·玛利亚女王的名字命名为马里兰，这是第一个公开采取宗教宽容的殖民地。

马里兰章程针对切萨皮克湾和波托马克河之间的定居者。塞西尔起初作为封建领主进行统治，但是殖民地的自由民想要获得英国公民的所有权利，这迫使他接受了 1638 年“根据自由民的意见由土地所有者”颁布的《人民自由法案》。根据普通法或制定法，殖民地的所有基督徒

---

① See JD Krugler, *English and Catholic*: *the Lords Baltimore in the Seventeenth Century* (Baltimore MD, John Hopkins University Press, 2004); WH Browne, *George Calvert and Cecilius Calvert*: *Barons Baltimore of Baltimore* (NY, Dodd, Mead, 1890).

居民（奴隶除外）都有资格获得英格兰臣民生而享有的权利和自由。该法案尤其反映了《大宪章》的内容，规定除非根据该邦的法律，居民不得被监禁、侵占财产（剥夺土地）或被剥夺不动产所有权。

大主教劳德对《英格兰统一法案》的严格实施使该殖民地不仅接受了天主教徒，而且接受了异议教派的成员。这必定会制造一些摩擦，因此 1649 年通过了《马里兰宗教宽容法案》。只要是基督徒，所有殖民地成员都会被宽容对待：

> 鉴于在宗教问题上经常引发危险的后果……本邦的任何人……只要表示信奉基督，从现在起都不得因信仰而受到妨碍、干扰和反对。

它还规定，因宗教问题而以非难的方式称呼交易对象或殖民地居民为“异教徒、分裂者、偶像崇拜者、清教徒、无党派者、支持教皇制的神父、耶稣会信徒、耶稣天主教徒、路德宗、加尔文教徒、再洗礼派教徒、布朗派、巴罗派、圆颅党、分离主义者或其他名字”者，属于违法行为，将被罚款 10 先令。[①] 然而，它规定亵渎神明是死罪。

1654 年，由 23 名犹太人组成的一群人由于担心被迫害而逃离巴西，
30 到达荷兰殖民地新阿姆斯特丹。[②] 荷兰总督彼得·施托伊弗桑特不想接受这些“虚伪的人”，但是荷兰西印度公司拥有犹太人股东，于是他被迫接受了这些人。他对他们施加了严格的限制，但庆幸的是，约克公爵詹姆斯的探险队很快取得控制权。他允许犹太人无限制地居留。到今天，这 23 人组成的团体已经发展成为纽约将近五分之一的人口。

威廉·佩恩的名字在 21 世纪依然响当当。或许他的故事是所有早期殖民者中最传奇的。他出生于 1644 年，他的父亲是服务于英联邦政府的海军上将，并且帮助查理二世复辟。1660 年，威廉前往牛

---

① 写法来自原文。

② P Johnson, *History of the Jews* (New York, Harper & Row, 1988).

律。他此时已经对不信奉国教者产生了同情，并且首次被罚款，随后在秋天，他因为在房间中主持私人宗教仪式而被开除。他的父亲很吃惊，打了他，并把他送到欧洲大陆旅行，只是为了强迫他信奉国教。1665 年 2 月，他注册为林肯会馆的学生，在那里学习法律，直到 1666 年秋，他随父亲起航远征荷兰。就是在这一年，他终于成为基督教公谊会的成员。

虽然他学习法律的时间很短，但足以使他成为一位高级的兵营律师，1670 年，他有一个不算好的机会去展示他的法律智慧。伦敦市当局关闭了天恩寺街的公谊会礼拜堂，佩恩正在街上向一群公谊会成员布道，其中有他的朋友，贵格会教徒米德。这两人被逮捕和起诉，根据他们的协议，佩恩曾经向一大群骚乱的人布道，扰乱了国王的和平。[①] 在审判中，他们没有律师；佩恩要求查看起诉书副本，但被拒绝。他质疑对他的起诉实际上等同于刑事检控，但被告知只违反了普通法。他主张，他没有制造任何骚乱，但因为骚乱的人群而被捕。最终，陪审团无罪释放了米德。此时，佩恩的言论激怒了伦敦首席法官，他命令把佩恩押到船坞下面的洞中，那里是囚犯们倒尿的地方。佩恩在那里大喊，由于他被控与米德共谋，他也必须被无罪释放。伦敦首席法官指示陪审团判他有罪。然而，陪审团的结论只是，佩恩曾在天恩寺街布道。伦敦首席法官拒绝接受这个结论，把他们关了一夜，不给饮食。然而几天后，陪审团依旧宣判佩恩无罪，伦敦首席法官处罚他们蔑视法庭，命令监禁他们，直到他们支付罚金。佩恩也被判处罚金，他的父亲似乎代表他支付了罚金，而没有令威廉为难。陪审团组长托马斯·布谢尔向最高法院首席法官沃恩上诉，沃恩要求释放陪审团，确立了陪审团裁决的不可侵犯性。[②]

威廉·佩恩的父亲于 1670 年 9 月去世，但是在去世前，他从国王

---

① Howell's *State Trials* Ⅵ 951.

② *Bushell's Case* (1670) 124 ER 1006.

31 和约克公爵那里获得了保护威廉的承诺。虽然如此，但没过多久，威廉又一次入狱。威廉的思想成为美洲贵格会团体的基础。1677年，他与一群人一起购买了现在新泽西的土地，在那里建立了一个小的贵格会团体。贵格会教徒一直是英国政府的麻烦，于是当威廉 ·佩恩于1681年3月为在美国获得土地而申请特许状以给贵格会教徒建立安全的避难所时，国王勉强同意了。来自佩恩上将的大笔贷款依然没有偿付，这个特许状或许可以作为补偿。该特许状根据卡尔弗特的特许状起草，威廉 ·佩恩成为马里兰北部不少于45000英亩土地的唯一所有者，因此也是英帝国除了国王之外最大的地主。该领土以他父亲的名字命名为宾夕法尼亚（即佩恩的森林），其主要城市为费城，意为兄弟般的友爱。

第二年，威廉 ·佩恩发布了《宾夕法尼亚的自由与政府框架》。没有证据表明谁起草了这份文件，但是鉴于佩恩的话语权和他林肯会馆会员的身份，很可能是佩恩本人起草的。在起草政府框架时，他或许得到了贵格会教徒托马斯 · 拉迪亚德律师的协助，后者在新泽西的贵格会殖民地拥有土地，但是住在伦敦。① 贵格会教徒不相信民间秩序，而相信来自上帝的基本法，因而政府框架的开头用长篇序言论述了政府的性质。上帝选择人类作为他在地球上的代理人，但是由于人类会犯错，法律和政府是必要的。政府因此具有神圣的起源（类似于政府来源于国王的主张）。它不仅关注于惩罚违法者。“认为政府的功能就是矫正，这是一个误解，这是政府功能中最粗俗的部分：日常经验告诉我们，对许多其他事务的关照和管制是更为高雅的、更为必要的，构成了政府的最重要的部分。”《政府框架》继续表明了宪法背后的一般原则：“政府由人民自由支配，根据法律进行统治，人民是法律的一部分。”然而“部分”这种说法将会引来麻烦。该序言继续指出，设计一个同等对待一切事物的公民政府并非易事——或许意识到，也不能完全遵循英国宪法的

① JR Soderland, *William Penn and the Founding of Pennsylvania—A Documentary History* (Phil- adelphia PA, University of Pennsylvania Press, 1983).

先例。它强调，《政府框架》将保障自由，殖民地的自由民将“因适当的服从”而获得自由。

《政府框架》是一份规划详尽的、经过深思熟虑的文件，显示出了法律知识。它规定，殖民地政府分为三个部分——总督或代理人、邦理事会以及民众大会。至于总督如何任命却只字未提——这意味着或者当时佩恩已经是总督，或者将要被任命为总督。满足一定财产条件的殖民地的自由民可以选举理事会和民众大会的成员。后者有 200 名成员，由自由民选择。他们每年集会，选择智慧、品行和能力方面最突出的人进入邦理事会。邦理事会有 72 名成员，坐成圆形；一个人 32
当选的最长期限是七年，再次当选必须间隔一年，“以使所有人适合管理，谨慎且负责”。

到目前为止一切顺利，但是总督或代理人将主持理事会会议，这是一个“不和谐的声调”。此外，只有总督和理事会可以提议或启动立法，而且经过民众大会三分之二及以上的成员同意才能成为法律。尽管《政府框架》的大部分内容是民主的，但是它与英国宪法有一处明显不同，英国宪法规定由平民院启动大多数立法，这个区别导致了殖民者之间的摩擦。根据佩恩与拉迪亚德之间的通信，启动立法的权力限于理事会的理由似乎是，他们认为选入理事会的人更可能是有财产的人，因而毫无疑问，《政府框架》考虑了人们在社区的地位。无论如何，佩恩对于把更多权力交给殖民地的自由民持谨慎态度。

《政府框架》随后谈论了将要采用的英格兰法律。英格兰的普通自由应该成为殖民地基本法的一部分。选举应该是自由的、自愿的，任何接受贿选的人都将失去选举权。“除非根据法律，不得通过公共征税的方式征收钱物。”法庭应该公开，不得出售、拒绝给予或拖延司法裁判。所有起诉和审判程序都应迅速、简明，像英国一样。审判应该通过由被告邻居组成的 12 人陪审团作出。所有监狱都应免费，免费提供住宿。

鼓励婚姻，但是应首先咨询父母，婚姻计划应公开。婚姻是严肃的，双方应在可靠的证婚人面前结为夫妻（换言之，并不一定需要教士的介入）。为防止欺诈，所有特许状、礼物、运输工具、票据和债券应在结婚两个月内登记。出生、结婚、葬礼和遗嘱都应登记，奴仆也要登记。至于死刑犯的地产，三分之一归受害者家庭，三分之二归犯人家庭。

最为重要的是，《政府框架》规定了更宽泛的宗教宽容，甚至宽于《马里兰宗教宽容法案》：

> 所有住在本邦的人，只要承认一个全能的、永恒的上帝是创世者……并且根据良心履行在民间社会中和平且正当地生活的义务，不得因宗教派别或行为而受到干扰或歧视，也不得被强迫保持任何宗教崇拜、供养任何宗教场所或神职。①

尽管《政府框架》包容了非基督徒，但是立法机构的成员和公职人员必须信仰耶稣基督。

33 1682 年，佩恩视察了这个殖民地，殖民地第一届民众大会采纳了他的文件，略有修改。佩恩致信国王，敦促他“改善和增加殖民地的人口”。② 殖民地的宗教宽容不仅吸引了来自英格兰的移民，还吸引了来自苏格兰、爱尔兰，甚至威尔士、德国、法国、荷兰和瑞典的移民。③德国人发展出自己的方言，被称为德意志荷兰语，存在了数十年。在这些殖民者中有天主教徒和犹太人。然而，民众大会和理事会依旧主要掌握在贵格会教徒手中。

此后，该殖民地经历了派系斗争，部分原因在于佩恩本人的更多时

---

① 第 35 条。

② See J Illick, *Colonial Pennsylvania—a History* (NY, Kraus International Publications, 1976) 122.

③ TC Purvis, Pattern of Ethnic Settlement in Late 18th Century Pennsylvania' (*April* 1987) 70 (2) *The Western Pennsylvania Historical Magazine* 107.

间是待在英格兰。这使民众大会发言人大卫·劳埃德的作用凸显。他出生在北威尔士的蒙哥马利郡。[1] 他有一位叫作托马斯的叔叔是贵格会教徒，在被任命为该郡郡守时他拒绝宣誓承认君主的至高无上，他因此而入狱，随后他与佩恩一起登上了运送殖民者的第一艘船前往宾夕法尼亚。据说大卫·劳埃德曾在内殿会馆的乔治·杰弗里斯的房间里学习法律，杰弗里斯来自北威尔士的雷克瑟姆，后来成为著名的喜欢判绞刑的法官，在詹姆斯二世时期镇压了蒙默思郡的起义。目前还不完全清楚大卫是否为内殿会馆会员，但是他在去世前成为宾夕法尼亚首席法官，似乎表明他是正式的律师会馆会员。[2] 他被任命为宾夕法尼亚的总检察长，在殖民者与英国政府的纠纷中，站在殖民者一方。1700 年，劳埃德被宾夕法尼亚海事副法官指控，理由是没有执行保护英国与殖民地之间贸易的航海法案，并且协助走私。伦敦贸易委员会要求罢免劳埃德。佩恩总是担心会失去特许状，于是解除了他的职务。这给劳埃德带来了巨大的痛苦，随后他与民众大会成员以及不满者结盟。

1701 年 10 月 28 日，当佩恩准备返回伦敦时，劳埃德劝说他签署了新的《自由宪章》，该宪章由劳埃德起草、民众大会通过。[3] 这有效地把政府权力置于一院制的民众大会手中，把理事会降为执行部门。民众大会有权为法律准备法案、控告罪犯、化解民怨，并且根据英格兰自由
臣民的权利拥有属于民众大会的所有其他权力和特权。立法“由总督根 34
据民众大会的自由民的同意和批准而签署”。1701 年宪章重申了 1681 年版本所授予的自由。这部宪法存续了 75 年，直到美国革命后才起草了

---

① See Dictionary of National Biography (DNB) and BA Konkle, David Lloyd, Penn's Great Lawmaker' *Pennsylvania History*: *A Journal of Mid-Atlantic* Studies Vol 4 No 3 (Penn State University Press, July 1937) 153.

② 来自麦立昂斯郡的记录显示，大卫·劳埃德于 1670 年 4 月 18 日正式进入内殿会馆。麦立昂斯郡紧邻蒙哥马利郡。但是如果《英国人名词典》中关于大卫·劳埃德的出生日期正确的话，那么他当时只有 14 岁。《英国人名词典》没有说明该出生信息的来源。如果没有去牛津大学和剑桥大学，年轻人确实会在如此小的年龄加入内殿会馆。

③ See Konkle n 10 above, 1.

新的宪法。1729 年 5 月，劳埃德担任民众大会发言人兼首席法官，民众大会拨款建造宾夕法尼亚议会大厦。它被称为自由与法律大厅，劳埃德的肖像悬挂在那里的墙上。①

---

① ibid.

第七章　代议制：小詹姆斯·奥蒂斯

小詹姆斯·奥蒂斯于1725年出生在科德角的巴恩斯特布。源于其 35
早期的清教传统和自治程度，在所有殖民地中，新英格兰最不服从英国的控制。马萨诸塞“一直是生气的孩子，反抗英国的事务”。[1] 奥蒂斯家是清教徒，17世纪30年代从英格兰萨默塞特郡的格拉斯顿堡移民到马萨诸塞。[2] 作为最初移民的儿子，约翰·奥蒂斯成为法官，开启了其家族与法律的几代渊源。正是这种传统培育了小詹姆斯·奥蒂斯，他后来领导了反对英国政府对殖民地征税的运动。英国国会向其殖民地征税的权利在理论上并非不证自明，无论如何征税权的核心就是“无代表不纳税”。这句话的发明归功于小詹姆斯·奥蒂斯，尽管其背后的理念早已存在。[3]

小詹姆斯·奥蒂斯是土生土长的律师。在殖民地早期，英国训练的律师很少。五月花号带来了柯克写于17世纪初的《法律报告》的副本，但是没有带来律师。缅因有一位英国训练的律师，即约翰·温斯罗普，

---

① WB Stoebuck, ‘Reception of English Common Law in the American Colonies’ (1968) 10*William and Mary Law Review* 393.

② W Tudor, *The Life of James Otis of Massachusetts* (Boston MA, Wells and Lilly, 1823).

③ 该句话肯定反映了他的观点，但是没有关于他使用过这句话的记录。

他担任总督。当时弗吉尼亚似乎有两位英国训练的律师，其中一位被称为亨利·贾斯蒂斯[1]，因盗窃而被流放到美洲。[2] 当时美洲的法律出版物非常少，只能看到英国的法律读物。许多法庭甚至由未在英国受过法律训练的人掌管，他们对普通法几乎一无所知；他们或许遵循了英国地方庄园法庭的传统。在英格兰，成为出庭律师之前要做一段时间执业律师的学徒。类似的学徒制在美洲发展起来。弗吉尼亚人乔治·威思是第一位签署《独立宣言》的弗吉尼亚代表，他在他叔叔的法律事务所接受训练，后来他还培训了杰斐逊、马歇尔、麦迪逊和门罗。在波士顿，杰里迈亚·格里德利培训了威廉·库欣，后者成为最高法院法官。1743 年从
36 哈佛毕业后，奥蒂斯加入格里德利律师事务所，在那里接受训练。[3] 他取得了事业的成功，在 1760 年被任命为波士顿海事法庭的总法律顾问。

英国政府一直轻视殖民地，[4] 放权它们的民众大会向当地征收税。英国政府唯一感兴趣的是从殖民贸易中尽可能地获取利益，为母国的利益而垄断贸易，对进口到殖民地的商品征收关税。这导致大量走私，新英格兰缴获的未报关货物由波士顿的海事法庭审理；该法庭没有陪审团，并不亲民。1651 年至 1696 年，英国国会通过了后续的《航海法案》，规定运往大英帝国任何地方的货物都必须使用英国公民或帝国建造和所有的船只。1733 年，英国国会更进一步通过了《蜜糖法案》，在接下来的 30 年中，针对从不属于大英帝国的地方进口到美洲的蜜糖征收特别关税。美洲，尤其是波士顿，有相当多的朗姆酒贸易，朗姆酒由蜜糖制成；许多加勒比地区生产的蜜糖比英国殖民地便宜得多。该法案的出台使走私更加猖獗了。

《蜜糖法案》于 1763 年到期，恰恰在英国盟军与法国盟军的七年战

---

① Justice 意为正义、法官。——译者注

② Stoebuck above n 1, 413.

③ ibid, 413.

④ See below Ch 9.

争结束后不久。战争部分在美洲土地上展开，以英国的胜利而结束。北美的大部分地区当时属于英国。然而，英国面临着严重的债务问题，1760 年，领导英国政府的老威廉·皮特致信诸位殖民地总督，要求他们严格征收关税，并且补充道，如果严格执行了，就不需要征收新税了。①

当年 10 月，乔治二世去世。所有盖有他印章的官方文件都必须在六个月内更新为乔治三世的印章。波士顿的关税检查员要求更新协查令状。② 该令状可以使海关官员在搜查和扣押非法进出口货物时获得协助。起初，该令状由波士顿海事法庭签发，海关官员要在法庭宣誓，已经发现具有高度嫌疑的走私行为。这种令状逐渐变为通用令状，不再指明个人姓名或地点，而是笼统规定海关官员可以在任何选定的时间和地点进行搜查和扣押非法进出口货物。国王去世的消息于 12 月传到波士顿，随后 63 名波士顿商人联合挑战新的通用令状的有效性。关税的征税官提出反诉——奥蒂斯辞去总法律顾问，而代表商人们进行辩论。政府指派杰里迈亚·格里德利参与辩论，支持该令状的有效性。

1760 年，新任王室总督弗朗西斯·伯纳德到达马萨诸塞，他决心在殖民地管理者的任上作出政绩。他任命他的副手托马斯·哈钦森到殖民
地高等法院就职，排名在奥蒂斯的父亲前面。1761 年 2 月，关于协查令 37
状作为通用令状的有效性在哈钦森面前进行辩论。奥蒂斯在法庭发言五个小时。他接受指明个人姓名和地点的特殊令状的合法性，但是认为通用令状是非法的，违背了《大宪章》和人的权利："如果这种委任状是合法的，那么暴君就可以通过合法的方式控制、监禁或者谋杀领土上的任何人。"这里提到暴君具有特殊意义，因为有一个可以追溯到古典时代的传统，即作为暴君的统治者可以被他的臣民推翻。在大宪章之前，起义的贵

---

① JR Galvin, *Three Men of Boston* (WA, Brassey's Inc, 1997).

② ibid, 27.

族就撤回了对王室的效忠宣誓。[1] 为了获取英格兰的先例，哈钦森决定延期审理本案。当他在 1761 年 11 月再次召集法庭时，他已得到来自英格兰的通用令状，支持波士顿的通用令状的有效性，驳回了商人们的主张。仅仅几年后，又有激进派记者约翰·威尔克斯在伦敦挑战通用令状的有效性，最高法院首席法官曼斯菲尔德裁定这些令状违法。[2] 26 岁的律师约翰·亚当斯旁听了波士顿法院的案件，他将成为美国革命的主要发起人之一以及合众国第二任总统。他记录了奥蒂斯的辩论，并把他描述为“一团火焰”。[3] 亚当斯受到鼓舞，奥蒂斯则成为殖民地的“宠儿”。

奥蒂斯很快有了另一个机会去检验马萨诸塞总督的决心。1762 年，伯纳德总督派出一艘单桅帆船（属于军舰）以保护马萨诸塞的渔船队，防止法国人的攻击。总督在进行任何开销前都必须获得殖民地民众大会的批准。伯纳德尚未获得批准，[4] 但是以紧急法案为由使他的支出正当化。此时奥蒂斯已经当选为马萨诸塞众议院议长，并被选为众议院的一个委员会的负责人，负责调查公共支出；根据委员会报告，伯纳德的花钱行为就像法国的路易十四一样专断。1762 年，奥蒂斯出版了一本小册子，维护众议院的行为。这是第一本表明他对于殖民地政府态度的小册子。

> 正义要求我们以及我们的选民去反抗总督和理事会确立或增加的开支。这实际上剥夺了议院最宝贵的特权，即创设一切税收的权利……从今往后，未经邦法案同意，总督和理事会不
> 38 能合法地取走金库的一分钱，无论是否是紧急状态。[5]

---

① See AJ Arlidge and I Judge, *Magna Carta Uncovered* (Oxford, Hart Publishing, 2014) ch 5.

② *Money v Leach* 97 ER 1075.

③ CF Adams (ed), *Works of John Adams* (Boston MA, Charles C Little and James Brown, 1850) Ⅱ 522.

④ Galvin above n 7, 46.

⑤ 该文本可见 N. Allen, *Arsonist: The Most Dangerous Man in America* (Griffins Wharf Productions, 2011)。

七年战争结束后，有大量英国军队滞留美洲，由乔治·格伦维尔领导的英格兰政府非常想避免这些人成批回国，于是决定把其中的1万人留在美洲。格伦维尔坚持认为，殖民者应该承担一定的战争成本，供给美洲的军队。从表面上看，这也合情合理，因为殖民地从英国的胜利中受益匪浅。另外，随着法军威胁的解除，美洲供养军队的必要性也解除了。

1764年4月5日，伦敦国会通过《食糖法案》（取代《蜜糖法案》），对于从英国之外的地方进口糖类产品征收关税，但是税率为之前《蜜糖法案》的三分之一。政府预计，如果严格执行这个低税率，也会比之前的法案带来更多的收入。然而，法案序言表明，来自关税的收入将被用于“防卫支出，以保障美洲殖民地的安全”。之前，殖民者并不反对英国政府关于管制贸易的主张。但是《食糖法案》的序言使美洲人很快意识到，这不是管制贸易的措施，而是一种征税。在批准该法案的讨论过程中，英国政府还表明，对殖民地产生的正式文件征收印花税是必要的。

抗议者很快集结。1764年5月，波士顿公民年度会议起草指示给他们在马萨诸塞民众大会的代表：

> 我们希望你们尽早采取行动，有效阻止不利于我们（新税）的程序……我们有理由希望，对该法案的上诉会取得成功……依旧令我们担忧的是，那些意料之外的程序会准备对我们征收新税：如果我们的贸易被征税，那么我们的土地难道会幸免吗？还有我们土地上的产物、我们拥有的一切东西……如果在没有合法代表的情况下我们就被任意征税，那么我们就由自由主体降格为可悲的奴隶……与殖民地的贸易已经给英国带去了巨大利益，这一点毫无疑问。自从开始殖民之后，众所周知英国大大增加了人口数量和财富。英国很大程度上受惠于种植园目前的富庶和实力。①

---

① ibid.

1764 年 7 月末，《波士顿公报》发布了一则广告，内容是关于一本名为《英国殖民地主张和确认的权利》的小册子，作者为绅士詹姆斯·奥蒂斯，现在可以查阅。[①] 这是一部长篇文献，讨论了英国哲学家约翰·洛克的观点，接受了洛克关于所有人生而平等且自由的主张。奥蒂斯顺着洛克的论证逻辑得出结论——所有人生而自由，无论白人还是黑
39 人。“难道能够认为‘因为肤色而奴役黑人是正当的?’”奥蒂斯还在这本小册子中陈述了他关于殖民地和殖民者地位的观点：

> 种植园或殖民地是臣民在远离母国的领土上的定居点，由私人冒险家或公众资助建造……根据神法和自然法、普通法和国会法案（王室颁发的特许状除外），每一个出生在美洲大陆或英国统治的其他地方的英国臣民，均有资格与大不列颠同胞一样享有所有自然的、本质的、与生俱来的、不可分割的权利……下列是政府的义务：
>
> 1. 根据明文法律进行统治。
> 2. 法律的最终目的是人民的福祉。
> 3. 除非经人民本人或其代表同意，不得征税。
> 4. 政府的全部权力不得转移。
>
> 这些是法律和正义的第一原则，尤其是自由国家和英国宪法的伟大屏障。

他重点讨论了美洲殖民地应该承担维持军队的一定成本的问题——殖民地应该已经收到通知，要通过自己征税来支持常备军：

> 如果必须在美洲驻军，且由殖民地支付费用，那么由国会确定征税总额以及分担的份额，允许每个殖民地评估其负担，尽可能便捷地征税，并非难事。但是所有的负担和征税行为都未经同意就非同寻常了。

---

① ibid，Introduction.

这是宪法角度的论争，而非革命性的。1628 年《权利请愿书》和 1689 年《权利法案》都有效地规定，在征税之前，必须由人民在国会中表达同意。

强硬的反对来自英国财政部长托马斯·惠特利。[①] 面对宪法论争，他主张，殖民地实际上在英国国会中有代表。此时处于 1832 年改革法案出台之前，这是城镇衰废的年代；许多城镇衰落到只派出几个人参加国会（通常应当地土地所有者的要求），而新兴大城市，如利兹或伯明翰，却没有派人参加国会。只有相当小的一部分英国人才真正有资格参加选举。惠特利的主张是，国会的每个议员都代表了整个国家，包括殖民者。这个主张无法自证该制度的公平性。无论如何，即便是利兹和伯明翰的市民也在约克郡和沃里克郡进行了投票，因而他们拥有可以求助的议员。

当《食糖法案》通过时，英国政府宣布，他们参考了《印花税法 40
案》的前言。[②] 这将要求一批文件加盖官方印花，使用这些文件的人必须缴纳印花税。这种税首先出现在荷兰，穿过海峡，在威廉三世和玛丽女王统治下的英国生根。结果证明，这是聚财的成功手段。这很容易征收——政府出售事先加盖印花的活页，用于相关文件，该费用被转嫁给终端消费者。当《印花税法案》起草之时，选择在美洲征税的项目并没有明确的理由。它包括对土地转让、合同行为、律师执业执照（高达 10 英镑的税率）、报纸、印刷品、纸牌游戏和掷骰子进行征税。格伦维尔和惠特利丝毫不质疑英国国会可以如此对殖民地征税，但是他们赋予殖民地政府使用替代方法征收他们所需资金的机会，然而殖民地没有创造新的方法。《印花税法案》由英国国会于 1765 年 3 月 22 日通过，在

① J Greene, *Constitutional Origins of the American Revolution* (Cambridge, Cambridge University Press, 2010).

② Generally see ES Morgan and HM Morgan, *Stamp Act Crisis Prologue to Revolution* (North Carolina, University North Carolina Press, 1995).

两院都获得了绝对多数的支持。

对于许多美洲殖民者而言，这令他们怒火中烧。这不是源于规制贸易权利的间接税，而是针对殖民地的直接税。1765 年 5 月，弗吉尼亚下议院（Virginia House of Burgesses）① 起草了一系列决议，② 包括：

> 征税应通过人民自己或人民亲自选择的代表，只有他们知道人民能够承担何种税，以及最便捷的征税方法，只有受到征税影响的人才能反对苛捐杂税，保证身为英国人的独特自由，否则古代的宪法就将不复存在。③

至关重要的是，《印花税法案》在伦敦的通过促使奥蒂斯试图与其他美洲殖民地达成共识。他的建议得到响应。在许多殖民地，都有《印花税法案》反对者发动的暴乱（在波士顿，托马斯·哈钦森的房子被洗劫），一群来自不同殖民地的人自称自由之子组织。④ 对报纸进行征税的建议是欠考虑的，这必然导致报纸强烈地谴责这项征税。奥蒂斯劝说波士顿的众议院签发邀请函，邀请所有殖民地派代表参加集会，要求撤销该法案。⑤ 八个殖民地的代表于 1765 年 10 月在纽约集会。⑥ 只有新罕
41 布什尔拒绝参加；弗吉尼亚、北卡罗来纳和佐治亚无法派出代表，因为他们的殖民总督拒绝召集大会以选派代表。奥蒂斯是马萨诸塞的代表之一。总督伯纳德劝说参加过对法战争的一位老兵蒂莫西·拉格尔斯也去参会。鉴于奥蒂斯火气太大，拉格尔斯被选为会议主持。会议把东北部殖民地和宾夕法尼亚的约翰·迪金森、南卡罗来纳的约翰·拉特利奇等人聚到一起，后二人均为中殿会馆成员，他们将在独立运动中发挥领导

---

① See above Ch 4.

② R Middlekauff, *The Glorious Cause* (Oxford, Oxford University Press, 1982); Galvin above n 7, 93.

③ Galvin above n 7, 73.

④ ibid, 2, 97.

⑤ ibid, 92.

⑥ ibid, 111.

作用。各州派出的代表包括商人、农民和士兵，然而其中三分之一为律师。1765 年 10 月 7 日，他们在纽约市政厅（今天的联邦国家纪念堂）集会，一直讨论到 10 月 25 日，他们把这个会议称为“议会”。

1765 年 10 月 19 日，议会通过了《权利与不满宣言》(*a Declaration of Rights and Grievances*)，该文件由律师约翰·迪金森起草。它开篇表达了对国王及其政府的忠心，以及对于英国新教的继承性。随后对于殖民地公民的权利和不满，它的态度较为谦恭，主张这些殖民地的人民在英格兰的平民院中没有代表，地方情况也无法反映到平民院；唯一能代表这些殖民地人民的人是他们亲自选择的人，除非通过他们各自的立法机构，否则不得对他们合宪地征税。该宣言呼吁撤销《印花税法案》。《权利与不满宣言》的副本邮寄给了英国政府。

迄今为止，殖民者们提出的主张都是依据宪法，而非革命性的。然而，奥蒂斯看到了向前走一步的可能性。在 1765 年圣诞节前不久，他以“汉普登”（Hampden）为笔名在《波士顿公报》上发表了一系列文章。这发生在他拒绝向查理一世支付船税之后。在这些文章中，他主张美洲殖民地根据特许状进行管理，而不是由英国国会进行管理。这些文章谈到要组建一个松散的美洲殖民地联盟，这使美洲更可能成为一个大帝国。①

1765 年 7 月，格伦维尔被罗金汉姆取代。② 此时英国国会的主要弱点之一是管理机构的快速流动性。在得知殖民地的反对力量后，罗金汉姆政府吓坏了。此时存在美洲联合抵制英国货物的威胁，一些英国商人抗议《印花税法案》给他们的贸易造成的影响。1766 年 2 月，《印花税法案》被撤销。在辩论中，老皮特站在反对的立场上，主张英国国会无权对殖民地征税。“美洲人是英国人的儿子，而不是私生子。”然而，平民院还通过了《宣示法案》（Declaratory Act），确认英国国会有权为殖

① ibid，118.

② ibid，122.

42 民地“一切事务”立法。

奥蒂斯的光芒正在褪去。他一直有“善变”的名声，他的境况似乎在恶化。① 1769年初，他宣布，由于他已疲惫不堪，他将放弃他的法律事业。② 1769年9月5日，他与海关征税员约翰·罗宾逊发生了激烈的争执。他邀请罗宾逊与他决斗，随后奥蒂斯头部受了重伤。这可能影响了他后来的行为，他患上了某种精神疾病，从此之后他从公共生活中淡出了。③ 他的事业将由其他人继承。然而，他的法律背景和广泛的涉猎为他的殖民地同仁提供了反对英国政府的智识基础。管理机构的不断变化、政策的频繁变动以及立法的撤销对于殖民者毫无益处。国内税与进口税之间的区别、对真实代表的坚持在理论上并不具有吸引力。而奥蒂斯的主张颇为引人入胜，并且具有一致性。或许他最伟大的贡献就在于把各自为政的美洲殖民地聚在一起进行反抗。

---

① ibid, 185.

② ibid, 173.

③ 关于罗宾逊的插曲，参见 Morgan and Morgan above n 17, 4 and 51 and Galvin above n 7, 183 and 299。

第八章　普通法：威廉·布莱克斯通

威廉·布莱克斯通是伦敦的出庭律师和牛津的学者。他是一名托利党人（最终成为国会议员），是立宪，尤其是君主立宪的支持者；他认为，美洲殖民地从属于王室特权。他从未造访过美洲，然而他对美国法发展的影响比任何人都大。他是牛津大学的第一位英国法教授，之前英国大学未曾讲授过这门学科。到 1750 年，还没有时新的普通法课本。布莱克斯通首先开设了关于这个主题的讲座，随后在 1765 年到 1769 年出版了《英格兰法释义》，[①] 该书畅销于英格兰和美洲。希望移植英国普通法的美洲律师必须研究英国普通法为何物；布莱克斯通为他们提供了基本素材。他并非原创型思想家，而是一位汇编者。1762 年，纽约商人约翰·瓦兹这样描写布莱克斯通： 43

> 我们有一位高风亮节的牛津教授，据说他把一项神秘的业务（法律研究）带入了这个体制，大多数业内人士都了如指掌，这个体制一度充满了故弄玄虚和唯利是图。[②]

---

① See W Morrison (ed), *Blackstone's Commentaries on the Laws of England Volumes I–IV* (London, Routledge Cavendish, 2001).

② Quoted in P Hamlin, 'Legal Education in Colonial New York' (1939) 64 *New York University Law Quarterly Review*.

布莱克斯通关于自然法的一些理念可以追溯到英国哲学家洛克以及法国孟德斯鸠的分权理论，但在任何情况下，这些理念都是美国律师所熟悉的。布莱克斯通也有批评者。1776 年，杰里米·边沁匿名出版了《政府片论》，该书猛烈抨击布莱克斯通的《英格兰法释义》，批评他关于自然法和社会契约的观点。无论他关于法律具体问题的观点如何，他的成果均是对他所见英国法的清晰的、具有可读性的、系统性的思考。

44 作为国会议员，布莱克斯通投票反对撤销《食糖法案》。[1] 殖民者肯定不同意他关于英国政府在殖民地的权威的观点：

> 如果英国臣民发现并培育了一个杳无人迹的国家，那么所有现行英国法都应施行于那里，这是每一个臣民的天生权利……
>
> 但是在被征服或被割让的国家，那里已经有了当地的法律，国王可以改变那些法律；然而，在国王实质上改变那些法律之前，该国的古代法依然有效，除非该法违背神法，如异教国家的情况。我们的美洲殖民地主要属于后一种情况，通过上世纪的征服、驱逐土著人（我目前还没有调查过他们的自然法）或根据条约而获得。因此，英格兰普通法在那里没有权威；殖民地是母国的一部分，不过是遥远而独立的领土。殖民地也要服从国会的控制……由于几个殖民地主张自主征税的唯一的、排他的权利，法令 6 Geo Ⅲ c 12 明确规定，国王在美洲的所有殖民地和种植园都从属于并依赖于王权和大不列颠国会。[2]

最后一句话参考了 1766 年的《宣示法案》。布莱克斯通的法律议题

---

① D Nolan, ‘Sir William Blackstone and the New Republic: A Study of Intellectual Impact’ (1976) 51 *New York University Law Review* 283 at 290.

② Morrison above n 1, 79.

基于1722年案卷主事官报告的枢密院的一个案件备忘录。① 这表明，如果英国人发现了一个杳无人迹的国家，那么英格兰法就适用于那里。如果英格兰国王征服了一个国家，那么征服者通过保留被征服人民的生活方式，而获得针对这些人民的权利和财产，因此征服者可以对被征服者随意施加法律责任；在征服者颁布法律之前，适用被征服地的法律和习惯。而把这一原则适用于美洲并非理所当然。首先，美洲是各种公司征服的土地。此外，当地人没有被当成囚犯，而是可以一定程度上与殖民者并肩劳作。考虑保留美洲土著的法律，并用这些法律管理这片领土，这是不现实的。第一部《弗吉尼亚宪章》希望土著皈依基督教，但是默认他们的其他方面。各种殖民地章程通常赋予殖民者与英国人同样的自由，但是没有说全部英国法施行于殖民地。不过在帝国的其他地方，诸如澳大利亚、英属哥伦比亚，这些地方的土地由非基督徒的本地部落占有，被视为无主土地，可以适用和接受英国法。② 布莱克斯通对于殖民地的观点没能阻止美洲殖民者主张他们有资格获得英国人的全部自由， 45
也没能阻止普通法施行于美洲。

在布莱克斯通之前，牛津大学和剑桥大学讲授民法，即罗马法，而不是英格兰普通法。英国法律制度的要素可以追溯到盎格鲁-撒克逊年代。诺曼人形成了全国范围的普通法。他们的国王起初在王室法庭主持审判，随后把该职能委派给王室法官，他们在王国范围内巡回审判。诺曼统治者说法语，并且要求法语成为王室法庭和其他法院的官方语言，因此关于案件的早期报告由法语写成。逐渐地，随着诺曼王朝被英国同化，形成了一种特殊的法律语言，被称作法律法语。当时的法律没有法典化，而是由法官通过援引之前的先例而逐案判决。由于法官在全国巡

① *Case* 15, Reports of Cases Argued and Determined in the High Court of Chancery and of Some Special Cases Adjudged in the Court of King's Bench Collected by William Peere Williams 2 P Wms 75; this followed the decision in *Blankard v Galdy* (1693) Salkeld 411.

② M Connor, *The Invention of Terra Nullius: Historical and Legal Fictions on the Foundation of Australia* (Sydney, Macleay Press, 2005).

回，逐渐形成了适用于整个王国的共同法。大学里的教育主要是阅读经典。大约在 1540 年，亨利八世在牛津大学和剑桥大学创设了民法的皇家教席，因此学生们可以成为该学科的学士或博士。教授们被要求开设一定数量的讲座。由于大学没有讲授普通法，14 世纪伦敦的出庭律师们组成了律师会馆，在那里他们对希望成为出庭律师的人讲授普通法。这种教育是口耳相传的，包括讲座、模拟法庭或模仿法庭辩论。那里遵循执业律师的学徒制，总体需要七年时间。

威廉生于 1723 年，是伦敦市齐普赛街的一位丝绸商人的儿子。1730 年，他母亲的一位朋友推荐他申请切特豪斯公学的奖学金。最初的切特豪斯修道院位于城墙之外，被亨利八世解散，1611 年，修道院遗址被赠予一所学校。[1] 如今，切特豪斯公学迁出了伦敦，但是最初的建筑依然保留在史密斯菲尔德肉类市场附近。威廉的父亲死于 1731 年，他的母亲也于几年后去世。牛津大学彭布罗克学院向切特豪斯的学生每年提供两个奖学金名额；威廉获得了其中一个名额，1740 年，也就是他 17 岁的时候，他进入牛津大学攻读民法学士学位。牛津大学万灵学院由一位坎特伯雷大主教创建，旨在培养教会律师。亨利八世曾经禁止讲授教会法，于是该学院被确定为研究民法的中心。其奖学金当时并不像现在这样炙手可热，但是也相当令人向往。1743 年 11 月，威廉获得该学院的奖学金。然而他把目光投向了法律实践，因为他在 1741 年 11 月成为中殿会馆的学生，1746 年 11 月成为执业律师。从那时起，他把自己的时间一分为二，一半在律师会馆，一半在大学。威廉去世后，他的内弟克利瑟罗写了关于他的回忆录，其中记载道，威廉的律师之路非常艰
46 难，因为他缺少有权力的朋友和关系。[2] 1753 年，他宣布退出律师行业，同年 6 月，他发布了四个学期的牛津讲座计划，根据计划，他将：

① 关于布莱克斯通的生平，参见 W Prest，*William Blackstone：Laws and Letters in the Eighteenth Century*（Oxford，Oxford University Press，2008）。

② Quoted ibid，71.

> 制定全面的英格兰法研究方案；追溯其实施的历史，揭示其首要规则和基本原则；解释其原理和效用；与自然法和其他国家的法律进行比较；但是没有把过多精力放在实践的细节和具体案件的细微差别上。①

这些是私人讲座，参加者必须付费。此时，牛津大学的讲座在质上和量上都出现了衰落的迹象，存在市场缺口；威廉的讲座很受欢迎，他获得了额外的收入。

在1628年至1644年，前最高法院首席法官爱德华·柯克出版了四卷本的《英格兰法律制度》。复辟时期的首席法官马修·黑尔曾撰写《普通法分析》，布莱克斯通盛赞该书的科学方法，并以此作为典范。然而，这些都是较老的文本，都不如布莱克斯通当前的方案涉猎广泛。布莱克斯通的讲座广受欢迎，这促使他于1756年11月发布了下一步讲座的改进版方案。这份计划书非常详尽，长达200页。该方案本身就获得热卖，最终印了六版。② 布莱克斯通还从事了学院和大学的管理工作，装备了万灵学院的科德林顿历史和法律图书馆，改革了牛津大学出版社（包括出版他著作的牛津克拉伦登出版社）。

1742年，一名牛津校友出版了一本不少于23卷的著作，名为《法律与衡平摘要》。他的名字叫查尔斯·瓦伊纳；他在中殿会馆拥有房间，但从来没有参与过庭审。他耗时50年汇编所有可以找到的英国法律案例。他的书详尽透彻。然而，他并没有因此挣到太多钱，当他于1756年去世时，他把价值12000英镑的全部财产留给了他的母校，要求用这笔钱建立英国法教席。获得该教席的人必须同时精通大陆法和普通法。大学当局花了一些时间才认识到这个普通学科的学术价值，直到1758年，布莱克斯通才被选为第一任瓦伊纳讲席教授。他就职讲座的消息传

---

① ibid，113.

② ibid，142.

到了威尔士亲王乔治（两年后他将继承王位）的耳朵里；乔治对宪法很感兴趣，他要求布莱克斯通为他讲解讲座的内容。虽然威廉在牛津的紧迫任务不允许他这样做，但是他给亲王寄去了一份对法律的解读。布莱克斯通的君主主义既属于私人见解，也具有普遍性。

讲席职位给他带来了一些盛名，他决定利用这个资源重返律师实
47 务；1759 年夏天，他在内殿会馆获得了房间。此时，他的执业更加成功，尽管有稳定的案源，但他并没有被视作律界领袖。他于 1761 年结婚，这意味着他必须放弃万灵学院的奖学金，尽管他在离牛津大学大约 12 英里的泰晤士河边的沃灵福德买了一栋房子。同年，他由于布特勋爵的委任成为国会议员。此时国王希望任命他为国王顾问，但这将要求他辞去国会议员职位，日后还要重新选举（你或许开始明白为何其他人想要开启一个新国家）。他被授予了一份任命状，他的排名在所有国王顾问之后、所有其他顾问之前。他来自讲座的收入开始下降，部分原因是参加讲座的学生开始把笔记出售给其他学生，于是他决定制作讲座的印刷品。

1765 年 11 月，他的《英格兰法释义》第一卷面世，共印刷了 1500 册，其中有几百册运到了美洲。① 该书很快售罄。1769 年，第二卷、第三卷、第四卷接连面世，同样获得成功。在第一卷开篇，他承认了查士丁尼皇帝组织的《法学总论》汇编罗马法的影响力。② 第一卷涉及人的权利，第二卷涉及物的权利（主要是财产法），第三卷涉及个人违法行为，第四卷涉及公共违法行为。在开头，他指出：

> 本系列学术讲座所讲授的、培育的、体系化的和解释的学问是有关我们自己国家的法律和宪法：这是一门特殊的知识，相比欧洲邻国，英格兰绅士曾在这方面非常欠缺。③

---

① ibid, 219; LC Warden, 'The Life of Blackstone' (1938) 1 *Louisiana Law Review*.

② Morrison above n 1, Vol 1, 4.

③ ibid.

他的讲解不仅面向律师，而且面向一般的绅士听众：

> 我认为，不可推卸的责任是，每个绅士和学者都应适当地掌握我们所生活的社会的法律知识；这是关于自由与礼貌的教育的精髓所在。①

第一卷包含了一些非常宏大的法理学，主要取自洛克。布莱克斯通重视法律的神圣起源：

> 当上帝创造宇宙和万物之时，他也传达了某种不得背离的原则……人类是创造物，必然从属于造物者的法律……造物者的意志被称作自然法……上帝仁慈地把这种顺服法则归纳为一种家长式的训诫，“人类应当追求自己真正的幸福”……这个自然法与人类的存在一样久远，由上帝本人口述，自然高于任何其他法律……在自然的国度中，我们都是平等的。② 48

然而，群居对人类而言是自然而然的事情：“共同体应该保卫每个个体成员的权利……（为了获得保护）每个人应该服从共同体的法律。”在支配一切自然法之下的是“地方的法律，即具体地区、市政当局或国家进行管理依据的规则”。③ 这种英格兰地方的法律成为威廉的主要研究对象。

他如此论述自由的理念：

> 自然的自由恰当地包含在随心所欲的权力中，除非依据自然法，不受任何约束或控制；权利是我们与生俱来的，是上帝送给他的创造物人类的礼物，同时上帝也赋予了人类自由意志的能力。但是当个人进入社会，作为有价值的对价，个人放弃

① ibid, 4.

② ibid, 29-32.

③ ibid, 33.

> 了一部分自然的自由；在接受物质利益时，个人必须服从共同体恰当地确立的法律。①

他描述了英国人的生命和肢体如何受到保护，这些规定可以追溯到《大宪章》。法治，即政府受法律程序的约束，既保护个人自由，也保护个人财产。② 与促成美洲革命最相关的部分是他关于征税的观点。他援引了自《大宪章》到《权利法案》的征税历史。《大宪章》试图确立某种封建义务，这种义务只能根据讨论后的一致意见而确立，但是这些规定在国王同意后10周就被废除了。1628年，国会向国王查理一世提出了《权利请愿书》，要求“从今以后未经国会法案的批准，任何人不应被迫献出礼物、承担债务、布施慈善、交纳税负或类似的费用”。尽管这是一份请愿书，而不是一个法案，但是国王被迫宣布“照此制定法律”，这通常意味着会制定生效的法案。尽管国王随后打算忽视此事。根据正当程序，1689年《权利法案》规定，“凡未经国会准许，借口国王特权，为国王而征收，或供国王使用而征收金钱，超出议会准许之时限或方式者，皆为非法”。根据这些先例，布莱克斯通推论道，“除非经本人或其在国会中的代表同意，任何英格兰臣民不得被强迫支付任何税款，即使为了保卫领土或支持政府”。③ 随后他描述道，资金法案必须由平民院提出，尽管该法案必须由国会两院通过：“供给征自人民；因此人民才有自我征税的权利。”④ 然而，他不认为议会民主要求一人一
49 票。“至于选民资格——要求考虑选民的财产，排除那些由于贫穷而没有自我意志的人。”⑤

与后来起草的《美国宪法》相关的另一项内容是他关于分权的观点：

---

① ibid, 72.
② ibid, 95 et seq.
③ ibid, 104.
④ ibid, 126.
⑤ ibid, 127.

这里实际上涉及了英国政府的优点，其各部分形成相互制衡。在立法机构中，人民制衡贵族，贵族制衡人民；根据彼此否决的特权：尽管国王可以同时制衡人民和贵族，但是人民和贵族可以保护执行权不受国王侵犯。国王的执行权也受到制衡，要在国会两院设定的合理边界内行事，两院拥有调查、弹劾和惩罚国王行为的特权，实际上这并没有破坏国王的宪法独立性；但是这更加有益于公众，防止国王近奸佞。因而，我们公民政体的每个分支都彼此支持，彼此制约。①

这些段落讨论了立法机构。随后，他讨论了司法部门的独立性。②他引用《王位继承法》的规定，确定法官只要行为良好就可以一直任职，并且有明确的薪酬，但他们可以根据国会两院的决议而被撤职。他继续谈道：

司法权独立存在，其成员由王室任命，但是不得被随意撤职，这是公众自由的保证。③

到20世纪，《英格兰法释义》英国版已经多次再版，新增的注释使其与时俱进。初版的声誉使这些版本都很畅销。美洲的初版由费城的约翰·贝尔于1772年发行，④ 增加了注释。⑤ 在出版前，该书已经有了1600名订购者。其中16人成为《独立宣言》的签署者，6人成为《美国宪法》的制定者。1803年，圣乔治·塔克参考《美国宪法》、美国联邦政府和弗吉尼亚的法律编辑了一个版本。他把《英格兰法释义》视作制定美国法律的基础文本。他的释义更加具有共和精神。其他执业律师

---

① ibid, 115.

② ibid, 203.

③ ibid, 203-04.

④ Warden above n 11.

⑤ See M Hoeflich, *American Blackstones* in *Blackstone and his Commentaries: Biography, Law, History* (ed W Prest, Oxford and Portland OR, Hart Publishing, 2009).

和法律学者也都效仿他的版本，其中最受欢迎的版本来自宾夕法尼亚的乔治·沙斯伍德法官。这些版本的注释长度超过了原初文本。

引用最多的内容来自《英格兰法释义》第一卷。其余各卷覆盖了布
50 莱克斯通所见的英国法，它们为美国法的发展提供了模板。南北战争前最伟大的律师之一，鲁弗斯·乔特，有五个不同版本的布莱克斯通《英格兰法释义》。1801 年至 1835 年，约翰·马歇尔是最高法院首席大法官。他出生于弗吉尼亚边境的小木屋。他的父亲望子成龙，给他购买了一本《英格兰法释义》。马歇尔在他的判决中频繁引用《英格兰法释义》的内容。[①] 马歇尔是联邦主义者，他倾向于支持联邦政府的权利。或许由于他受到了布莱克斯通关于英国宪法中君主的重要性观点的影响。亚伯拉罕·林肯在年轻时从一位推销员那里购买了大量书籍，其中就包括一本《英格兰法释义》；他对于法律的兴趣被点燃。[②] 他还建议法律学生从阅读布莱克斯通的《英格兰法释义》开始。美国的判决书频繁引用《英格兰法释义》。

布莱克斯通对美国生活的另一个贡献也不应被忽略。在《英格兰法释义》中，他倡议在大学中讲授法律。

> 法律科学，与对错标准不同；它事关确立、预防、惩罚或救济……它普遍适用于每个人，包含整个共同体；这种科学在过去却不是大学里的必修课，这是一个值得关注的问题。的确，如果它以前不是学术研究的目标，那么是时候让它成为学术研究的目标了。[③]

尽管任命了英国法方面的瓦伊纳讲席教授，但是直到 19 世纪 70 年代，牛津大学才开始提供该学科的学位。剑桥大学追随牛津大学的脚步，1800 年，唐宁学院的创始人捐赠了英国法教席，但直到 1858 年才

---

① Warden above n 11, 135, 328.

② ibid, 332.

③ Morrison above n 1, 20.

开始提供学位课程。认为法律是实践学科，不适合作为学位学科，这似乎并无不妥。然而，美国人走到了前面。1779 年，托马斯·杰斐逊劝说位于弗吉尼亚威廉斯堡的威廉与玛丽学院的管理者设立了法律教席，该教席的第一位教授是他以前的导师乔治·威思。一位富有的安提瓜种植园主移民到波士顿，他于 1817 年在波士顿的哈佛大学捐赠了法律教席。经过思想斗争，他又于 1827 年捐赠了戴恩教席。纽黑文的执业律师则建立了私立法学院，1820 年该学院并入耶鲁大学，1824 年成为耶鲁法学院。美国这些伟大的法学院对普通法的发展产生了深远的影响。

1770 年，布莱克斯通成为王座法庭的法官，后又成为民事高等法院的法官。他在司法界的声誉并不高。[①] 他的健康情况日益恶化，于 1780 年去世。《英格兰法释义》成为其主要遗产。

---

① See Nolan above n 3, 287.

第九章　革命的记录者：约翰·迪金森

51 约翰·迪金森接替了詹姆斯·奥蒂斯的文字事业，实际上他的昵称就是革命的“记录者”。在接下来要讲述的美国革命时期，他无出其右地记述了殖民者对英国的感受。然而他是一位不情愿的革命者，他坚信英王乔治三世会承认殖民者的不满与权利。

他的家庭在马里兰和特拉华的肯特郡都拥有财产。尽管费城位于特拉华河沿岸，但是有一个去往上游的绝佳位置，即威廉·佩恩要求获得的特拉华河西岸往南的地区，包括肯特郡，在那里特拉华河汇入大海，佩恩的要求得到了批准。佩恩给予当地居民在宾夕法尼亚民众大会的代表名额，但是在1701年下半年，他又赋予他们自己组织民众大会的权利。在第二届大陆会议召开前不久，当地人民组织的民众大会宣布，特拉华为独立于英国的一个邦。特拉华派出代表参加大陆会议，在签署《独立宣言》中发挥了有益的作用。然而直到稍晚时候，特拉华才有了自己的宪法。①

约翰的先辈是贵格会教徒，定居在马里兰。② 约翰不是正式的贵格

---

① See the Delaware Historical Society Website.

② See W Murchison, *The Cost of Liberty*: *The Life of John Dickinson* (NC, ISI Books, 2013) 5.

会教徒，但是他受到贵格会信仰的强烈影响。他的父母塞缪尔和玛丽是马里兰第三难友会[1]的成员。1732 年，约翰生于马里兰。他的姐姐贝齐与一个英国国教徒订婚。[2] 难友会宣布，该婚姻扰乱了秩序。然而塞缪尔同意这桩婚事，把家搬到了他在肯特郡的地产。此后，他远离了贵格会教徒。父亲的经历影响了约翰。1770 年，约翰与来自著名的贵格会家庭的玛丽（波莉）·诺里斯结婚，但是他拒绝根据难友会的安排举行婚礼，坚持按照民间仪式。他写信给妻子玛丽的姐姐，表明他不希望按照私人社团的规则生活——“如果一个法案与关于美德的法律或我国的法律不相违背，那么某个社团的规则（即便具有积极意义）可以否定该法案吗？”[3] 此时他的母亲和妻子依然是贵格会教徒。他引用了约翰·亚 52
当斯的话：“如果我有这样的母亲和妻子，我认为我应该开枪自杀。”[4] 晚至 1801 年，约翰写道：“我不曾也不会从属于任何宗教社团，因为每个社团都有我不能接受的原则。”[5]

尽管如此，贵格会对约翰的影响体现在了他的说话方式上，比如使用“thee”和“thou”，以及拒绝宣誓。[6] 他一直反对奴隶制——尽管他有一些来自国内的奴隶，但他在 1777 年解放了他们。他促进监狱改革和教育事业，反对开放剧院，这些举措都接近贵格会的理念。[7] 他还倡导消极抵制英国政府。根据他的观点，殖民者有两个选择——其一，忽视他们认为违宪的英国立法，好像这些法律从未颁布；其二，进行经济

---

① 属于贵格会。——译者注

② ibid, 6.

③ Quoted JE Calvert, *Quaker Constitutionalism and the Political Thought of John Dickinson* (NY, Cambridge University Press, 2008) 190.

④ Quoted in D McCullogh, ‘John Adams’ (2001) 117 (1) *Political Science Quarterly* 130.

⑤ ibid, 191.

⑥ ibid.

⑦ ibid, 193.

制裁。① 当大陆会议宣布独立时，由于他不是贵格会成员，因此可以自主地用笔和剑给予支持。

对迪金森产生重大影响的另一个因素是他对于英格兰普通法和英国宪法的喜爱，这有时会令他表现出明显矛盾的立场。在18世纪，殖民地中在英国接受过训练的律师数量不断增长。从1760年到美国革命结束，有115名美洲人进入英国的律师会馆，然而这些人主要来自南方诸州，南卡罗来纳和弗吉尼亚共68人。②

约翰·莫兰是一名英国出庭律师，被任命为宾夕法尼亚的国王检察官，成为宾夕法尼亚律界领袖。约翰·迪金森成为他的学徒。③ 或许由于他的影响，约翰在21岁时到伦敦游历8周，并于1753年注册成为中殿会馆的学生。约翰在接近中殿会馆大厅的埃塞克斯庭得到了房间。④ 他对于学习普通法很有热情。在当时，普通法法庭坐落于威斯敏斯特厅，律师会馆鼓励学生参加庭审。约翰在写给他父亲的信中谈道：

> 威斯敏斯特厅是一所法学院，在那里我们不仅不断收听我们曾经阅读过的知识，而且以极大的求知精神和满腹学识进行辩论和研究，不断听到新事物，澄清我们的困惑，纠正我们的错误。⑤

在伦敦，他遇到了威廉·佩恩的儿子，后者帮他获得了面见乔治二世的机会，约翰把乔治二世描述为地球上最伟大的、最优秀的国王。⑥

---

① ibid, 209.

② C Warren, *History of the American Bar* (Boston MA, Little, Brown, and Company, 1911).

③ ibid, 8.

④ RR Logan, *Collection of Dickinson Papers* (*Collection* 383), *the Historical Society of Pennsylvania*, Library Company of Philadelphia, Account Book.

⑤ Quoted M Flower, *John Dickinson Conservative Revolutionary* (Charlottesville, University of Virginia Press, 1983) 15.

⑥ Murchison above n 2, 14.

约翰从未见过乔治三世，但是在乔治三世继位后，他就表达了对于“国 53
王个人和政府的最炽热的感情以及效忠之心”。① 甚至在他开展反对英国政府的行动之时，他依旧写道：“我心里流淌的每一滴血都属于英国，作为她最忠实的儿子，我热切期望她的繁荣。”② 尽管英国宪法也有缺陷，但是它比欧洲大陆的宪法都更自由，在请愿权利中包含了对政府的纠错机制。尽管约翰支持殖民者抗税，但是直到《独立宣言》发表，他一直支持殖民地与英国保持联系。在 1775 年大陆会议的演讲评注中，他写道，“我以前和现在都对殖民地的未来充满乐观，但是我们的州要依赖于和从属于母国”。③ 如果奥蒂斯是点火者，那么迪金森就是灭火者。在殖民者中，关于母国与殖民地的真正关系，存在许多种意见，许多人依旧理所当然地忠于王室。然而，英国政府的拙劣表现足以使更多的人走向革命阵营。尽管是美洲反对派的主要拥护者，但是迪金森缺少革命热情。

从英格兰返回美洲后，约翰于 1757 年加入了宾夕法尼亚律师协会，他在费城的律师执业取得了成功。尽管费城远离海岸线，但依然发展成为殖民地的枢纽。到美国革命时，费城已有 3 万人口；每天有超过 400 艘船只通过其港口；它还拥有极富效率的邮政系统。④ 年轻律师都想到费城去建功立业。约翰首先被选为特拉华民众大会代表，于 1762 年又被选为宾夕法尼亚民众大会代表，这两个会议的代表都参与组织了 1765 年的印花税法案议会（Stamp Act Congress）。值得注意的是，约翰是会议通过的《权利与不满宣言》的起草者。

1766 年 7 月，伦敦政府还发生了另一个变化。罗金厄姆伯爵被解职，老威廉·皮特重新被起用，取代了罗金厄姆的位置。由于皮特主政

---

① PL Ford (ed), *The Writings of John Dickinson* (Philadelphia PA, The Historical Society of Pennsylvania, 1895) 234.

② ibid, 184.

③ ibid, 233.

④ Murchison above n 2, 20-22.

期间取得了七年战争的胜利，因而他很受大众欢迎。由于他曾经反对《印花税法案》，殖民者以乐观的态度看待他的任职，然而有两个因素使他们的美梦成为泡影。皮特在他的全盛期曾被称为伟大的指挥家。在他的新任期开始之时，他被贵族院封为查塔姆勋爵，这不仅削弱了他的支持率，而且降低了他协调平民院的能力。同时，他的健康情况正在恶
54 化，在这些因素的共同作用下，他的政府缺乏有效的领导力。1766 年 8 月，他任命富有雄心的查尔斯·唐森德担任他的财政大臣；唐森德曾是贸易委员会主席以及海军部长官。他创制了一系列法案，被称为《唐森德法案》，这些法案确认了英国政府对殖民地的控制。起初，针对纽约邦没有遵守 1765 年《驻营法案》的行为，他采取了制裁措施。随后他提出了《岁入法案》，该法案于 1767 年 6 月生效，对各种从大不列颠进口到美洲的产品征收关税，包括各种玻璃、纸、油漆和茶。在前言中，该法案表明，其目的不仅是供给殖民地安防，而且还要供给殖民地的政府和司法部门。之前的殖民地总督和法官由殖民地政府支付报酬，而现在这种薪酬支付方式将使他们与英国政府紧密地联系在一起。唐森德把他的《岁入法案》视作规制贸易的国内税，[1] 而殖民者则把它视作直接税。

1767 年 9 月 4 日，唐森德去世。11 月 30 日，名为《宾夕法尼亚农夫致同胞书》的第一批出版物出现在宾夕法尼亚。[2] 出版日标为 11 月 5 日，这是奥兰治的威廉 1688 年登陆英格兰托贝的纪念日，那一天是所谓光荣革命的开始。所有的 12 封信都是每周定期发出，这些信的真实作者就是约翰·迪金森，他的主要工作是律师。

第一封信的开头揭示了他的身份：

---

① On this subject see P Thomas, *The Townshend Duties Crisis*: *Second Phase of the American Revolution* 1767-73 (New York, Oxford University Press, 1987).

② 其文本可以在许多资源中找到：1878 年在费城、纽约、波士顿和伦敦出版了其概要。RE Halsey 在 1903 年出版了有益的注释版；可见 *Empire and Nations* (ed) Forrest McDonald (Prentice-Hall Inc, 1962)。本书根据罗马数字编号引用相关信件。

> 我是一个农夫，历尽波折，定居在宾夕法尼亚邦的特拉华河沿岸附近。我接受了自由教育，过着忙碌的生活，但是现在我明白一个人应该苦中作乐。我的农场很小，我的奴仆很少，但是很优秀。我对挣钱没什么兴趣。我可以自主安排时间，我花费大量时间在我的书房里，我认为这是我最有价值的财产……我认为相比我的同学，我拥有更多关于我们国家的历史、法律和宪法的知识……自从出生，我就被教育要热爱人道和自由。

这里提到了特拉华河沿岸的小农场，这表明作者像大批殖民者一样是一个小的地产主。但是他受过教育，有时间就泡在他的书房里，获得了相比普通殖民者而言更广博的知识，因而他可以公开发言。这里没有提到他拥有中殿会馆的出庭律师资格。无论如何，这是一份出版物。

在这些信的主体部分，迪金森接受了英国国会拥有合法权威规制大
不列颠及其殖民地之间的贸易的原则，认为这对双方都有好处。[①] 建立 55
殖民地政策的初衷是，大不列颠可以制造产品，并供给美洲，美洲可以供给大不列颠原材料。“美洲是种植园主、农民和渔夫的国家；而不是制造商的国家。在这样的国家建立某种制造业的困难几乎不可克服。”[②] 通过双向关税，创造了大不列颠的财富、权力和荣耀。[③] 他引用了老皮特在国会的辩论：“这个王国可以通过规制贸易、航海一直约束殖民地，唯独不能未经同意而从殖民者的口袋中拿走他们的钱。”[④] 迪金森强调，《岁入法案》规定要资助殖民地政府和司法。[⑤] 这不是规制贸易，而是违背《权利法案》的征税。在过去的150年里，英国政府从未通过法令向殖民地征税。

---

① Letter Ⅱ.

② ibid and Letter Ⅴ.

③ Letter Ⅴ.

④ Letter Ⅱ.

⑤ ibid.

> 时至今日，大不列颠满足于自身的繁荣。节制曾是她的行为准则。她经常保护陌生人的自由，但是现在，这样一个慷慨的、仁慈的人却被煽动试图剥夺她自己孩子的特权，如果成功，在她的孩子看来，就等于把他们贬为奴隶。①

随着信件的展开，他回应了早期信件中的一些问题：一些人告诉他，他们担心对抗英格兰，另一些人则正在武装起来反对英格兰。迪金森试图寻求平衡。不采取行动就等于鼓励篡夺，而且会令对方得寸进尺。②《印花税法案》的起草者并不打算增加关税总额，他们也不打算为未来使用税款确立先例。③ 然而到了《岁入法案》，情况就不一样了，迪金森写道：

> 总体而言，我把最近的法案视作对我们的轻蔑试探。这是一只派出去的战鸟，考察刚刚激起波浪的水面是否已经平息。如果他们开始插足这里，我们应该迅速确认这不是凤凰，我们应该立刻看清接踵而来的祸害。④

另外，如果必须诉诸武力，那就极可能超出对违法行为进行制裁的范围。战争的危险太大了，不值得去冒险。

> 一旦我们脱离了母国，我们该接受何种新形式的政府？我们该去哪里再找一个英国来补偿我们的损失？我们因信仰、自由、法律、情感、语言和商业而联合一体，脱离这个整体，我
> 56 们必定会头破血流。⑤

他警告道，自由的事业不应被骚乱玷污。应该通过宪法的手段，即

① Letter Ⅴ.
② Letter Ⅲ.
③ Letter Ⅶ.
④ Letter Ⅺ.
⑤ Letter Ⅲ.

向当地民众大会或伦敦政府进行请愿而寻求救济。如果这个途径行不通，我们就应该从大不列颠那里拿回她从殖民地获得的所有好处——换言之，就是公民不服从的贵格会模式。[①] 在第十二封信中，他以警告殖民地之间的异议作为结语。共同警惕将带来安全，疏忽大意将带来羞耻和奴役。

迪金森复制了一份他的信寄给波士顿的小詹姆斯·奥蒂斯，他还劝说波士顿商人联合抵制英国进口品。纽约和费城的商人跟着做，最终，其余各殖民地的商人也加入了抵制的行列。从1768年到1769年，英国进口到殖民地的货物价值从210万英镑下降到130万英镑。[②] 然而，波士顿成为新的海关委员会总部，受命要确保应收税款。他们的干涉引起不满。1768年5月，海关官员因走私嫌疑在波士顿港口扣押了自由号帆船，一群暴民把海关官员赶出了波士顿。7月，《波士顿公报》刊出了迪金森的歌词作品《自由之歌》，作曲者为威廉·博伊斯。[③] 1770年1月，英国政府还发生了另一个变化，弗雷德里克·诺思勋爵被任命为首相，次月，他撤销了1767年的《岁入法案》，但茶税除外。1770年9月，费城取消了联合抵制。迪金森的政策似乎成功了。[④] 就在当年的7月，他结婚了。

茶税依然是一枚“地雷”。1771年，迪金森成为一个委员会的成员，负责起草向伦敦的请愿书，要求撤销茶税；但请愿书没有收到回复。东印度公司如今陷入了财务危机，积压了大量茶叶。他们被迫把茶叶运到附加征税的英格兰。此时，为了解决东印度公司的困难，通过了1773年的《茶叶法案》，允许东印度公司直接向殖民地出口，在那里可以由英国代理商销售茶叶，只对销售商征税。1773年11月，迪金森在

---

① ibid.

② Murchison above n 2，64.

③ ibid.

④ ibid，67.

费城的一家报纸发表了给他的密友卢斯蒂库斯的信，信中建议“不得接受这批茶叶，不得提供仓储，不得让其靠岸”。① 这封信在其他殖民地广泛传播。几个殖民地港口都采取措施阻止从英国运来的茶叶。

许多人对消极抵制的幻想已经破灭。1765 年夏，自称为自由之子的松散组织开始出现在东海岸的各个城市。它们彼此串联。1773 年 12 月 16 日，其中一些成员在波士顿化装成土著美洲人，登上一艘试图卸载茶
57 叶的船，把装有茶叶的箱子倒入海湾。波士顿“茶党”因而得名，成为一个现代政治派别。1774 年 3 月英国政府作出的反应严重增加了冲突的可能性；他们通过所谓的《强制法案》，关闭波士顿港，不准商船驶入，在马萨诸塞建立英国的军事管制，英军可进驻殖民者的民宅。

这是致命的举措，使绝望的美洲殖民地走到了一起。1774 年 9 月 5 日，12 个殖民地的代表在费城的卡彭特厅召开了第一届大陆会议。代表们产生了分歧，以迪金森为首的人希望立刻宣布独立，另一群人则希望效仿过去的成功经验组织联合抵制。当天，温和派取得了胜利，会议同意从 1774 年 12 月起联合抵制英国货物的进口，从 1775 年 9 月起禁止向英国出口。为了保护南方诸邦有限的经济条件，出口禁令被推迟实施。② 最为重要的是，他们决定在 1775 年 5 月 10 日召开第二届大陆会议。佐治亚的代表也参加了第二届大陆会议，这样每个邦在大陆会议中都有了代表。

1775 年 5 月 10 日，代表们按计划集会，但气氛发生了重要变化。波士顿的英国驻军与新英格兰民兵之间的敌意在城市边缘地带爆发，③
58 出现了人员伤亡。此时有了爆发严重武装冲突的可能性。第二届大陆会议意识到需要一支大陆军，1775 年 6 月 15 日，会议任命乔治 · 华盛顿为大陆军司令。④ 尽管如此，会议还是决定最后一次向国王请愿，1775 年

① Ford above n 15, 451-52.

② ibid, 182 et seq.

③ 详细介绍参见下文第十章。

④ Ford above n 15, 110.

7 月 5 日，大陆会议批准了所谓的《橄榄枝请愿书》。托马斯·杰斐逊和迪金森都撰写了草案，但是最终的请愿书更倾向于迪金森的版本。这是给仁慈的主权者的谦恭请愿，赞扬了英国与美洲殖民地之间以往的和谐关系；请愿书接下来记录了他们对于殖民地管理采用的新法令和规章系统的惊恐，这些新制度令他们充满恐惧。

> 我们不愿徒劳地描述您的那些大臣令人厌烦的各种诡计，欺瞒的借口、劳而无功的恐吓以及无益的苛政，这些都是他们惯用的手段……您的大臣们用他们的手段和行为招致了敌意，强迫我们武装起来……我们因此乞求陛下，用您的权威和影响力进行干涉……给我们的领土带来和平。

这是一种向国王请愿的古老形式，用于矫正大臣的行为，而不采取具体的反抗行为。

然而，为了强调其反对立场的坚定性，7 月 6 日，大陆会议发表了《拿起武器的理由和必要性檄文》。该宣言由杰斐逊起草，迪金森修改，其结论是："我们面临着二选一，是无条件地服从无理性的大臣的暴政，还是武力抵抗。后者是我们的选择。"①

《橄榄枝请愿书》由威廉·佩恩的儿子托马斯于 1775 年 8 月 21 日递交给了伦敦的殖民大臣。② 国王拒绝阅览。由于英国拦截了一封约翰·亚当斯的来信，请愿书的效力大打折扣，在信中亚当斯认为战争不可避免。8 月 23 日，国王签署了《镇压叛乱宣言》，宣布美洲殖民地处于叛乱状态。迪金森对于君主制的信念一度错位。随着托马斯·潘恩《常识》的出版，迪金森一直以来对和平政策的希望在 1776 年 1 月戛然而止。18 个月之前，托马斯·潘恩曾经在伦敦见过本杰明·富兰克林，后者给了他一份费城报纸的一个前言，他随后对此进行了编辑。在他的书

---

① ibid, 111.

② ibid, 113.

中，与迪金森在《农夫来信》中的表达方式一样，他捕捉到了殖民者的新情绪。潘恩写道："每一条通往和平的道路都行不通了。我们的请求被轻蔑地拒绝……从今往后，只有诉诸拳头，看在上帝的面上，让我们走向最终的独立。"

1776 年 5 月 11 日，弗吉尼亚呼吁大陆会议宣布独立。此时，杰斐逊受托起草宣言。经过大陆会议几天的讨论，迪金森反对发布宣言，理
59 由是殖民者未做好准备，至少应该等到与法国结盟之后再采取行动。[1]
甚至在《独立宣言》被批准前一天，迪金森依然在大陆会议上反对这个行动。独立将带来众多的邦、犯罪、嫉妒、仇恨、战争和毁灭。[2] 迪金森是对的，因为许多乱象接踵而来。殖民者从事的暴行令人触目惊心。在总数超过 14000 人的民兵基础上，形成了职业军队以及世界上最强大的海军。许多殖民者依旧对王室效忠，一些人则与王室进行斗争——大约有五分之一。13 个拥有不同宗教信仰的殖民地似乎不可能合并成一支军队，更不消说一个政体。无论如何，许多人将失去财富（如迪金森本人），甚至死亡。

1776 年 7 月 3 日，宾夕法尼亚代表以 4∶3 的投票反对《独立宣言》，但此时他们在大陆会议中是少数。第二天，迪金森和另一位也投了反对票的代表缺席了会议，宾夕法尼亚变为以 3∶2 的投票支持独立宣言。杰斐逊的草案经过一些修正后被批准，《独立宣言》诞生了。

迪金森是宾夕法尼亚民兵的上校，他很快收到命令，把他的部队带到新泽西，他照做了。他是少有的亲自服兵役的大陆会议成员之一。不久之后，宾夕法尼亚民众大会召回了部队，任命了其他指挥者。迪金森离开了军队，而没有看到下一步行动。[3] 在接下来的战争中，他在特拉

---

① JH Powell 'Speech of John Dickinson Opposing a Declaration of Independence'（1941）65（4）*Pennsylvania Magazine of History and Biography*458-81.

② See Calvert above n 4.

③ ibid, 156-57.

华的房子被英国人纵火烧毁。[1] 在《独立宣言》发布后，他依旧希望服务于殖民地。当一个起草邦联条例的委员会组建之时，迪金森成为成员，但是他的草案被否决，因为该草案赋予了中央政府太多的权力。[2] 当宾夕法尼亚向大陆会议选派新代表时，他的名字被遗漏了，他退隐到特拉华，后来成为特拉华的最高行政长官。

美国革命本来可以避免。如果英国政府更加有策略，迪金森的中间道路就可能占上风。然而争论陷入了华丽的辞藻中。双方的主张都有弱点。迪金森等人强调的英国国会调整贸易的法案与调整其他领域的法案之间的区别是不真实的。从《蜜糖法案》到《茶叶法案》都涉及商品贸易。迪金森坚持认为这些法案不调整贸易，因为其目的不是改善贸易。尽管通过对产品征税而获得的金钱似乎没有专款专用——只是进入了政府统筹。但《茶叶法案》中规定的税意在保护东印度公司，明显与贸易有关。不是律师出身的本杰明·富兰克林看到了这个论证中的弱 60
点。在 1768 年给儿子的信中，他写道：

> 很难在为了规制目的和为了岁入目的的关税之间划出界限，如果国会是法官，我认为建立这种区分规则似乎毫无意义。对于这一问题，我思考得越多，阅读得越多，我就越坚信我的观点，没有切实可行的中间原则，对于这个显而易见的论点，我的意思再明白不过。[3]

如果英国政府在各种法令中没有讲清楚他们征税的目的，或许反对会少一些。

鉴于英国选举的非民主状态，英国政府关于殖民者在国会中实际上有代表的主张甚至更加乏善可陈。此外，继任的政府由于坚持他们有权

---

① ibid, 169.

② ibid, 163.

③ LW Labaree (ed), *Papers of Benjamin Franklin*, *Vol* 15, *January* 1 *through December* 31 1768 (NH and London, Yale University Press, 1970) 111.

利对殖民地征税而恶化了他们的状况，在面临反对时，他们又在特殊情况下放弃了立场。通过让美洲殖民地很大程度上自我管理、自主征税，英国政府不可避免地鼓励了殖民地的独立感。

人们感觉到，脱离法律论证的议程正在展开。英国政府巨大的战争债务主要源自对美洲殖民地的保护，要求殖民地帮助清偿债务似乎完全合理。如果英国政府要求当地的民众大会捐税，可能会成功，至少在一定程度上会达成所愿。然而，殖民者已经自掏腰包为战争贡献了民兵，现在法国人被打败了，他们认为不大需要在美洲维持大规模的英国军队——毕竟《权利法案》禁止在和平时期维持常备军。最终的冲突发生在把殖民地视为自己的财产或领地的英国政府（包括国王）与一批日益自信的殖民者之间，后者相信无须英格兰的帮助他们也能走向繁荣。宗教和解把具有独立思想的人们整合到了一起。当然，还有许多像迪金森一样的殖民者不想脱离英国；他们对于英国宪法的自信使他们相信，他们的不满最终将获得校正。如果英国的政治家们利用这种观点，行为更加节制，或许革命能得以避免。颇为吊诡的是，自独立以来，美国公众对于建立自己的统治王朝兴味盎然，从亚当斯父子到罗斯福叔侄，再到肯尼迪家族、布什父子，他们对于效仿英国王室家族也兴致勃勃。

第十章　革命：约翰·亚当斯

如果约翰·迪金森是不情愿的革命者，那么约翰·亚当斯就是满怀热情的革命家。虽然亚当斯多次质疑与英国开战是否明智，但是他清楚地看到，英国政府接受殖民者的要求遥遥无期。亚当斯是马萨诸塞的执业律师，但是从第一届大陆会议开始，他就几乎把全部精力投入到殖民地的反抗事业中，开始从事公职。他在劝说各邦联合反抗英国政府中发挥了关键作用，尤其是在第二届大陆会议上，他劝说全部 13 个州签署了《独立宣言》。当《美国宪法》起草之时，其采取了他一直倡导的形式，平衡了美国的各种权力资源。

1735 年，约翰出生于马萨诸塞的布伦特里。1625 年，第一批殖民者到达布伦特里；该地距离波士顿中心 9 英里。这是建立在马萨诸塞湾周边的殖民地之一，包含 2 万名左右的定居者，其中亨利·亚当斯和伊迪丝·亚当斯来自英格兰的萨默塞特。当时，布伦特里属于萨福克县，该县后来更名为诺福克县。约翰的克制似乎有宗教的源头；约翰及其家庭都是公理会教友。[1] 约翰的父亲也叫约翰，与苏珊娜·博伊尔斯顿成婚，后者来自马萨诸塞最著名的清教徒家庭。约翰的家庭靠耕种致

---

① See D McCullough, *John Adams* (New York, Simon & Schuster, 2001).

富。1761年，约翰的父亲死于流感，约翰继承了农田和农舍，其所在地被称为和平地带，自此成为他的家。①

1751年，约翰进入哈佛大学，他的视野变宽了。哈佛大学校长是爱德华·霍利奥克，他详细阐述了牧师没有权利把他们对于基督律法的解释强加于信众的观点。② 约翰保留了对于其他信仰和文化的兴趣。他于1755年毕业，起初担任教师的工作，但是在1758年成为他家附近的一名律师的学徒。他在法律界没有关系，但是他通过关系网建立了自己的人脉。他去了波士顿，见到了杰里迈亚·格里德利和小詹姆斯·奥蒂斯。1762年，格里德利推荐他加入马萨诸塞律师协会，这使他有权利成为波士顿最高法院的听众。随即他返回布伦特里，由于使用的令状
62 形式瑕疵而输掉了他的第一个官司。1765年，格里德利邀请他加入一个筛选严格的律师俱乐部，成员们在那里讨论法律问题，研究演讲术。

他在马萨诸塞巡回区执业，这使他走遍了马萨诸塞殖民地，包括韦茅斯，在那里他受邀造访了当地牧师史密斯先生的家，并且爱上了牧师的女儿阿比盖尔。他向她求爱，有一次他带着信找她，希望她满足送信人的要求给他更多的吻以及更多的陪伴。她回复道，他已经从她那里偷走了许多吻，他还亏欠她许多吻。这就是他们交往的模式——她开门见山，然而她是一位有教养的女性，他经常向她请教政治问题。他在1761年10月迎娶了她。然而他离开了她很长时间，这是她的不幸，却是子孙后代的幸事。约翰先是离开布伦特里办案，又参加大陆会议数月，还代表美国远赴欧洲。这些分别使他们之间用书信交流，这些书信被大量保留了下来，显示了他们彼此之间的扶持。③ 他们引经据典，而阿比盖尔则自称“波西亚”。有一处她谈到，她想要一份切斯特菲尔德勋爵的

① P Smith, *John Adams* (Garden City NY, Doubleday, 1962) 57.

② ibid, 15.

③ 这些通信可见 *Familiar Letters*；马萨诸塞历史协会把这些信件放在了网上；本书使用的就是网上版本，并注明了信件日期。

信件的副本。亚当斯回复道：“你不会选择在你的书房里放这些信，因为它们像康格里夫的游戏，被放荡不羁和卑鄙下流所玷污。”[1] 他们一共有四个孩子，他们都很喜爱，并尽心培养。

约翰的律师执业发展迅速，当格里德利于1767年去世、奥蒂斯于1769年退出律师行业之时，他成为波士顿律界的事实领袖。1765年，他撰写了《论教会法与封建法》，其中有一段话反映了他的法律哲学：

> 让我们研究法律的本质，探寻宪法的精神，阅读古代的历史……我们的英国前辈为我们确立的行为捍卫了我们作为人类的固有权利，旨在反抗国内外的暴君与篡位者。

1765年10月，他为参加马萨诸塞参事会的布伦特里代表起草了指示：“我们不应接受英国国会施加的任何征税，因为我们在那个会议中没有代表。”[2] 这些指示被印在《马萨诸塞公报》上。他的堂兄塞缪尔比他年长13岁，有一段时间在波士顿政界非常活跃，他为波士顿代表起草了类似的指示。塞缪尔将要参加大陆会议，约翰经常咨询他的意见。此时，参事会作出决议，不得对美洲殖民地征税，除非通过他们各自的议会。他们还写信给其他州的民众大会，主张殖民地权利。马萨诸 63
塞的王室总督指示民众大会收回成命，但是民众大会以92∶17的投票拒绝了他的要求。波士顿银匠、自由之子成员保罗·里维尔制作了一个银碗献给这92人。[3]

殖民者的主要不满之一是，波士顿海军法庭审理案件只有法官，没有陪审团。波士顿商人约翰·汉考克是布伦特里的一位牧师的儿子，也是约翰的发小，他的帆船被英国扣押。汉考克在海军法庭被起诉走私，他请亚当斯为他辩护；亚当斯尽力延长程序，最终检察官撤销了起诉。

---

① 5 April 1776.

② CF Adams (ed), *Works of John Adams* (MA, Little, Brown and Company, 1850) Ⅲ 466.

③ See Smith above n 2, 95.

在与即将到来的美国革命有关的案件中，亚当斯不止一次出场。[①] 1769年，英国皇家海军舰艇罗斯号的中尉亨利·潘顿在美洲水域登上了美洲商船皮特·帕奇特号，试图强迫一些水手加入英国海军。英国海军确立了强迫人们服兵役的权力，但是这次他们遇到了抵制，迈克尔·科比特用鱼叉刺穿了亨利的脖子，亨利当场死亡。四名水手被指控谋杀。奥蒂斯受雇为他们辩护，亚当斯是他的助手，但是庭审开始后，奥蒂斯称病，无法进行辩护工作，亚当斯便接替了他。亚当斯找到了一个英国法令，该法令禁止在美洲水域强制征兵，因而他主张中尉的行为是非法的，美洲水手有资格自行抵制。[②] 经过一个漫长的休庭期，法庭无罪释放了四名水手。

1770 年 3 月 5 日发生了“波士顿大屠杀”。[③] 当年 1 月，波士顿市民曾抵制对进口茶叶支付关税，英国政府因而指示海关征税官强制征收，并派出两名正式士兵保护他们。一群暴徒聚集在海关办公室门外，英国派普雷斯顿上尉带领士兵对付这群人。随着暴徒不断逼近，一些士兵惊慌失措，放火烧死了三人，多人受伤。普雷斯顿上尉和一些士兵被指控谋杀。普雷斯顿捎信给约翰·亚当斯，请求他担任辩护人。亚当斯非常注意英国律师协会的不可拒聘原则（cab rank rule），如果案件属于他的执业范畴、与他的立场一致，就应该接受任何人的请求承担辩护工作，而无论他对于被告的个人意见如何。接到普雷斯顿的信息后，亚当斯宣布，“如果他认为没有我的协助就无法得到公平审判，那么他就毫无疑义有权享有我的辩护”。[④] 他不遗余力地进行辩护，描述了暴民的
64 暴力史，援引布莱克斯通，强调了确保无辜者获得无罪开释的重要性。

---

① ibid, 102.

② ibid, 104 et seq and see JR Vile, *Great American Lawyer* (CA, CO and Ox, ABC-CLIO, 2001) I.

③ ibid, 124.

④ RJ Taylor (ed), *Papers of John Adams* (MA and London, Belknap Press of Harvard University Press, 1977) Ⅲ 291-94.

在六名被告中，总共有四人（包括普雷斯顿上尉本人）被无罪释放，两人被定为过失杀人罪，判决令人称道。亚当斯因有原则而远近闻名。

波士顿茶党事件后，波士顿港的关闭表明，单个殖民地无法承受来自英国政府的压力，亚当斯是第一届大陆会议的召集者之一——他被选为马萨诸塞代表。到 1781 年 3 月，他还成为第二届大陆会议的代表。在夫妻分离期间，约翰把给阿比盖尔的信托付给从费城去波士顿的朋友，但是一些信落入了英国人手中，1775 年 10 月 10 日之后，他对于信件内容的泄露感到担忧。

阿比盖尔和约翰经历的不幸可以从下述摘录中看到，以下摘录并没有按照时间顺序。就私人层面而言，他们表达了对彼此的挚爱。尽管二人因长期分离而烦恼，但是他们清楚，这是他们必须接受的责任。比如，在 1775 年 10 月 7 日，约翰写道：

> 我希望愉快地从公共生活中永远退出，放弃所有从公众那里获得利益或名誉的机会，不仅如此，我还乐于把我的微薄财产贡献于和平和自由的事业——但是在将我的国家托付给自由宪法之前，这一切都是不可能的。

1776 年 5 月 7 日，阿比盖尔写道：

> 实现国泰民安是你对于国家的重大责任……人民可以让国王下台，他们依然是人民，但是如果国王让人民远去，那么他就不再是国王。我们也是这种情况，为什么不坚定地向世界宣布你们的重要性？

尽管如此，约翰依然抱怨远离家人和朋友 400 英里的痛苦，他知道他们也饱受折磨。① 尽管他赞美他的代表同仁，但是他似乎想结束自己的代表生涯。

---

① 18 October 1776.

> 于我而言，拥有仆人和骏马曾是种享受——这些也是我的家庭的一部分。但是现在，这里似乎没有与我有任何关系的人。①

1775 年 7 月，他抱怨费城的闷热，而且“那里的人比波士顿的人更贪吃和放荡”。② 他沉闷的清教主义特性使他不受同事欢迎。他不断地抱怨大会及委员会程序的乏味。1776 年 12 月 3 日，他描述了他的一天。大陆会议由七个委员会和全体会议组成。委员会上午 7—10 点、下午
65 6—10 点开会；全体会议从上午 10 点到下午四五点。许多代表喜欢听到自己的声音。约翰于 1774 年 9 月 29 日写道：

> 欧洲好战国家的大使、选举教皇的秘密会议上的红衣主教、作为皇帝候选人的德意志王子，这些人的演讲艺术都不会超过我这里所见。

在大陆会议正式开始四天后，他就抱怨道，“我对于我选择的生活感到厌倦。大陆会议的活动冗长乏味，无法言表”。③

同时，阿比盖尔发现她必须经营农场，还要管理家庭活动。许多当地男人离家参战，这导致劳动力价格提升。④ 1776 年 6 月 3 日，她报告，一年来生活成本已经翻番。针短缺。⑤ 没有咖啡、糖、胡椒，只有黑果木。⑥ 她解决了痢疾、⑦ 流行性腮腺炎⑧，甚至天花的暴发，治疗了自己的黄疸和风湿病。⑨

---

① 22 May 1776.
② 17 July 1775.
③ 9 October 1774.
④ 14 May 1776.
⑤ 16 June 1775.
⑥ 5 July 1775.
⑦ 8 Sept 1775.
⑧ 7 August 1776.
⑨ 17 Nov 1775.

第一届大陆会议的代表在1774年8月和9月陆续到达。起初，约翰对他们的素质印象深刻：

> 大陆会议会集了这个大陆上在能力、美德和财富方面最杰出的人。我在这里所见的宽宏大量和公共精神使我对于我在家乡所见的利欲熏心的乌合之众感到羞愧。①

然而，不久后他看到了13个殖民地达成一致意见的困难，每个殖民地都有截然不同的背景。在大陆会议召集前不久，他写道："五十名绅士在一起集会，他们彼此陌生，彼此的语言、理念、观点、计划都不熟悉。因此，他们彼此猜疑——担心、羞怯、不安。"② 1774年9月16日，已经到达的代表讨论了在大陆会议开始时进行祷告的建议，但是来自纽约和南卡罗来纳的代表反对，因为代表们的宗教观点不同，"一些人是圣公会教徒，一些人是贵格会教徒，一些人是再洗礼派教徒，一些人是长老教会员，还有一些人是公理会教友，因此我们无法参加同样的宗教活动"。③ 然而，塞缪尔·亚当斯劝说大陆会议接受了一名费城牧师的祷告，这位牧师是虔诚高洁的绅士，是美洲之友。代表们自愿达成妥协变得越发必要。

根据约翰的信件判断，尽管他是本邦的著名律师，但是他在大陆会
议前与其他殖民地几乎没有来往。他每到一处，都表现出了对人、地点 66
和宗教信仰的好奇心。他参加了其他教派的活动，对圣公会教徒产生了一些认同感，"尽管他们是神职人员的奴隶"。④ 天主教的仪式令他惊骇，他称之为迷信。最终，他在费城找到了一位牧师，他的信条、祷告和布道都更接近新英格兰的教士。⑤ 他把给阿比盖尔的信托付给一名

---

① 8 September 1774.
② 25 September 1774.
③ 16 September 1774.
④ 9 October 1774.
⑤ 11 June 1775.

贵格会教徒斯蒂芬·柯林斯，这个人不僵硬刻板，欢迎所有人到访。[①]他以溢美之词与费城的哲学协会进行交谈。[②] 他注意到新英格兰与南方诸州之间的区别。在新英格兰，私有土地相对小一些，而在南卡罗来纳，“上流阶层非常富有，普通人则非常贫困。财产的不平等使赢者通吃”。[③] 这种区别导致了《独立宣言》在涉及奴隶制时采取了妥协的姿态。

在1774年9月初到达费城时，代表们大开眼界，那里有许多娱乐活动。约翰·亚当斯和塞缪尔·亚当斯都被分配到确定殖民地权利的委员会。[④] 在劝说大陆会议同意《权利与不满宣言》[⑤] 和抵制英国产品的过程中，他们发挥了影响力。在1774年10月末，约翰·亚当斯返回波士顿，在那里以笔名“Novanglus”出版了一系列小册子，陈述了殖民者的地位，坚称美洲殖民者（他预计有60万人）应效忠英王，但是美洲殖民地是独立的领土，如苏格兰和爱尔兰一样，这两个地方已经被允许自治150年，可以自主征税、管理内政，而英国国会可以规制贸易，但仅此而已。[⑥]

1774年9月，英国将军盖奇在波士顿看到了革命的苗头，于是从其他城市（如费城和纽约）撤回了驻军，把军队集中到波士顿。1775年4月19日，英国在波士顿驻军的精锐被派遣搜查莱克星顿和康科德附近的武器和弹药；爱国者们得到预先警告。在美洲，地方社群组织了民兵；在过去一个世纪，这些民兵击退了来自土著美洲人的攻击，与英国军队并肩击败了法国。他们身经百战，从土著美洲人那里学会了在熟悉的地形中打游击战。他们缺少的是常备军的纪律、弹药和大炮，但如果

---

① 4 July 1775.
② 4 August 1778.
③ 14 April 1776.
④ Smith above n 2, 172.
⑤ ibid, 182 et seq.
⑥ ibid, 189.

必要，他们准备接受英国常备军的挑战。 67

在最初的莱克星顿小规模冲突中，美英之间打响了第一枪，随后在康科德发生了更激烈的战役；随着英军的撤退，美军迅速返回波士顿。爱国者们包围了波士顿。英军派出人手在城市周边的小山头布防，这使爱国者于1775年6月13日在邦克山与英军遭遇。英国虽据守这个战略要塞，但是损失惨重。现在显而易见的是，英国打算使用武力镇压他们认定的叛乱。同样显而易见的是，美洲民兵无法在正面交战中击败英军，而英军也遭受了相当大的伤亡，这引起了英国将军的注意。美军随后包围了波士顿，此时唯一的通道就是海路了。从这时起，约翰开始担心阿比盖尔的安全。1775年5月2日，他告诉她，如果遇到危险，就逃到树林里。1775年5月7日，她报告道，“波士顿居民的不幸遭遇无法形容”。

邦克山战役两天后，大陆会议选择华盛顿上校作为大陆军将军，华盛顿选择亚当斯的前助理威廉·图德担任他的副官。为了组建军队，大陆会议决议，10个步枪连从南方诸州出发驰援马萨诸塞民兵。[①] 在大陆会议上，尽管马萨诸塞的代表考虑彻底切断与英国的联系，但是一些邦依然不愿宣布独立。弗吉尼亚坚决支持独立，但是中部诸邦，如纽约、宾夕法尼亚、马里兰、特拉华和新泽西感到为时尚早，这些邦的一些代表没有得到邦民众大会关于支持独立的指示。观念的变化在逐渐发生。[②] 亚当斯清楚，英国政府不会妥协，他与来自弗吉尼亚的年轻代表托马斯·杰斐逊结成同盟，杰斐逊追随着亚当斯；他们二人形成了紧密的联盟。[③]

---

① ibid, 201.

② P Maier, *American Scripture*: *Making the Declaration of Independence* (NY, Knopf, 1997).

③ As to authorship see JP Boyd, *The Disputed Authorship of the Declaration on the Causes and Necessity of Taking up Arms*, 1775 (1950) 74 (1) *Pennsylvania Magazine of History and Biography*.

亚当斯对其他一些代表不大热情。不幸的是，1775 年 7 月底，英国截获了他给波士顿的詹姆斯·沃伦的信，在信中他抱怨“某些人名不副实，他们曾经声名显赫，如今却行为愚蠢”。[1] 英国人公开了这封信，迪金森认为信中所指就是自己。亚当斯在 1775 年 9 月 16 日的日记中写道：

> 今晨步行去议场，我在栗子街遇到了迪金森先生。我们擦肩而过，他甚至都没有侧头看我一眼，就匆匆而过。他的失礼
> 68 毫无疑问是因为盖奇在德雷珀的报纸上刊出的那封信。[2]

在前一天，他还在日记中抱怨：

> 我们的一些成员非常缺乏判断力……任意延长会议时间，却没有得出什么结论……拉特利奇是一位非常拙笨和缺乏风度的发言人……他的兄弟约翰像个缩头乌龟，更加令人厌恶，他们兄弟二人却依然滔滔不绝，说着无用的废话……迪金森先生的语调和举止也不怎么优雅。[3]

9 月 24 日，他记录了拉什博士[4]的抱怨，拉什认为迪金森拙笨，并且因贵格会的利益而充满偏见。

当《橄榄枝请愿书》递交英王后，亚当斯在他的日记中写道，该请愿书将被“仁慈地接收，但是我们不能指望奏效”。实际上，它根本没有被仁慈地接收。1775 年 9 月英国通过了《禁止法案》，宣布封锁所有美洲港口，这与拒绝请愿书的行为一道最终击垮了折中方案。[5] 此外，

---

① Adams above n 6, 88; 26 July 1775.

② LH Butterfield (ed), *Diary and Autobiography of John Adams* (Cambridge MA, Belknap Press of Harvard University Press, 1961).

③ 拉特利奇是来自南卡罗来纳的代表。

④ 拉什博士，美国革命的领袖、《独立宣言》的签署者，同时也是一位著名的医学家。——译者注

⑤ Above ch 7.

第一次出现了爱国者可以击败英国的征兆。1776 年 3 月 16 日，阿比盖尔报告了一条好消息，他们占领了多尔切斯特山，从那里可以俯瞰波士顿，因而他们可以威胁到这座布有重兵的城市，随后又传来一条重大的消息，英国船只离开了波士顿——从那时起，3 月 17 日就被称为波士顿的“英军撤退纪念日”。亚当斯的笔锋更加犀利。1776 年 5 月 17 日，他写道：“大不列颠终于迫使美洲诉诸最后的手段，与她完全决裂，不仅绝对独立于其国会，而且绝对独立于其王室。”

1776 年 3 月 31 日，阿比盖尔给约翰写了一封著名的信，人们通常引用其部分内容，但是有必要重述全文：

> 我渴望听到你们宣布独立——我认为制定新法典是你们的必要工作，我希望你们不要忘记女性，希望你们比前辈对待女性更加慷慨和友善。不要交给丈夫无限的权力。记住，如果可行，所有男人都会成为暴君，如果不对女性给予特别的关照，注定会迫使我们起义，我们不会遵守我们没有发言权的法律。男性是天生的暴君，这是毫无疑义的真理，但是希望你们为了温柔可爱的女性朋友，乐于放弃“主人”这个刺耳的头衔。那么，不要用恶毒、非法的权力残忍地、轻蔑地对待我们。所有时代的男人都憎恨只把女性视作性工具的习俗。我们是上天创造的受你们保护的生命，你们要像上帝一样只为我们的幸福考虑。

4 月 14 日，约翰的回复只能被视为男性的傲慢：

> 至于你提到的特别法典，我只能报之一笑。我们已经被告知，我们的抗争已经放松了政府对各处的约束。儿童和学徒不 69
> 听话，学校和学院混乱，印第安人轻视其监护人，黑奴对主人傲慢无礼。你的信无异于一个暗示，意味着一个部落如果比其余部落人数更多、权力更大，那么就会表现出不满。你的道贺

> 太过无礼，但我不会完全无视。相比废除男权制度，我们有更好的办法。尽管男权制度充斥着所有方面，但是你知道许多不过是纸上谈兵。我们不会充分行使我们的权力。我们不得不采取公平而温和的姿态，我们实际上是奴仆。我们只有主人之名，并且不会放弃这个名，否则我们将彻底地拜服于女性的专制之下，我希望华盛顿将军以及我们所有勇敢的英雄一起斗争。

阿比盖尔没有屈服。5月7日，她回复道：

> 我不认为你对女性慷慨大度，而你对男性表达了和平美好的愿望，你想要解放整个国家，但是你坚持维护男性对于妻子的绝对权力。你必须记住，专制的权力像大多数令人憎恨的事物一样，非常脆弱，赋予我们权力的所有命令、法律和准则不仅会解放我们，而且会抑制我们的主人，无须暴力，就会把你们的自然的、合法的权威丢在我们的脚下。

她的辩解没有效果。

1776年5月15日，在威廉斯堡召开的弗吉尼亚大会作出决议，他们的代表应该告知大陆会议宣布独立。① 他们派去大陆会议的代表理查德·亨利提出了决议草案：

> 这些殖民地应该是自由、独立的政府，它们应免除对英国王室效忠的义务，他们与大不列颠政府之间的所有政治联系都应该完全解除。

中部诸州的代表依然没有得到针对这个决议的投票授权，因而关于独立的投票推迟了三周。然而，人们预计大陆会议将通过这个决议。6

---

① JP Boyd, *The Declaration of Independence*, *The Evolution of the Text* (Library of Congress/ Thomas Jefferson Memorial Foundation, 1999).

月 10 日，大陆会议任命了一个五人委员会，负责准备起草《独立宣言》。委员会成员包括支持立即独立的人，也包括当时依然反对独立的人。亚当斯被任命为委员，毫无疑问他已经成为主张独立的领导者；亚当斯此时刚刚进入不惑之年，是一位有经验的律师和政治家。之前宾夕法尼亚的代表是迪金森，此时则换成了 70 岁的本杰明·富兰克林。[1] 富兰克林出生于波士顿，后来搬到了费城，在那里创建了《宾夕法尼亚公报》。他是著名的科学家，他的研究包括人口增长、洋流、光的波动理论、气象学、冷却系统和电力——他最著名的观点是，光包含了电。从 1757 年起，他一直在英格兰为宾夕法尼亚的利益奔走，在独立决议签署前不久他回到美洲，作为名人，他对于殖民地的事业举足轻重。然而， 70
他不是律师，此时他的健康情况也堪忧。最终，在起草《独立宣言》中，他没有发挥很大作用。无论如何，宾夕法尼亚民众大会及其派去大陆会议的代表还没有致力于独立事业。

委员会中康涅狄格的代表是沉默寡言却掷地有声的罗杰·谢尔曼。他反对立即宣布独立，并且在大陆会议上提出反对意见，甚至在宣言草案出台后依然反对。不出所料，他在《独立宣言》撰写中没有帮上什么忙。纽约的代表是罗伯特·利文斯顿；1776 年夏，他年仅 29 岁，六年前他加入了纽约律师协会。无论如何，纽约还没有准备好宣布独立。委员会的最后一名成员是托马斯·杰斐逊。

该委员会起初要求亚当斯起草宣言，但是他坚持应该由杰斐逊完成。在自传中，亚当斯给出了理由：杰斐逊来自南方州，而“我曾经热衷于提出措施，我的所有草案都经受了更加严厉的审查和批评，我对我早期的这种做法非常厌恶”。[2] 亚当斯写道，在起草《独立宣言》之时，杰斐逊已经担任大陆会议成员多年，但是很少参会。“我总共也没有听

[1] ES Gaustad, *Benjamin Franklin* (Oxford, Oxford University Press, 2006).

[2] Boyd above n 40, 20.

他说过三句话。”[1] 很久以后，在 1822 年 8 月 22 日给詹姆斯·麦迪逊的一封信中，亚当斯写道[2]：“杰斐逊先生在 1775 年 6 月来到大陆会议，他在文学和科学方面都久负盛名，有写作天赋。他的作品流传广泛，表达了强烈的乐观情绪。”[3] 在 19 世纪 20 年代亚当斯和杰斐逊开始写自传之时，他们对于自己在起草过程中发挥作用的描述略有不同，亚当斯认为自己在修改原初版本中的作用比杰斐逊大得多。[4]

1766 年 6 月 27 日，最终的草案递交大陆会议。7 月 2 日，大陆会议组织全体委员会，对草案讨论了三天，作出了一些重要的修改：脱离关系是针对英王，而非英格兰人民和国会，抨击运奴船的一处段落被删除。[5]

1766 年 7 月 1 日，举行了初次投票，九个邦支持《独立宣言》，两个邦（宾夕法尼亚和南卡罗来纳）反对。来自三个县（今特拉华）的
71 两名代表[6]截然对立。纽约代表没有得到其民众大会的投票授权。7 月 2 日，第三名特拉华代表到会，他投了支持票，使他们内部投票为多数支持。南卡罗来纳代表接到了投支持票的新指示。纽约代表依旧没有得到指示。真正的障碍是宾夕法尼亚，没有它的投票，独立宣言就会成为无本之木。目前，大陆会议的普遍情绪是支持《独立宣言》，迪金森也屈服了；第二天，他及其同乡罗伯特·莫里斯缺席，宾夕法尼亚的另一名代表投了支持票。最终的投票结果是，12 票支持，纽约弃权；一周后，他们批准

① Butterfield above note 37, 335.

② Reproduced in Boyd, above n 40, 29-30.

③ Probably *A Summary View of the rights of British America*, which Jefferson handed to another Virginian delegate, Randolph Peyton Boyd, above n 40, 15.

④ ibid, 29 - 30 and see Butterfield above n 37, Ⅲ 336; Letter J Adams to Timothy Pickering 6 August 1822*Works of John Adams* Ⅱ 512; PL Ford (ed), *Writings of Thomas Jefferson* (New York, GP Putnam's Sons, 1893 - 99) Letter 10 August 1822 X 267; PL Ford (ed), *Autobiogra- phy of Thomas Jefferson* (New York and London, GP Putnam's Sons, 1914; Paper Back Penn 2005).

⑤ Below Ch 11, and generally see Boyd above n 41.

⑥ Above Ch 9.

了独立决议。这是协商的胜利，毫无疑问，亚当斯在其中发挥了重要作用。①

尽管有了这些宪法运动，但依然需要一场战争的胜利。亚当斯被任命为战争委员会主席，他的精力主要用于改善军队纪律和补给。1776 年 7 月 3 日，豪（Howe）将军（取代盖奇）攻击了纽约，到达斯塔滕岛，8 月 27 日在布鲁克林高地给华盛顿的大陆军以致命打击。华盛顿组织撤退，保存了大部分兵力。9 月 9 日，亚当斯、富兰克林和爱德华·拉特利奇在斯塔滕岛会见了豪。他们是以大陆会议委员会的名义进行会见的，但是豪只当作私人会见。豪只提到，国会将解决他们的不满。三名代表要求英国承认美洲各邦的独立，但是他们双手空空地回到了费城。随后英国发动了双线夹击，伯戈因将军率领来自加拿大的军队和豪将军一起攻击费城。1777 年 9 月，费城被占领，大陆会议转移到约克。10 月，峰回路转，大陆军在萨拉托加战役中击败了伯戈因，豪被克林顿将军取代，后者撤回了英国在费城的驻军，以保卫纽约。僵局化解了。

一旦美洲各邦宣布独立，接下来的焦点问题就是各欧洲国家如何承认新的美国政府。亚当斯服务的大陆会议委员会致力于使美国与海外国家的关系正常化。这个问题与《独立宣言》的起草本身一样重要——美国革命至少需要来自国外的某种经济支持。法国的王室政府给美国提供了大量贷款，早在 1778 年，亚当斯就被要求与正在巴黎的本杰明·富兰克林和亚瑟·李组成美国驻法三人委员会。他于 4 月 1 日到达那里，带着他 10 岁的长子约翰·昆西，并为他安排了教育。亚当斯发现他的任务很艰巨：他不会说法语，而富兰克林会说法语，其他两位委员还经常争执。富兰克林受到法国的盛情招待，过着亚当斯认为的放荡生活。

---

① See Boyd above n 40 and LH Butterfield (ed) *Diary and Autobiography of John Adams* (MA, Belknap Press of Harvard University Press, 1961).

72 随着亚当斯法语水平的提高，他天生的好奇心使他关注喜剧和艺术，他开始对法国文明着迷。① 他致信理查德·李，谈道：“他注定处于一个尴尬的位置，在法国无法开心起来，能让他高兴起来的因素是娱乐和学习。”② 尽管如此，他发现，另两位委员的长期不和使他们的任务很难完成，于是他要求任命富兰克林为唯一的委员。亚当斯于 1779 年 6 月返回新英格兰，但是到当年秋，他又返回了巴黎。此时，英国已经被击败，亚当斯成为三位公使之一，可以全权代表美国与英国以及其他欧洲国家签订条约。1783 年 9 月 3 日签订的《巴黎条约》（实际上是与大不列颠、法国和西班牙的三个独立的条约）经过了漫长的谈判，亚当斯在其中发挥了突出作用。③ 三位委员分别与英国政府的代表进行了谈判。正是亚当斯的草案成为最终与英国签订条约的基础。

英国政府放弃了对于美国领土的所有权力。美国的 13 个州被承认为主权国家。在谈判中，有两个最为关键的要点。第一，英国谈判者要求在革命期间从忠于王室的人那里没收的财产应该归还，或者进行补偿。最终，大陆会议同意了这个要求，建议各州对财产被没收的人提供救济。这个内容包含在了条约中，但是真正归还财产的情况很少。第二，美国想要保留曾经被授予的在纽芬兰和圣劳伦斯湾的捕鱼权。条约总体而言非常有利于美国；英国政府预见到与这个新国家进行贸易会取得成功，这反过来也有利于英国。

此后，亚当斯被任命为全权代表，代表美国政府谈判商业条约。他来到了伦敦，1784 年 7 月，他安排阿比盖尔和女儿娜比到伦敦团聚（约翰·昆西和查尔斯已经和他在一起）。阿比盖尔爱上了伦敦的生活。④ 1785 年 2 月，亚当斯被任命为圣詹姆斯宫的首任美国大使（即驻英大

① Smith above n 2, 349.

② ibid, 422.

③ ibid, 540 et seq.

④ ibid, 584 et seq.

使）。他向英王乔治三世递交了国书，表达了希望恢复两国人民的信心和感情的愿望，“尽管隶属于被海洋隔绝的两个不同的政府，但是他们拥有共同的语言、相似的宗教和亲近的血缘”。① 国王回复道，他最不同意独立；但事已至此，他是第一个会见作为独立国家的美国的代表的人。实际上，亚当斯在英国政府那里受到了冷遇，最终，应他的要求，他于 1788 年 2 月 20 日被召回，驻英大使职位出缺。73

1787 年 9 月制宪会议召开时，亚当斯还在英格兰，因而没有直接参与。他从美国朋友那里得知，《邦联条例》没有确立真正的中央政府，实施效果越来越差。亚当斯把自己的观点传递给参加制宪会议的人。1787 年，他发表了一系列以《为美国各州的宪法而声辩》为名的信（第一封信的日期为 1786 年 10 月），随后在 1790 年，他又发表了《达维拉》（以一位意大利历史学家命名），这些作品陈述了他关于立宪政府的观点。尽管发生了美国革命，但他依旧把英国宪法视作典范。他支持强大的行政权，认为最高行政职位应该是世袭的；这使他被控诉为君主主义者。② 他否认这一点，但是在 1789 年 7 月 5 日给本杰明·拉什的一封信中，③ 他补充道，“我认为在欧洲没有比英格兰更自由的共和国，在地球上没有比英国自由更平等的自由，尽管英国宪法也有缺陷”。他坚定地相信分权的价值。④ 每一个民主国家都应该有对人民负责的民众大会，但是如果富人、出身良好的人和有能力的人获得了不适当的影响力则是危险的。救济的手段是把这些人集中在一个独立的房间中，他们会受到民众大会的制衡；两院制立法机构提供了实质性的制衡。在给名叫范德肯普的朋友的信中，他警告道，法国宪法采纳的一院制造成了政府为煽动家所主导的局面。⑤ 潘恩在他的小册子《人的权利》中提倡这

---

① ibid, 628–29.

② ibid, 723.

③ Boston Public Library, quoted Smith above note 2, 755.

④ ibid, 693.

⑤ Historical Society of Pennsylvania, cited Smith above n 2, 785–86.

种一院制立法机构。1791 年，杰斐逊再版了潘恩的小册子，在他本人撰写的前言中，他号召所有人支持《人的权利》的标准方案。亚当斯认为这是在攻击自己。这两个人的观点日益对立。随着罗伯斯比尔和雅各宾派在法国夺得政权，在公共安全委员会的旗帜下，恐怖开始了，亚当斯一定认为他的观点得到了充分的证实。

然而，亚当斯不是民粹主义者。当马萨诸塞参事会成员约翰·沙利文向他咨询关于选举权的意见时，亚当斯回复道，权力与财产如影随形；在每个社会，完全贫困的人不大可能熟悉公共事务，产生正确的判断。[①] 马萨诸塞宪法中关于公民权和担任公职资格的规定反映了这个观点，与亚当斯对于上院的描述一样，显示了他的才能。亚当斯非常熟悉欧洲哲学家的作品，尤其是英国经验主义：伟大的约翰·洛克就曾写道，权力的基础是财产。我们应该看到，当《美国宪法》生效之时，它
74 采纳了亚当斯的一些观点，但不是全部。

在过去的十年中，亚当斯大部分时间在国外，只在回国期间在国内事务方面承担了一定职责。如今他将要根据新宪法担任高级职位。从 1789 年起，他被任命为参议院议长和华盛顿的副总统。在 1796 年总统大选中，亚当斯以 71∶68 的选举团票击败杰斐逊。杰斐逊当选副总统。

在亚当斯执政时期，松散的政治组织开始出现。他被视作联邦主义者的领袖，而杰斐逊则是反联邦主义者的领袖。联邦主义者支持强大的中央政府，而反联邦主义者支持强大的州权利。亚当斯与杰斐逊之间的敌意日益增长，当英法战争重启，导致美法船只发生冲突之时，这种分歧进一步恶化。亚当斯希望保持中立，于是派特使到巴黎缓和关系。然而，法兰西共和国政府恃强凌弱的态度令他感到吃惊。新协议的代价是给法国政府大量金钱，以及贿赂一些大臣。最终以一个简单的条约结束

---

① Cited Smith above n 2, 258.

了两国之间的一切联盟。但杰斐逊继续支持与法兰西共和国政府建立联系。他与亚当斯之间的鸿沟在加宽。

1800 年，选情反转，杰斐逊以 73∶65 赢得了选举团票。亚当斯担任总统的最后行动之一是任命支持联邦主义的约翰·马歇尔担任首席大法官。在总统任期结束后，亚当斯退隐布伦特里，但是他继续在报纸上表达政治观点。时间弥合了他与杰斐逊之间的分歧，在阿比盖尔于 1818 年去世后，他们恢复了友谊和定期通信。约翰·亚当斯于 1826 年去世。他的长子约翰·昆西·亚当斯成为美国第六任总统。在前述时期，这位地方律师成为美国独立的主要推动者，他还是一位国际律师和外交家。

第十一章　独立：托马斯·杰斐逊

75 当托马斯·杰斐逊被选为起草《独立宣言》的五人委员会的成员时，他年仅 33 岁，已经加入弗吉尼亚律师协会 9 年。

亚当斯选择他作为起草人，部分原因在于杰斐逊是弗吉尼亚人，易于被南方诸州接受。① 亚当斯来自坚定的清教殖民地，代表了他们的观点，而弗吉尼亚更具有商业特色。与北方殖民者不同，最初的弗吉尼亚定居者不反对英格兰的教会政府，在该邦，国教成为官方宗教，在该殖民地，国教成员身份是担任公职的必要条件。托马斯被培养成国教徒。到 18 世纪中叶，弗吉尼亚是最大的、人口最多的殖民地——根据托马斯的计算，全部人口大约为 28.5 万名白人，26 万名奴隶，50 万名土著印第安人，② 这个数字大体与 1790 年的人口普查一致。

杰斐逊的父亲彼得自学成才，但他走了一条向有抱负的年轻人开放的道路——测量，尽管当时缺少测量手段。早期的弗吉尼亚定居点沿海岸或沿河而建；《弗吉尼亚宪章》没有规定任何内陆边界，获得未开发领土的人需要测量。弗吉尼亚被分成两个广泛的区域——一是接近切萨皮克湾的水乡，有一条河流从那里流出；二是皮德蒙特的地

---

① See above ch 10.

② T Jefferson, *Notes on the State of Virginia* (London, John Stockdale, 1787).

区（山麓地带），通向蓝岭山脉（阿巴拉契亚山脉东端）。水乡有最肥沃的土壤，正是在这里，建立了繁茂的烟草种植园。烟草需要肥沃的土壤和大量劳动力——因此进口了非洲奴隶。山麓地带土壤贫瘠，很难走到海边，因此商业作物和动物较少。水乡种植园由富有的家庭拥有，他们就是亚当斯所谓的新贵族。他们的女儿往往嫁给有抱负的年轻人。

该殖民地的东北部是一片未开发的区域，被称为北内克，处于拉帕汉诺克河和波托马克河之间。这是查理二世授予卡尔佩珀家族的另一份不少于500万英亩的产权的一部分，到1759年，该地区构成了弗吉尼亚大约四分之一的面积。卡尔佩珀家族与英国内战时期一位将军的后代费尔法克斯家族联姻。费尔法克斯勋爵也开始住在弗吉尼亚。他需要测 76
量员绘制领地地图：彼得·杰斐逊（托马斯的父亲）成为一名测量员；乔治·华盛顿与费尔法克斯勋爵有亲戚关系，他成为另一名测量员；托马斯·马歇尔（美国最重要的首席大法官约翰·马歇尔的父亲）也是一名测量员。许多杰出的革命者都来自这个邦的东北角，包括乔治·梅森和詹姆斯·麦迪逊。测量员能够定位土地，他们可以自己投资，杰斐逊和华盛顿都从父亲那里继承了不菲的地产。华盛顿娶了一位富有的寡妇，她拥有18000英亩的种植园和许多奴隶，华盛顿很快成为一位社会精英。彼得·杰斐逊也娶了富有的简·兰道夫，她是该邦最有权力的家族之一的成员。托马斯是他们的第三个孩子，生于1743年4月13日。兰道夫一家邀请彼得管理里士满附近詹姆斯河畔的塔卡霍大种植园，于是彼得全家搬到了那里。

塔卡霍位于里士满的郊区，新建的威廉与玛丽学院就位于那里；托马斯于1760年注册入学。他起初跟斯莫尔博士学习数学、伦理学和修辞学。斯莫尔于1762年回到欧洲之前，把托马斯推荐给了乔治·威思。威思去世后，杰斐逊评论传记作者约翰·桑德森时说道：“威思对于人类的自然权利和平等权利的贡献，后无来者，值得尊敬。”[1]

托马斯跟威思学习了五年，[2] 对于打算成为律师的人，这个时间长于通常的情况。他熟知最高法院首席法官柯克关于英国宪法史的观点，即每个人，包括国王都要服从于自盎格鲁-撒克逊时代以来的基本法。他还熟悉柯克在 1628 年《权利请愿书》中的主张，未经国会同意，英国王室的臣民不得被征税。像其他革命者一样，他起初主张作为英国人的权利；独立不是他的出发点。

在威思的指导下，杰斐逊涉猎广泛，不局限于法学，在他今后的人生中他也一直喜爱阅读。1815 年，他把大约 1 万册藏书卖给美国政府，组建国会图书馆。[3] 值得一提的是，他研究哲学家，包括英国经验主义科学家，如培根和牛顿，他们认为人类知识是通过经验研究而获得的，而不是通过神启。他还研究了洛克和休谟，以及他们的法国同行伏尔泰和孟德斯鸠，他们对包括政府在内的所有人类知识进行同样的经验研究。这是《理性时代》（托马斯·潘恩在 1795 年首次出版的一系列小册子）中的描述，但那些描述也适用于这个革命的年代，根据潘恩的观
77 点，即便是长期持有的信念也必须服从理性。杰斐逊把自己视为这场新启蒙运动之子。1787 年，他建议即将读大学的外甥彼得·卡尔：“把理性坚固地放在其位置上，用理性检验每一个事实、每一个观点。大胆质疑，即便是对于上帝的存在，因为如果存在上帝，他必定配得上更多理性的尊敬而非盲目的恐惧。”[4] 杰斐逊不是伟大的公共演说家，他发现自己与政治权力的现实格格不入；在书房读书和起草文件，是他最喜欢

---

① 18 Aug 1820 Library of Congress, cited RB Bernstein, *Thomas Jefferson* (Oxford, Oxford University Press, 2005) 71.

② Bernstein, ibid 7.

③ ES Gaustad, *Sworn on the Altar of God*, *A Religious Biography of Thomas Jefferson* (MI, William B Eerdmans Publishing Co, 1996) 19.

④ Online Library of Liberty, *Works of Thomas Jefferson* Ⅱ 217.

的事。[1]

尽管被培养为国教徒，但是他后来改变了自己的宗教观点。他没有把改宗的事公之于众，因此他的立场肯定是根据私人文件推断的。[2] 他保留了一本读书笔记，其中标注了他阅读中感兴趣的段落。他引用最多的作者是博林布鲁克子爵亨利·圣约翰，后者是一位评论家和政治家，波普和斯威夫特的朋友。尽管是国教徒和保守党人，但是杰斐逊对基督教进行了理性的批评，他认为圣经揭示的神性不能根据理性进行解释。[3] 认为整个宇宙的上帝只在地中海东部的一个小国显灵是非理性的，上帝派他唯一的儿子去牺牲以赎原罪，这个观点也毫无理性可言。这些使杰斐逊开始检视自己关于宗教的观点。很久之后，他在给记者以埃兹拉·斯泰尔斯·埃利的信中写道："你说你是加尔文派教徒。我不是。据我所知，我只属于自己的宗派。"[4] 他的思想最接近于自然神论或一位论派教会的原则。他相信仁慈的神性——在他担任总统的第一次就职演说中，他承认"存在令人崇敬的、压倒一切的天意"。然而，他不相信三位一体的原则或神迹；最重要的是，他把基督耶稣视作最高的道德导师，而不是神。然而，他相信来世，对此许多自然神论者都不相信。

杰斐逊的博学为革命提供了智识基础。他承认可以追溯到古典时代的一个自然法概念，当时哲学家把自然法界定为高于具体国家的法律。在《修辞学》中，亚里士多德写道："宇宙的法则就是自然法。自然法是神圣的，根据自然法划分的正义与不正义约束所有人，即便是彼此之

---

① See eg Bernstein above n 3, 47.

② C Sanford, *The Religious Life of Thomas Jefferson* (Charlottesville VA, University of Virginia Press, 1988); ER Sheridan, *Jefferson and Religion* (University of North Carolina Press, 2001); Gaustad above n 5.

③ Gaustad above n 5, 22.

④ Letter of 25 June 1819, replicated by Encyclopedia of Virginia (encyclopediavirginia.org, published 2012).

间没有联系或没有订立契约的人。”[1] 西塞罗在《论法律》中把正义与
78 法律视作自然赋予人类之物。[2] 幸福是法律的目的。[3] 杰斐逊在他的读书笔记中记录了西塞罗的一些作品。[4] 这些理念渗透到了早期和中世纪时期的基督教思想中——在13世纪，托马斯·阿奎那把自然法视作理性生物对永恒法的参与。[5] 传统观点认为，这种法源自上帝，因此有权推翻国内法。根据启蒙运动的思想，理性开始取代上帝成为这种法的渊源。[6] 美国革命者混淆了两种理念，如前所述，杰斐逊一方面赞美理性，另一方面承认仁慈的神性。当然，如果想要发动革命，高级法的存在是一个非常有利的理由。

在美国革命的背景下，最相关的理念是一种高于一切的自然法进入了英国普通法。在卡尔文案[7]中，柯克表明，自然法是上帝在创造人性时灌输进人心的。王座法庭继续认为，自然法是英格兰普通法的一部分，是不可改变的。1610年，在博纳姆医生案[8]中，柯克表明，在许多情况下，普通法可以审查国会法案，“有时可以判决国会法案完全无效：当国会法案违背共同的权利和理性，或者自相矛盾、不可能被履行时，普通法可以审查它，宣判这种法案无效”。柯克激烈地抵制詹姆斯一世对神圣统治权的主张，他指望普通法成为抵制王权的武器，但是这些观念现在开始被美国革命者所利用。

---

① Aristotle, *Rhetoric*, WR Roberts (translation) (NY, Modern Library, 1954) Book I Ch 13.

② Cicero, *Marcus Tuillius Cicero on the Law*, D Fott (translation) (NY, Cornell University Press, 2014), Book I ss 16-18.

③ ibid, book II s 11.

④ DL Wilson (ed), *Jefferson's Literary Commonplace Book* (NJ, Princeton University Press, 1989) 161.

⑤ *Summa Theologica* I—11 90 et seq.

⑥ See RS Barker, 'Natural Law and the United States Constitution' (2012) 66 *The Review of Metaphysics* 105-30.

⑦ 7 Co Rep 1a, 77 ER 377.

⑧ 8 Co Rep 113b; 77 ER 638.

这些中世纪理念是欧洲启蒙运动的基础，典型地体现在约翰·洛克于1690年在英格兰出版的《政府论》中，该书于1773年在美国再版。[1]该书反映了1688年夏英格兰发生的政治事件，奥兰治的威廉和他的妻子玛丽与英国国会达成了有效的协议，获得了英国王位，但必须承诺遵守《权利宣言》。在第二卷《公民政府的真正起源、范围和目的》中，洛克详细说明了他关于立宪政府的理念：

> 为了正确地理解政治权力，并追溯它的起源，我们必须研究人类最原始的自然状态。那是一种完美的自由状态，人们在自然规律允许的范围内，按照他们认为合适的办法，决定自己的行动，处理自己的财产，无须得到其他任何人的许可或听命于任何人的命令。
>
> 这也是一种平等的状态，在这种状态中，所有的权力和制 79
> 约都是相互的，没有人享有比别人多的权力，同种族和同地位的人们既然生来毫无差别，能够享有同样的自然条件，具备相同的身心能力，就应该人人平等，不存在隶属或受制的关系……[2]
>
> 尽管这是自由的状态，却不是放任的状态……自然状态有一种人人都应遵守的自然法则对它起着支配作用；而自然法则，也就是理性，教导着有意遵从理性的全人类：人人都是平等和独立的，所以任何人不得侵害他人的生命、健康、自由以及财产。[3]

然而实践中需要人类政府，这个政府源自被统治者与统治者之间的契约。

> 所有人依然处于自然状态直到他们自己同意，使自己成为

---

① JR Milton, *John Locke* (Oxford, Oxford University Press, 2004).

② S 4.

③ S 6.

> 某个政治社会的成员……①
>
> 所以很明显，君主专制政体，其实是和民间社会不相调和的……因为民间社会的目的是避免并补救自然状态的种种不合适的地方，而这些不合适的地方是由于人是自己案件的裁判者而必然造成的，于是设置一个明确的权威，当社会的每一个成员受到任何损害或发生任何争执时，都可以向它申诉。②

这种权威需要资金："政府如果没有巨大的经费就不能维持，因此凡是享受政府保护的人都应该从自己的财产中支出一份来维持政府的运作。但是，这仍必须得到每个人的同意。"③

或许最为重要的是，坏政府将被推翻。

> 法律停止之处，就是暴政开始之处。如果掌握权威的人使用了法律所授予的超越他原本拥有的权力，利用他所能支配的权力强迫他的臣民接受自己的违法行为，他就不再算是一个长官了。未经授权的行为同以武力侵犯他人的权利一样会遭到反抗。④

这里有一个适用于革命的理性信条。

在《人类理解论》中，洛克把人类组织的目的界定为："最好地完善人类智识，以不断追求真正的幸福。"⑤ 在18世纪早期的欧洲，发展出了对于追求幸福的准科学兴趣。⑥ 沙特吕侯爵（Marquis de Chastellux）作为法国王室政府的全权公使来到美洲，在1772年给杰斐逊的一封信

---

① S 15.

② S 90.

③ S 140.

④ S 202.

⑤ Bk 2 Ch 1，51.

⑥ G Willis，*Inventing America：Jefferson's Declaration of Independence*（Lon，Athlone，1980 149-64.

中他写道，政府的目的是为最多数量的个体创造最大的幸福。现在，革命者有了把这些理念付诸实施的黄金机会。 80

基于对杰斐逊文章的检视，威利斯在《创造美国》中主张，① 杰斐逊不大熟悉《政府论》。实际上，著名的《独立宣言》前言的第一稿是由乔治·梅森执笔，因此如果《独立宣言》与《政府论》之间存在联系，那主要是由于梅森。然而，鉴于杰斐逊的受教育情况，他可能读过《政府论》的英国版；《政府论》在美洲出版不久之后《独立宣言》就发布了，这意味着洛克的理念已经流行。

年轻的杰斐逊在习得了当前流行思想的一般知识后，开始从事法律工作。1767 年，乔治·威思推荐他加入弗吉尼亚律师协会；他执业很成功，② 但是他很快被政治所吸引。1769 年 5 月，他被选为弗吉尼亚民众大会成员，不久后王室总督就解散了这个组织。③ 会议成员经常去雷利酒馆，他们自发组建了一个会议组织，并起草联合条款，抵制使用从英国进口的商品。他们建立了通信委员会，与马萨诸塞以及其他州达成共识。弗吉尼亚与马萨诸塞这两个州同时通过的决议采纳了同样的理由，两州的信使把决议传递给了对方。革命的轴心形成了。

到 1774 年 11 月，杰斐逊的事业已经非常兴旺，他的兴趣从做律师转到政治。④ 他给参加第一届大陆会议的弗吉尼亚代表起草了指示，主张殖民地与大不列颠之间的关系同英国政府与苏格兰、爱尔兰以及汉诺威之间的关系一样——拥有同一个行政长官，即国王，但是在其他方面没有政治上的联系。只有威思同意这个观点，弗吉尼亚大会采取了与迪金森同样的立场，即英国政府可以规制与殖民地的贸易，但仅此而

---

① ibid, Ch 16.

② 关于他法律职业的详细介绍，参见 FL Dewey, *Thomas Jefferson*: *Lawyer* (Charlottesville VA, University of Virginia Press, 1986)。

③ PL Ford (ed), *Autobiography of Thomas Jefferson* (Philadelphia, University of Pennsylvania Press, 2005) 10.

④ ibid, 13-18.

已。杰斐逊攻击这种主张是投降主义，认为在任何殖民地原则或理性原则下，设想中的规制大不列颠与殖民地之间贸易的权利都找不到支持。①他在《英属美洲权利概观》中发表了这些主张。该书的一些副本传到了英格兰，这导致英国国会签署了针对他的剥夺公民权法案。

根据约翰·亚当斯的评论，在《独立宣言》发布时，杰斐逊已经成为大陆会议的成员大约一年，似乎他参加了第一届大陆会议，但是没有发挥什么作用——亚当斯说，他总共也没有说三句话。杰斐逊被选为弗吉尼亚代表参加第二届大陆会议，另一位代表是佩顿·兰道夫，后者是
81 弗吉尼亚下议院议长，当时被叫走去处理弗吉尼亚的事务。在杰斐逊到达费城之时，他反对迪金森关于《独立宣言》尚不成熟的主张，力主《独立宣言》是必要的，有了《独立宣言》，法国或西班牙等欧洲国家才会承认这个新国家，并与之进行贸易。② 为了实现这个目的，他的弗吉尼亚同胞已经采取行动。1776 年 6 月 12 日，弗吉尼亚大会批准了《权利宣言》，乔治·梅森是该宣言的主要起草者；6 月 29 日，弗吉尼亚大会批准了《弗吉尼亚宪法》，詹姆斯·麦迪逊是该文件的主要起草者。梅森和麦迪逊都不是执业律师，但是麦迪逊花费两年时间自学法律文件。由于远在费城，杰斐逊对弗吉尼亚文件的建议条款感到沮丧。③梅森起草的《弗吉尼亚权利宣言》在杰斐逊看来太过泛泛，需要更为具体的革命理由。外国政府不会承认合众国为独立政府，除非合理地否定英国的统治。最明显的盟友是法国王室政府，但即便法国政府把英国视为不共戴天的仇敌，法国国王也不想支持反叛者，除非有明确的理由。

杰斐逊为拟议的《美国独立宣言》起草了重要的前言（这成为最

---

① ibid, 13-14.

② ibid, 26.

③ 这些文件的文本可以见 Avalon Project Website, the Library of Congress website and, in the case of Mason's draft Virginian Declaration of Rights, the Gunston Hall website。有益的分析见 JP Boyd (ed), *The Declaration of Independence. The Evolution of the Text* (Library of Congress/Thomas Jefferson Memorial Foundation, 1999)。

终版本的主要基础），其中表述道："大不列颠国在位国王的历史，是接连不断的伤天害理和强取豪夺的历史，这些暴行的唯一目标，就是想在这些邦建立专制的暴政。"该文接着列举了乔治三世国王犯下的24桩暴行。在对英国政府的暴政进行事实描述之后，杰斐逊借用了梅森的文本。梅森起草的《弗吉尼亚权利宣言》包含了如下文字：

> 所有人都是生来同样自由与独立的，并享有某些天赋权利，当他们组成一个社会时，他们不能凭任何契约剥夺其后裔的这些权利；也就是说，享受生活与自由的权利，包括获取与拥有财产、追求和享有幸福与安全的手段。

根据杰斐逊的理解：

> 我们拥有这些神圣的、不可否认的权利；所有人生而平等且独立，由于平等，他们享有固有的、不可剥夺的权利，其中包括保存生命和自由、追求幸福；为了实现这些目标，在他们中间组建政府，根据受治者的同意获得正当的权力；无论何时，任何政府形式不利于这些目标的实现，人民就有权利废除它。

大陆会议把杰斐逊的话修改为："我们认为这些真理是不证自明的：
人人生而平等，造物者赋予他们若干不可剥夺的权利。""不证自明的真 82
理"的说法让人想起亚里士多德的格言，但是现在看来权利的起源显然是神圣的。约翰·亚当斯明确指出，这些权利不是不证自明的——所有人在环境和能力方面并非生而平等；要平等地对待所有人将会导致无政府主义，[①] 但是"不证自明的真理"的说法进入了最终文本。

杰斐逊曾经插入了关于奴隶制的段落，后来被删除了，这更加表明没有什么是不证自明的。关于乔治三世的暴行，杰斐逊指出：

---

① 参见他的 *Defence of the Constitutions of the Government of the United States of America*，（NY，De Capo Press Reprint Edition，1971）。

> 他发动泯灭人性的残忍战争，侵犯了远方的人民的最神圣的生命权和自由权，而这些人民从未触犯他，他却迷惑他们、驱赶他们成为另一个半球的奴隶，在运输他们的途中造成悲惨的死亡……大不列颠基督君主的战争目的是开放可以买卖人口的市场。

杰斐逊后来写道，为了迎合南卡罗来纳和佐治亚，对奴隶贸易的谴责被删去了，这两个地方“从未试图限制进口奴隶，他们希望依然如故”。① 在人口方面，他们是最小的新建邦，而在奴隶制问题上，他们胜利了，这表明 13 个邦团结一致尤为重要。然而，这种做法证明宣称所有人平等的理性声音不过是一个谎言。解决奴隶制问题的失败（通常延期解决困难问题）给未来埋下了隐患。似乎没有人考虑阿比盖尔·亚当斯代表女性提出的请求。

尽管杰斐逊对奴隶制的谴责很大胆，但是他个人与奴隶制的关系很复杂。1776 年，他为弗吉尼亚准备了宪法草案，其中规定：“从今以后，不得根据之前的文件，将来到本地的任何人当作奴隶。”1778 年，在弗吉尼亚，无论是通过海路还是通过陆路的奴隶进口都被禁止。尽管有这个重要举措，但是对于现有奴隶人口仍没有影响，这些奴隶人口现在已经足够满足种植园的需要了。然而，杰斐逊是弗吉尼亚民众大会组建的修改普通法委员会的成员，他提出的是适用于弗吉尼亚情况的禁奴方案。他们准备了供民众大会审议的法案，其中提出解放在法案通过后出生的所有奴隶。他还提出将用公共经费培养他们学习耕种、艺术或科学，直到他们成年，然后移民到根据当时的条件
83 可以得到最恰当回报的地方。

在《弗吉尼亚纪事》中，杰斐逊表明了吸收之前的奴隶进入日常生活（无论他们选择在哪里生活）的障碍：

---

① See Boyd above n 34, 35-36.

> 白人根深蒂固的偏见，黑人对悲痛经历的回忆，都在激化矛盾；自然造就了差别，后天环境又把我们分成不同派别，制造动乱，这些不会终结，除非一个种族消失。

他继续列举了黑人与白人之间的本质差别，提出：“人们怀疑，黑人……天生在身体和思想方面劣于白人。”① 他继续对两个种族给出了准科学的描述，认为黑人的外表更加单调，他们的体味很重（由于他们肾脏的吸收能力更弱）：

> 他们同样勇敢，更有冒险精神，但这或许是由于缺少深谋远虑，他们直到危险出现才能看到……他们对女性更加热情，但是他们更容易感情用事，而不是感情与理性兼具……一般而言他们更容易冲动，较少反思……在理性上更弱，我认为他们很少能够综合分析欧几里得的研究……在音乐方面，他们比白人更有天赋，对于音律和节奏的听觉更敏感。

虽然杰斐逊谴责了奴隶贸易，但是他自己拥有奴隶；虽然他似乎对待他们很友善，但是他没有解放几个奴隶。当他的父亲于1757年去世时，托马斯继承了种植园和奴隶，1783年，他的岳父约翰·韦尔斯去世，托马斯的妻子继承了更多奴隶，从法律上而言，这些奴隶现在属于她的丈夫。② 因此，杰斐逊拥有了200多名奴隶，当他在1801年成为总统时，他把一些奴隶带到了白宫。在他从韦尔斯那里继承的奴隶中有一名叫贝蒂·海明斯的女人，韦尔斯曾经与她发生过性关系，并生了一个叫作萨莉的孩子。1785年，杰斐逊被任命为驻法国宫廷的合众国公使，他安排他的一个女儿与他同行，他的女儿则由萨莉陪伴。萨莉的哥哥也去了那里，杰斐逊给他们每个人支付工资。1789年，萨莉和杰斐逊返回美国。此时，她已经有了六个孩子，其中四人活到成年。关于萨莉·海

---

① In answer to Query XIV.

② Bernstein above n 3, 15.

84 明斯所生的六个孩子的父亲是否是杰斐逊，有大量学术研究。① 根据庄园记录簿，萨莉与杰斐逊家里的其他人没有关系。多项证据（包括 DNA）表明，这些孩子的父亲是杰斐逊，在杰斐逊去世后，他们正式获得了解放。

杰斐逊关于奴隶制的言行不一持续到他的总统任期。他给法国政府财政支持，以镇压海地奴隶革命。然而在 1806 年他向国会发表的总统演讲中，他提议立法废除奴隶贸易，认为“这是我们国家一直想要做的事情，符合我们的道德、名誉和利益”。第二年，国会通过法案，禁止进口奴隶，该法案于 1808 年初生效（英国国会已经于 1807 年宣布奴隶贸易违法）。杰斐逊在 1820 年 4 月 22 日给前参议员约翰·霍姆斯的一封信中总结了他对于奴隶制的态度：

> 地球上没有人应该作出牺牲，我应该把我们从这种严重的耻辱中解救出来……我们已经骑虎难下，既不能拥有奴隶，也不能若无其事地让他们离开。正义在天平的一端，自保在另一端。②

尽管有瑕疵，但是《独立宣言》提出了革命精神。第一部宪法（《邦联条例》）归于失败，其有效期一直到 1787 年准备最终的《美国宪法》定稿之时；《美国宪法》附带的《权利法案》的出台是更以后的事情。因此，正是《独立宣言》成为革命的护身符，为其主要作者赢得了声誉。

---

① See eg JE Lewis and PS Onuf (eds), *Sally Hemmings and Thomas Jefferson: History, Memory, and Civic Culture* (Charlottesville VA, University Press of Virginia, 1999); A Gordon-Reed, *The Hemingses of Monticello* (New York, WW Norton & Company, 2008); H Wiencek, *Master of the Mountain: Thomas Jefferson and his Slaves* (NY, Farrar, Straus and Giroux, 2012); P Finkelman, *Slavery and the Founders: Race and Liberty in the Age of Jefferson* (NY, Routledge, 2014).

② See JC Miller, *The Wolf by the Ears: Thomas Jefferson and Slavery* (Charlottesville VA, University of Virginia Press, 1991).

负责修改弗吉尼亚法律的委员会于1779年6月完成了工作，递交了一份报告，附加了125份法案草案，这些法案展现了自由精神。例如，一部法案提议，除叛国和谋杀之外，取消其他犯罪的死刑。还有一部法案名为《确立宗教自由》，规定弗吉尼亚政府不得控制个人的信仰。这两部法案在正式成为弗吉尼亚法律时都有一些修改。另一个有远见的提议是《知识传播法案》，该法案规定了面向所有男性的公立初等教育制度，并逐步改善县学校和大学的能力。但这个法案没有付诸实施。

从1779年到1781年，杰斐逊担任弗吉尼亚州州长，但是他发现这份差事很棘手，他想要回归私人生活。但在1785年，他被任命为驻法国王室政府的合众国公使，因此在起草《美国宪法》时，他很遗憾不在美国，未能发挥作用。① 然而，他就宪法主题与麦迪逊通信，而麦迪逊在宪法制定中发挥了重要作用。杰斐逊被力劝成为华盛顿总统的首任国务卿，但由于华盛顿喜欢亲自处理外交事务，使这个职位的作用变小。② 85
同时，华盛顿任命亚历山大·汉密尔顿为财政部长，③ 汉密尔顿的联邦主义观点与杰斐逊发生重大冲突。联邦主义者大多来自沿海地区，那里以贸易为主，而反联邦主义者主要来自农业地区的大小农场，他们希望在没有政府干涉的情况下从事业务。起初，杰斐逊表现出了采取中间立场的倾向。当汉密尔顿提议建立国家银行时，据说杰斐逊不顾麦迪逊的反对而与汉密尔顿联手，并在首都选址问题上得到汉密尔顿支持，要把新首都建在邻近弗吉尼亚的波托马克河畔。④ 但二人之间的和平没有持续太久。华盛顿同时选择了最坚定的联邦主义者汉密尔顿和反联邦主义者杰斐逊，这或许表明华盛顿希望融合不同观点，但是最

① Bernstein above n 3, 71.

② ibid, 85.

③ Below Ch 14.

④ Below Ch 14.

终他不得不谴责手下的不和。没过太久，汉密尔顿和杰斐逊之间的敌意公开化，汉密尔顿一方认为，杰斐逊没有参加革命战争，而杰斐逊一方则认为，汉密尔顿的社会背景不如杰斐逊。汉密尔顿依旧把英国视作自然而然的盟友以及美国的贸易伙伴，而杰斐逊支持与法国联盟，尤其是在法国成为共和国之后，这种分歧加剧了二人的矛盾。随着法国和英格兰在欧洲发展成武装对抗，二人的争执加深了。1793 年 12 月，杰斐逊辞去国务卿职务。1794 年杰伊与英国政府订立条约，政府的所作所为增加了杰斐逊的悲观情绪，他鼓励同道者集中起来。1796 年，杰斐逊宣称联邦主义者是一个倾向“英国君主制和贵族制的派别……他们公开的目标是把英国政府的实质应用于我们，他们已经采取了英国政府的形式……怯懦的人宁愿选择专制的稳定，也不愿选择自由的喧闹”。①

在 1796 年总统选举中，杰斐逊得票数仅次于约翰·亚当斯而当选副总统。他很快被亚当斯总统的中庸政策所激怒，尤其是亚当斯试图在法英战争中保持中立。副总统的身份限制了他的影响力。亚当斯与杰斐逊之间的分歧不断扩大，以至于他们之间不再通信。尽管厌倦了政治斗争，但是杰斐逊又一次竞选总统职位，并于 1800 年当选。他在就职演说中说道：

> 我们都是共和党人，我们都是联邦党人。如果我们中间有人想要分解联盟、改变共和形式，那么就让他们各行其是吧，容忍错误的意见恰恰表明我们制度的安全性，因为理性可以对抗谬误。②

杰斐逊担任了两届总统。

---

① Letter of 24 April 1796, recorded in *The Works of Thomas Jefferson*, vol 8 (Correspondence 1793 - 1798) (ed) PL Ford, published online at Online Library of Liberty (http://oll.libertyfund.org/titles/jefferson-the-works-vol-8-correspondence-1793-1798).

② ibid, 493.

杰斐逊总统任期中最著名的行为或许就是路易斯安那购买案。法国 86
对于英格兰海外殖民地的大片土地主张权利，证据是这些地方依然使用法语名字，如魁北克、蒙特利尔、圣路易斯和巴吞鲁日。法国拿破仑政府吸收了密苏里和密西西比流域附近的领土，包括他们后来命名的新奥尔良港。这些领土上的法国人很稀少（1719 年，如果法国囚犯与妓女结婚或定居路易斯安那，就可以被释放）。杰斐逊派利文斯顿到巴黎谈判购买新奥尔良港。利文斯顿很幸运，因为拿破仑认为这些领土会榨干他的财政，打算以 1500 万美元出售路易斯安那的全部领土，相当于每英亩 4 美分。美国向西发展的方式是自由的。杰斐逊派刘易斯和克拉克领导探险队探索美国西部，寻找西北通道。他们到达太平洋后，发现那里没有通道，但是美洲大陆本身就是一个奇迹。

政治上的分歧依然如故；杰斐逊自己的党派也分裂了，早在 1803 年，他就希望结束公共生活。退休后，他投入大量精力重新设计他按照帕拉第奥风格在蒙蒂塞洛建造的房子，然而他最伟大的工程是在夏洛茨维尔创建的弗吉尼亚大学。当时在无党派的环境下，产生了政治家、立法者和法官，他们成为美国繁荣的根基。阿比盖尔·亚当斯的去世使约翰·亚当斯和托马斯·杰斐逊重归于好，他们恢复了通信。二人都于 1826 年 7 月 4 日去世。

第十二章　宪法：约翰·拉特利奇

87 　　1787 年夏，在《独立宣言》发布 11 年后，55 位邦联代表到达费城，参加制宪会议，他们的目的是起草宪法，把美国目前独立的 13 个州联合在一起。其中一半以上的代表是律师。威廉·皮尔斯是来自佐治亚的代表，他用笔勾勒了他的同事，[1] 尤其赞扬了来自宾夕法尼亚的律师詹姆斯·威尔逊：他是“法律和政治知识方面的翘楚……政府似乎就是他的独特研究对象……没有人比威尔逊先生更清楚、更多产、更全面”。他还赞扬了众所周知的詹姆斯·麦迪逊。[2] 但他对约翰·拉特利奇颇有微词，认为：

> 他是在最近的革命开始时就颇有成就的人之一——他在第一届大陆会议中的名声使他在美国杰出人物中获得了显著地位……这位绅士在自己的州主要以演说家而闻名，但是在我看来，他的公开演讲语速太快，很难成为受人欢迎的演说家。

实际上，拉特利奇在自己的家乡南卡罗来纳，是一位非常成功的律师；他力主南方利益，包括保留奴隶贸易。他必须带回一部能够被南卡

---

① See M Farrand (ed), *The Records of the Federal Convention of* 1787, (NH, Yale University Press, 1911) Vol Ⅲ 87.

② Below ch 12.

罗来纳批准的草案，而奴隶制的存续至关重要。在各利益相关者之间，有大量的讨价还价。值得注意的是，拉特利奇的起草能力被细节委员会主席充分利用，他把大陆会议的许多决议简化为普遍可以接受的文本。

在奥利弗·克伦威尔征服爱尔兰之后，拉特利奇家族作为英国定居者搬到爱尔兰。小约翰的伯父安德鲁在都柏林的三一学院学习，到 1731 年，他移民到卡罗来纳，取得了律师执业的成功。① 他娶了一位富有的寡妇，因而获得了一个种植园和一些奴隶。不久后，安德鲁的弟弟老约 88
翰来投靠，并很快娶了安德鲁 14 岁的继女萨拉。老约翰本是一位医生，他放弃了以行医为生，成为种植园主。老约翰夫妇育有 7 个孩子，小约翰生于 1739 年，他的弟弟爱德华 10 年后出生。小约翰在伯父的律所接受训练。老约翰死于 1750 年，安德鲁死于 1755 年，他们把财产留给了小约翰，包括 100 多名奴隶。

卡罗来纳起初是私有殖民地。曾经支持查理二世复辟的 8 名贵族被授予弗吉尼亚的一部分：这体现了查理的疯狂，他把新殖民地作为对抗佛罗里达的西班牙人的壁垒。在为该殖民地起草宪章时，约翰·洛克发挥了重要作用，该宪章于 1669 年获得王室批准。② 宪章前言申明了其明确的目标，即避免建立多数民主制，换言之即普遍的选举权。它赋予殖民地自治领的地位，类似于达勒姆主教（Bishop of Durham）享有的领地。洛克的宪章把该殖民地分成若干郡，每名领主管理一个郡，领主们为世袭贵族。正如约翰·亚当斯指出的，这种贵族传统持续到了 18 世纪，受到影响的殖民地主要由富有的种植园主（如约翰·拉特利奇）控

---

① J Haw, *John and Edward Rutledge of South Carolina* (Athens GA, University of Georgia Press, 1997) 1 et seq; see also R Barry, *Mr Rutledge of South Carolina* (Salem, Duell, Sloan & Pearce, 1942) and R Beeman, *Plain Honest Men: The Making of the American Constitution* (New York, Random House, 2009).

② V Hseuh, 'Giving Orders: Theory and Practice in the Fundamental Constitution of Carolina' (2002) 63 (3) *Journal of History of Ideas* 425-46.

制；在制宪会议中，约翰反对普遍的选举权。[1]《卡罗来纳宪章》比较富有同情心的地方是，在第 97 条规定了对犹太人、异教徒，甚至土著美洲人的宗教宽容。拥有共同信仰的 7 人以上就可以组织教会。

该殖民地的北部和南部利益有别；1729 年，土地贵族把他们的利益卖给了王室，北卡罗来纳和南卡罗来纳两个王室殖民地成立。1732 年，另一个王室殖民地成立，名为佐治亚，位于南卡罗来纳南部，该殖民地起初是为了安置英格兰的穷人。北卡罗来纳主要服务于英国海军和船队的采购需要；由于生产大米和靛蓝染料，南卡罗来纳很繁荣。这些都是劳动密集型作物，劳动力来自从西非进口的奴隶。西班牙人从 16 世纪初起、荷兰人从 17 世纪初起，都从西非运输奴隶到美洲新世界。1660 年，查理二世特许了一个商人冒险家公司，从事与美洲的贸易，该公司后来成为王室非洲公司；它开始出口奴隶到西印度和北美。1669 年《卡罗来纳宪章》第 110 条赋予殖民地每个自由民针对其黑奴的权力。到 1730 年，南卡罗来纳大约有 1 万名白人居民和 2 万名黑人奴隶；[2] 根据 1790 年人口普查，南卡罗来纳的白人人口为 14 万名，奴隶人口为 10.9 万名。查尔斯城（后来的查尔斯顿）的主要港口忙于出口大米、
89 进口奴隶，非常繁荣。

1756 年，约翰去了伦敦。此时，南方各州具有律师资格的人中大约有三分之一进入了伦敦的律师会馆，尤其是中殿会馆。[3] 1754 年 10 月 11 日，约翰进入中殿会馆，然而直到 1756 年他才获得了一席之地。他学习勤奋，但是也不忘享受伦敦生活的乐趣。他写信给朋友称："我从未见过更有趣的事情，我用再优雅的词语都无法形容我所见的出色表

---

① Above Ch 10.

② Haw above n 3, 21.

③ HP Canady, *Gentlemen of the Bar, Lawyers in Colonial Southern Carolina* (New York, Garland, 1987) 170-71 and 187-88; JGR Hamilton, 'Southern Members of the Inns of Court' (1933) 10 *North Carolina Historical Review* 274.

演。加里克（英国演员）独一无二。”[①] 1760 年 2 月，他加入英国律师协会；1761 年 1 月，他加入南卡罗来纳律师协会。1761 年 11 月，他代表一名年轻妇女起诉一位富商违背婚约，为当事人赢得了 2500 英镑的巨额赔偿金，自己也赚到了 100 基尼（英国旧货币名）的代理费。这是他的第一个案件，使他声名鹊起。当年早些时候，他被选入南卡罗来纳议会的众议院。他的律师执业不断进步，在 1761 年至 1774 年，他在该殖民地的普通民诉法庭处理的案件多于其他律师，包括一些为贫穷的客户代理的免费案件。1763 年，他与来自富裕的德国移民家庭的伊丽莎白·格里姆凯成婚，在查尔斯顿建造了大量房屋，生养了 10 个孩子。

1765 年，他当选为南卡罗来纳反对印花税法案委员会的成员，他劝说殖民地法院不要使用印花的文件。他是该殖民地派去参加印花税法案会议的三名代表之一，尽管他是最年轻的成员，但是他在起草给英国贵族院要求撤销印花税法案的备忘录中发挥了作用。[②] 1767 年，由于海关官员扣押船只，查尔斯顿陷入了麻烦；约翰代表船主试图要回船只，有一次一位海关官员找不到其他律师作为代理人，约翰也代表他进行了诉讼。[③]

1772 年，约翰的弟弟爱德华进入中殿会馆的英国律师协会，1773 年，他又进入南卡罗来纳律师协会。在美国革命和随后的制宪会议中，两兄弟都发挥了突出作用——如前所述，爱德华是代表邦联面见豪将军寻求和解的三位公使之一。[④] 兄弟二人都参加了第一届大陆会议，约翰当选起草《殖民者权利与不满》的委员会成员。此时，他还想维护与英国和解的可能性。一些代表主张，根据自然法，殖民者可以任意组建政

---

① Rev J Adams, *Laws of Success and Failure in Life*: *An Address* (1833) cited Haw above n 3, 10.

② Haw above n 3, 29 et seq.

③ ibid, 43.

④ Above Ch 10.

府，而约翰却支持英国国会有资格规制与殖民地的贸易的立场。[1] 当联合抵制把货物出口到英国的问题发生之时，约翰力陈支持南卡罗来纳的
90 理由：北方殖民地制造的货物出口到全世界，因此即便禁止出口到英国，他们的贸易也可以继续；而来自南卡罗来纳的大米和染料几乎全部出口到英国，因此其贸易将受到不公平的打击。最终大陆会议作出决议，不得从英国进口货物的政策应该立刻实施，但是不得向英帝国出口货物的决议应推迟到 1775 年 9 月实施；约翰成功地使大米处于豁免之列。

约翰帮助起草了《南卡罗来纳宪法》，该宪法于 1776 年 3 月 26 日生效，[2] 正式宣布南卡罗来纳独立于英国。当天，他当选为南卡罗来纳的主席和总司令。他还当选为第二届大陆会议的代表，但是他的新职务使他被召回。他立刻面临危机——1776 年春，英国采取新策略，攻击了卡罗来纳殖民地的薄弱地带，随后向北进军。[3] 在该州有许多反对独立的人，英国的克林顿将军起航前往查尔斯顿，认为这些人会加入他的队伍。来自美国大陆军的部队在约翰·李将军的指挥下比英国军队早了一点到达查尔斯顿。在查尔斯顿港入口处的沙利文岛有一处堡垒；李认为其防御工事不足以抵挡英国重炮的攻击，于是命令撤退，但是约翰反对他的命令。或许纯属偶然，约翰被证明是正确的。1776 年 6 月 28 日，英国开始对该堡垒开火，但是防御工事包括软的美洲蒲葵[4]木和沙土，都可以吸收英国的炮弹，同时爱国者的枪支对英国船只造成了很大的杀伤，迫使他们撤退。约翰由于在南卡罗来纳的职务，在讨论《独立宣言》期间，他没有出席费城会议，但是他的弟弟爱德华出席了。起初，爱德华反对《独立宣言》，因为就策略而言，这等于在准备好抵抗英国

---

① Haw above n 3, 63.

② ibid, 80.

③ ibid, 85 et seq.

④ 美洲蒲葵是小的棕榈科植物。

之前就暴露了殖民者的意图；然而最终，爱德华成为最年轻的签署者，时年26岁。[1]

1776年《南卡罗来纳宪法》具体表明，它是临时性的，新宪法正在起草中，将于1778年3月19日起实施。它规定了两院制立法机构和一个行政部门。更早的版本把选举权授予拥有可征税土地的白人男性。1778年版本要求，享有选举权的人必须拥有50英亩可征税土地。同时，只有承认新教上帝的人才可以投票或持有公职。拉特利奇认为这种选举权规定依然范围太大，他辞去了职务。然而，当佐治亚的军事威胁日益迫近时，他当选为南卡罗来纳州州长（州长职务取代了主席）。 91

1780年，英国已经占领了佐治亚，进一步威胁查尔斯顿，克林顿将军带领一大队英国军人起航向南。[2] 当一队大陆军在林肯将军的指挥下与之遭遇时，将军建议放弃查尔斯顿以保存军队。约翰少年成名，志得意满，他命令林肯保卫城市，不得撤退；到1781年5月，查尔斯顿被英军包围，林肯被迫投降。[3] 克林顿的军队很快占领了南卡罗来纳，造成巨大伤亡；约翰建议军队放下武器，先逃到他的一个种植园（那里后来被英国洗劫），再向北逃往费城。爱德华此时已经回到南卡罗来纳，他在佐治亚的圣奥古斯丁被逮捕，并被投入监狱，然而后来根据交换囚犯的条件他被释放。[4] 在费城，约翰发现华盛顿将军之前没有派出充足的兵力，而是计划在法国政府的帮助下解救南卡罗来纳。一队大陆军向南开进，最终把英军包围在查尔斯顿附近。同时，英国将军康沃利斯在弗吉尼亚的约克镇被大陆军和一支法国海军包围，1781年10月，8000人的英国军队投降。最终在1782年12月，英国放弃了查尔斯顿。独立战争结束，爱国者取得胜利。南卡罗来纳损失最为惨重：18%的战争死

---

① ibid, 92.
② ibid, 118.
③ ibid, 132.
④ ibid, 143.

亡、31%的受伤都发生在那里。① 该州与州长的经济利益都严重受损，在州长余生的大部分时间里他都负债。从此时起，约翰开始激烈地反对英国。

1786 年 9 月，各州代表大会在马里兰首府安纳波利斯召开，讨论一般贸易问题。他们传达报告认为，《邦联条例》创设的联邦政府体制存在重大缺陷，这个问题“非常严重，使美国面临微妙且危险的处境”。② 当《邦联条例》起草时，主要问题是每个州都把自己视作松散的联盟，拥有各自的主权。《邦联条例》第 2 条指出“各州均保留其主权、自由与独立，凡未经本条例明示授给合众国之各项权力、司法权及权利，均由各州保留之”。要使《邦联条例》生效，大陆会议的决定必须得到三分之二州投票的支持。③ 尽管各州的规模和财富相当不同，但是每个州都有一票。而只有国会有权宣布战争或和平，军费和合众国的公共福利
92 由各州资助和征收；国会没有强迫征税的程序。④ 至于真正的行政部门，没有具体规定；有一个由国会任命的委员会，当国会没有开会时，该委员会有权管理合众国事务；这个委员会有一名主席，但是没有联邦的主席。国会有权任命法院审理海盗以及公海上发生的重罪，并且决定奖励，但是除此之外，没有权力创设联邦法院。到安纳波利斯大会召开之时，所有州都清楚地认识到，更强的中央政府是必要的；然而，关于这个政府应该多强，依旧存在许多分歧。

制宪会议由国会召集，于 1787 年 5 月在费城集会。约翰·拉特利奇此时已经接受了查尔斯顿衡平法院法官的任命，他成为南卡罗来纳的代表之一。在《邦联条例》的早期讨论中，南卡罗来纳代表的态度曾经是：邦联应该建立在各州平等的基础上，而不考虑各州人口和财富的差

---

① ibid, 175.

② M Farrand, *The Framing of the Constitution of the United States* (New Haven CT, Yale University Press, 1913).

③ US Constitution, Article Ⅷ.

④ ibid.

别；他们应该只代表对于本州安全而言绝对必要的主权份额。[1] 然而战争进程表明，卡罗来纳非常依赖北方各州的军事保护，现在 13 个州联合的力量对于抵制英国贸易限制是必要的——卡罗来纳有严重的贸易逆差。[2] 此时发生了情绪上的微妙变化，南卡罗来纳代表开始与来自其他州的许多代表的态度相一致；第二个月，随着辩论的开展，联合一致的愿望与日俱增。6 月 8 日，詹姆斯·威尔逊敦促道：

> 如果我们建立了一个全国政府，各州必须服从——这个合法的政府必定是最高的……我们在名义上是一个整体，让我们名副其实——除非外国势力利用各州作为反对整体的引擎。[3]

尽管如此，南卡罗来纳的代表依然希望实现两个主要目标。第一个目标是国会中协商的分量——他们来自一个富有的州，但是在 13 个州中，他们的人口只占第九位；当有人提议只根据人口分配代表时，他们表示否定。他们的第二个目标是不得限制奴隶贸易。[4]

当制宪会议第一次开会时，不仅受到关注，而且群情激奋。詹姆斯·威尔逊写道：

> 自从世界诞生以来，经过了六千年的时光，美国现在第一次集会和平协商政府形式，美国人将受此约束，并保证自己的
> 繁荣。[5] 93

自革命以来，约翰·拉特利奇就与威尔逊要好，起初威尔逊让约翰住在自己费城的房子里。一段时间后，约翰搬到了印第安酒馆，那里住了许多重要人物，包括梅森、麦迪逊和汉密尔顿等人。一定有许多制宪

---

① Haw above n 3, 106.

② ibid, 192.

③ Farrand above n 21, 192.

④ ibid, 202.

⑤ JB McMaster and FD Stone, *Pennsylvania and the Federal Constitution* 222 cited Farrand above n 21, 62.

会议之外的谈话和交易在那里发生。在开始之时，为了避免民众的压力，制宪会议决定秘密协商。会议一开始就决定，会议讨论要保密，以免受外界压力的影响。实际上，正式记录根据秘书的笔记形成，仅仅包含了拟议的决议和投票记录。然而詹姆斯·麦迪逊意识到他们将要通过的文件的重要性，他详细记录了辩论和投票情况。① 保密使在制宪会议外面谣言满天飞。人们担忧，一些代表会支持一部君主制宪法，有传言说，乔治三世的次子奥斯纳布吕克主教将被邀请成为美国的国王。② 亚历山大·汉密尔顿在制宪会议上主张，英国宪法是世界上最好的，他因此被指控为君主主义者。③ 在一个阶段，弗吉尼亚的佩顿·兰道夫提议由三人共同担任行政长官，以避免权力集中于一人。④ 约翰·拉特利奇则主张只设唯一的总统，这个主张获胜了。⑤

争论主要集中于立法机构的性质和选举，征税权以及征税根据，总统的权力及其与立法机构的关系等。这些都是大问题，产生了广泛的观点分歧；在这些分歧背后是各州不同的愿望，如弗吉尼亚和宾夕法尼亚人口和财富更多，他们希望反映他们的重要性，而新泽西、纽约、康涅狄格、特拉华和卡罗来纳等更小的州不想被大州压制。⑥ 卡罗来纳的白人人口相对较少，但是财富很多。还有东部和西部之间的问题。一些州与无主的西部土地相邻，而其他州则远离那里，因此当殖民地向西扩展时，代表们想要防止本州失去权力。佐治亚的人口和财富都很少，但是已经拥有了大片无人居住的西部土地，如果得到大州支持，他们也有望成为一个大州。尽管原则已经设定，但是过程本质上是政治的，每个州都竞相争取地位。弗吉尼亚发起动议，提出了一个主要由麦迪逊起草的

---

① Farrand above n 1.
② Farrand above n 21, 173 and see 162.
③ ibid, 87.
④ ibid, 77.
⑤ Farrand above n 1, Vol I 65, 69, 230.
⑥ Farrand above n 21, 85.

方案作为讨论的基础。这个方案为最终的宪法奠定了基本模式。小州代表感到这个方案主要有利于大州，于是新泽西提出了替代的方案。

政府各种权力分立、彼此制衡的制度被视作孟德斯鸠的观点，成为 94
一个基本信条，但是对于实现分权的细节却讨论热烈。最终的宪法据说是以人民的名义制定，但其中是如何谈及人民的呢？汉密尔顿提议，行政部门和国会两院应该由人民直接选举。[①] 制宪会议认为这个观点太激进。这会引起两个问题：由于各州之间存在人口和财富的差别，各州如何能在各权力分支中得到公平的代表？第二议院应该普选吗？南卡罗来纳对选举权资格规定了较高的财产条件，与此规定一致，其代表主张，国会两院应由州议会选举，以防止民粹主义——平民大众不都能很好地判断候选人的价值。[②] 尽管制宪会议否决了这个提议，但是最终同意第二议院应由每州两名代表组成，由州议会选定。[③] 这增强了小州在第二议院的影响力，因此小州认为，这意味着“值钱”的人更可能当选。第二议院的名字选自罗马共和国，名为“参议院（Senate）”，该词源自senex，是“老”的意思，即老人会议。

第一议院将由人民选举的代表组成。约翰·拉特利奇得到另一位南卡罗来纳代表皮尔斯·巴特勒的支持，他主张代表应该反映人口和财富情况，因为财产权是社会的主要目标。[④] 这个观点争论变得十分激烈，主持会议的本杰明·富兰克林指出，代表是被派来协商的，而不是自作主张。[⑤] 关于这个问题的争论似乎无法达成结论，此时富兰克林建议，由每州一名代表组成一个委员会以达成妥协。[⑥] 来自纽约的古弗尼尔·莫里斯提出了一个解决方案，从而最终实现了妥协，他把代表与纳税联

---

① ibid, 87.

② Haw above n 3, 204.

③ Farrand above n 1, I 130-32 and 156.

④ ibid, 196, 206-07.

⑤ ibid, 197.

⑥ ibid.

系起来："代表人数和直接税数额在各州之间应该恰当分配……自由人算作一个人……其他人口算作五分之三（印第安人除外）。"其他人口即黑奴。这个公式回避了财富标准，但是间接承认了财富标准。这就是所谓的五分之三条款或康涅狄格妥协案（康涅狄格州代表在谈判中发挥了主导作用）。如果像南卡罗来纳这样的州希望奴隶所有者拥有更大的代表权，他们必须缴纳更高的税款。这个建议很有效，最终成为宪法第1条的部分内容，根据该条款，将在3年内统计殖民地人口（因此有了1790年人口普查），各州的众议院代表人数将不同，从特拉华的1人到
95 弗吉尼亚的10人。南卡罗来纳有5人。五分之三条款不是首次提出，1783年大陆会议也曾提出过类似的公式。①

还剩下两院权力分配的问题。最终，《美国宪法》第1条第8款赋予国会为合众国的共同防卫和公共福利而征税的权力（《邦联条例》中没有）；第7款规定，所有征税法案都应该由众议院提出，但是参议院可以如同对待其他议案一样，提出修正案并对修正案表示赞同。由于众议院的权力更大，第二议院缺少普选的问题得到了平衡。

总统的选举方法和任职期限也是讨论较多的话题。任职期限最终定为四年，选举方法实际上是间接普选。汉密尔顿曾建议，总统应该由人民选择的选举人进行选举。实际上，这种选举团理念被采纳。《美国宪法》第2条第1款规定："各州应按照该州议会规定的方式选派选举人若干名，其人数应与该州所应选派于国会的参议员和众议员的总数相等。"这些选举人将要投票选举两人（其中之一应为选举人所在州之外的居民）。根据计算选票，得票最多的候选人当选总统。票数第二多的人成为副总统。选举人的选择方法由州议会决定，可以普选，也可以采取其他方式选择。总统不仅是行政部门首长，而且是军队总司令，包括应征服役的民兵。总统被赋予与其他国家签订条约的权力，但条约要经

① Farrand above n 1, 104.

国会两院三分之二多数批准。他还可以任命法官和公使（他们的地位取决于总统的裁量）。除此之外，他还有许多权力。

否决国会或州议会通过的立法权力是否合适，也有讨论。弗吉尼亚方案规定了一个由总统和法官组成的法律修订委员会，该委员会有权否决国会通过的立法，或代表国会宣布州议会的法律违宪。[①] 约翰·拉特利奇成功地反对纳入这种条款；他感到，法官裁决法律的合宪性是错误的，除非具体案件引起的问题呈现在他们面前。[②] 他支持最高法院有权在具体案件中宣布法律违宪。[③] 最终，《美国宪法》第1条第7款赋予总统反对国会两院通过的立法权力；两院随后应复议，并进行必要的修 96
改；如果法案再次经两院三分之二多数通过，即成为法律。宪法没有规定最高法院可以宣布法律违宪，尽管最高法院后来承担了这项权力。[④] 除最高法院之外，是否应有联邦法院的问题实际上被宪法第3条第1款搁置了，该条赋予国会设立低级联邦法院的权力。

在讨论中，奴隶贸易问题没有占用太多时间，但是关于其持续性引起了争论，最后达成了妥协。8月21日，马里兰的路德·马丁提议，禁止进口奴隶或对进口奴隶征税。他认为，五分之三条款将鼓励进口更多的奴隶，反对进口奴隶的州现在要被迫保护奴隶贸易，奴隶制与美国革命的原则相违背，是对美国精神的玷污。[⑤] 约翰·拉特利奇回复道，宗教和人性都不涉及这个问题。“只有利益是国家的主导原则……如果北方各州考虑他们的利益，就不会反对增加奴隶，因为这会增加北方运输的货物。”[⑥] 另一位南卡罗来纳代表平克尼将军直截了当地指出，如果禁止奴隶制，南卡罗来纳将不批准宪法。《美国宪法》第1条第9款达

---

① Farrand above n 21, 209.

② Farrand above n 1, Ⅱ 22-24.

③ Haw above n 3, 208; Farrand above n 1, Ⅱ, 22, 24, 28.

④ Below Ch 15.

⑤ Farrand above n 1, Ⅱ 364.

⑥ ibid, 373.

成了一个令人不安的妥协：现有任何一州认为应予接纳移民或进口人口，国会在 1808 年以前不得加以禁止；但对这种入境者可征收每人不超过 10 美元的税金或关税。

到制宪会议结束之时，拉特利奇输掉了几次争论，也赢得了一些争论，但是他足以确信，他所在州的议会将批准宪法。他被要求主持细节委员会，着手把各种决议合成一个连贯清晰的整体。委员会的其他成员，如威尔逊、兰道夫等，在这个过程中发挥了更重要的作用，但是原始文件显示拉特利奇手写记录了各处修改的地方。似乎正是这个细节委员会制造了掷地有声的前言：

> 我们合众国人民，为建立更完善的联盟，树立正义，保障国内安宁，提供共同防务，促进公共福利，并使我们自己和后代得享自由的幸福，特为美利坚合众国制定本宪法。

根据宪法草案本身的条款，需要至少 9 个州批准，它才能成为法律。乔治·华盛顿作为制宪会议主席在制宪会议结束时签署了宪法草案。55 名代表中只有 39 人签名，但是所有代表都返回各自州的议会讨论批准问题。到 1787 年 12 月底，特拉华、宾夕法尼亚、新泽西、佐治
97 亚和康涅狄格批准了宪法。

其他州，尤其是马萨诸塞，犹豫不定，但最终无条件批准了宪法，它相信还会附加一部《权利法案》；南卡罗来纳和马里兰紧随其后批准了宪法。1788 年 6 月 21 日，新罕布什尔成为第九个签署宪法的州。

从 1789 年到 1791 年的 18 个月里，约翰担任最高法院大法官。他后来又成为南卡罗来纳普通民诉法庭首席法官。1795 年，华盛顿任命他为最高法院首席大法官，他接受了任命。① 不久后，他发表了一个过激的演讲，批评与英国达成的《杰伊条约》，12 月，参议院否决了他的任命。此时，他已经失去了妻子和母亲，他非常沮丧，12 月 26 日他甚至

---

① Haw above n 3, 243 et seq.

想投河自尽；一些奴隶发现了他，并把他拖到了安全地点。他于 1800 年 7 月 18 日去世。

约翰·拉特利奇只是制造宪法的机器上的一个齿轮，无论他的主张被接受还是被拒绝，都反映了辩论的过程，或许最为重要的是反映了妥协的意愿。宪法没有条款具体陈述殖民者起初主张的自由。宪法是否应该有这样的条款，这个问题是美国革命下一阶段的主题。

第十三章　权利法案：罗杰·谢尔曼和詹姆斯·麦迪逊

98 制宪会议中有两个最重大的问题：一是联邦各州应该向中央政府让出多少主权；二是在联邦制国家中，应该如何保护人权？罗杰·谢尔曼和詹姆斯·麦迪逊处于观点对立的两极：前者支持各州的权力，把保护自由寄望于新政府的良知；后者力促强大的中央政府以及一部具体的权利法案。谢尔曼没有大学学位，但他是多年的执业律师。麦迪逊曾在新泽西大学学习，阅读法律是他涉猎广泛的学习内容之一；[①] 尽管他从未获得律师资格，但是他后来起草的文件吸收了他的大量学习成果。在决定修改宪法以保护人权的过程中，麦迪逊发挥了核心作用。在本章，谢尔曼和麦迪逊的地位不相上下。杰克·拉科夫在他的普利策奖作品《原初含义》中写道：

> 在美国政界，谢尔曼式的人物远多于麦迪逊式的人物，但总体而言像他们这样的人物都太少了。但正是在目标和从政风格上彼此对立的这两个人赋予伟大的制宪会议以戏剧性和魅力，

---

① R Ketcham, *James Madison*: *A Biography* (Charlottesville VA, University Press of Virginia, 1990), 56.

也带来了制宪会议的成就。①

美国各州都通过了自己的《权利法案》，主要以英国的《权利法案》为范本。谢尔曼坚称，一切已经很完美，无须画蛇添足。当明确显示制宪会议将要投票制定一部《权利法案》时，谢尔曼同意参加一个包括麦迪逊在内的六人委员会，负责起草《权利法案》的文本。麦迪逊提出了最初的草案。1987 年，国会图书馆手稿部的负责人詹姆斯·赫特森发现了一份谢尔曼的手稿，这是一份替代草案。最终的草案与这两份草案都不同，但是这两份草案表明没有依赖二人中的任何一人确定《权利法案》的文本。

在国会图书馆发现谢尔曼版本的《权利法案》后，格伯发表了对谢
尔曼和麦迪逊草案与最终版本的比较。② 举个例子，三种形式的第一修 99
正案如下：

> 麦迪逊：“在宗教信仰方面，不得削减任何人的公民权利，也不得确立国教。”
>
> 谢尔曼：“人民的自然权利应得到保留，如宗教方面的良心自由。”
>
> 《权利法案》：“国会不得制定关于下列事项的法律：确立国教或禁止宗教活动自由；削减言论或出版自由；削减人民和平集会和向政府请求救济的权利。”

值得注意的是，谢尔曼的版本反映了他认为公民权利是早已存在的；对他而言，自然法是神法。最终的版本如麦迪逊的建议，没有确立国教，但是它进一步扩展了主题，如包含表达自由，超出了宗教的内容。

谢尔曼和麦迪逊的背景与个性完全不同。1776 年，谢尔曼 55 岁。

---

① J Rakove, *Original Meanings: Politics and Ideas in the Making of the Constitution* (New York, Knopf, 1996).

② SD Gerber, ‘Roger Sherman and the Bill of Rights’ (1996) 28 *Journal of the Northeastern Political Science Association Polity* 521-40.

他在波士顿地区出生和长大。① 他的家庭起初来自英格兰萨福克的戴德姆（后来的康斯塔伯），大概1636年他们移民到马萨诸塞。他们是公理会教友，谢尔曼有两位兄弟都是该教会的牧师。谢尔曼没有上过大学，然而教过他的当地牧师曾经读过哈佛大学。谢尔曼起初是一名补鞋匠，后来成为测量员。22岁时，他从马萨诸塞搬到康涅狄格，借钱买了250英亩土地。当地律师鼓励他学习英国普通法，1754年，他33岁，加入了康涅狄格律师协会，并且执业很成功，直到1766年，他成为康涅狄格普通民事诉讼法院法官。他与两位妻子一共生了15个孩子。

康涅狄格是一个小州，在社会风气和宗教信仰方面都很保守，其特征主要形成于托马斯·胡克在那里建立公理会教会之时。② 胡克曾在剑桥的伊曼纽尔学院接受教育，那里孕育了卡尔文的修正主义。胡克曾经是英格兰切姆斯福德（戴德姆附近）的一位牧师，他有魅力的布道引起了劳德主教“党羽们”的注意，他们试图逮捕他。17世纪30年代初，他逃到荷兰，随后去了马萨诸塞。1636年，他与许多教区居民一起搬到了康涅狄格的哈特福德，随后又去了沿海的纽黑文。他出身于卡尔文主
100 义盛行的年代，强烈地要求保护信仰自由。

罗杰·谢尔曼也来到了纽黑文，这是一个繁荣的港口，与西印度公司来往频繁。他紧邻耶鲁学院建了几个仓库。根据康涅狄格民众大会的一部法案，耶鲁学院于1701年创建，负责为年轻人提供教育，使他们适应教会和公民政府的公共生活。1718年，这个学院根据来自威尔士的捐赠者伊莱休·耶鲁的名字被命名为“耶鲁”。颇具反讽意味的是，伊莱休·耶鲁曾经通过英国的东印度公司赚了大钱。谢尔曼的仓库发展迅速，1765年，他被任命为耶鲁学院的司库，被授予了荣誉硕士学位。

---

① See RS Boardman, *Roger Sherman: Signer and Statesman* (Oxford, H Milford and Oxford University Press, 1938); and C Collier, *Roger Sherman's Connecticut: Yankee Politics and the American Revolution* (Middleton, Wesleyan University Press, 1971).

② Dictionary of National Biography.

谢尔曼曾被选入康涅狄格民众大会。民众大会在挑选代表参加第一届大陆会议之时，有两位代表拒绝了邀请，随后谢尔曼被选中。① 谢尔曼在两届大陆会议和制宪会议都工作过，共投入了1500多天时间，他不仅是唯一一位签署了这些会议发布的所有重要文件的人，这些文件包括《独立宣言》《组织章程》《邦联条例》《美国宪法》《权利法案》。在大陆会议起草的大量关键文件中，他发挥了作用，尤其重要的是，他是批准《独立宣言》最终草案的委员会成员，还是起草《邦联条例》的委员会成员——所有这些事情都是在他任职战争委员会期间发生的。

如谢尔曼的背景所表明的，他虽不是一个容易共事的人，但却从同事那里赢得了巨大的尊重。威廉·皮尔斯勾勒了代表们的形象，② 对谢尔曼描述道：

> 他的举止笨拙、呆板、格格不入。他的发言很怪异，他的公开演讲常伴有脏话，无论是公开演讲还是私人谈话都夹杂着生僻的新英格兰黑话，所有与他相关的事都古怪可笑，但是他思考深入，他值得赞誉，没有人比他更加心地善良、头脑清醒。

或许由于谢尔曼没受过什么教育，这里对他存在成见。他认为经验优于哲理，对他影响最大的是他的小州背景和清教徒信仰。他还是奴隶制的反对者。

詹姆斯·麦迪逊非常年轻，在《独立宣言》发布时只有25岁。他来自最大的州弗吉尼亚，是一位富有的奴隶主；他受过良好的教育，对宗教没什么兴趣。③ 他的父亲是该州最大的种植园主和奴隶主之一。自

---

① Boardman above n 4, 26.

② See above ch 12, n 1.

③ See J Rakove *James Madison and the Creation of the American Republic* (New York. Foresman/ Little Brown, 1990); L Cheney, *James Madison, a Life Reconsidered* (New York, Viking, 2014).

1769年起，他在一位苏格兰长老会牧师詹姆斯·威瑟斯庞的指导下求学于新泽西学院。威瑟斯庞来自爱丁堡大学，后来被邀请成为新泽西学院院长，他带来了苏格兰启蒙运动的观点，对道德哲学研究发挥了尤其重
101 要的作用。在低年级，法律知识是绅士教育的一部分。威瑟斯庞被选为新泽西代表参加过大陆会议，签署了《独立宣言》。麦迪逊于1771年毕业。尽管在长老会机构接受教育，但是麦迪逊在后来的生活中没有表现出什么宗教倾向。[1] 在1780年之前，麦迪逊都没有参加过大陆会议，因此他不是《独立宣言》的签署者。由于参与了弗吉尼亚的政治活动，麦迪逊与杰斐逊成为终生好友。[2] 根据杰斐逊的建议，麦迪逊收集了关于共和政府、国际法和新世界的政治史的论著。[3] 1787年（杰斐逊依然在巴黎），麦迪逊36岁，他成为弗吉尼亚参加制宪会议的七位代表之一。此时，他是强大的中央政府的倡导者，起草了弗吉尼亚方案，该方案成为宪法讨论的基础。[4] 威廉·皮尔斯勾勒了参加制宪会议的代表，描述了麦迪逊在辩论中的雄辩：

> 每个人都承认他的重要性……他既是深刻的政治家也是渊博的学者。在处理每一个重大问题时，他在制宪会议中都明显发挥了主导作用……在讨论中，他总是提出最好的信息。[5]

在制宪会议的讨论中，谢尔曼和麦迪逊都发挥了不可忽视的作用。谢尔曼第一个主张众议院的代表应该根据自由居民的数量确定。[6] 当这

---

① JH Hutson, *Forgotten Features of the Founding*, *The Recovery of Religious Themes in the Early American Republic* (Lanham MD, Lexington Books, 2003).

② I Brant, *James Madison* (Indianapolis, Bobbs-Merrill, 1941) Vol Ⅰ 272-76.

③ JP Boyd (ed) *Papers of Thomas Jefferson* Vol Ⅷ 111 (Princeton NJ, Princeton University Press, 1953).

④ Above Ch 11.

⑤ M Farrand (ed), *Records of the Federal Convention* of 1787 (New Haven, Yale University Press, 1911) Ⅲ 87 et seq.

⑥ ibid, 98 et seq.

个观点不被接受时，他又在五分之三妥协案被接受的过程中发挥了作用。[①] 他成功主张国会权力应该明确限定。他与古弗尼尔·莫里斯和路德·马丁一起反对奴隶贸易的存续，但是最终作出了关键的妥协，让所有州签署了宪法。1787 年 8 月 22 日，麦迪逊记录了谢尔曼的发言：

> 他不同意奴隶贸易，然而有些州现在拥有进口奴隶的权利，公共利益不允许这项权利被剥夺，为了让更少的人反对拟议的政府方案，他认为最好的权宜之计是让这件事顺其自然。

麦迪逊观察到，无论如何，废除奴隶制将在美国发生，“几个州的良知会逐渐推动这件事的实现”。[②]

他还认为，人类自由太过重要，不能依赖于书面的保护。“你所有 102
重要权利的唯一保证在于政府的性质。”为推进宪法的批准，在没有《权利法案》的情况下，制宪会议宣布休会，请各州进行批准程序。批准宪法的讨论在媒体和州议会中都异常激烈。纽约、弗吉尼亚和马萨诸塞明确要求附加《权利法案》。1788 年 6 月 21 日，9 个州完成了批准程序，宪法开始生效，1789 年 4 月 1 日，众议院第一次开会。直到 1790 年北卡罗来纳和罗德岛批准宪法，批准程序才完全结束。此时支持《权利法案》的呼声高涨，麦迪逊开始从事这项工作。

麦迪逊被选入新的众议院，在选举中，他承诺会提出一部权利法案，他在 1789 年 6 月 8 日发表的著名演讲中提出了 9 条修正案。[③] 他指出了在州批准宪法会议中表示的担忧，即联邦政府会压倒州权利法案：

> 有人认为，他们的同胞想要剥夺他们的自由，他们应该勇敢抗争，不惜流血。从每名社会成员心中根除这种疑虑非常必要。

---

① Above Ch 11.

② Farrand above n 13，102.

③ *Annals of Congress*，*House of Representatives*，1st Congress，1st Session 451 et seq：these records are available from the Library of Congress' American Memory website at memory. loc. gov.

麦迪逊提出，把宪法修正案作为调和联邦主义者和反联邦主义者观点的手段。谢尔曼反对任何修正案，他主张，国会只能行使宪法赋予它的权力，它没有能力侵犯人权；应该原封不动地推进宪法，而不是修改它。其他人，如亚历山大·汉密尔顿，也反对《权利法案》。

为了弥合分歧，众议院任命了一个特别委员会，由来自各州的一名议员组成，负责确定是否应该有修正案——在委员会中，谢尔曼代表康涅狄格，而麦迪逊代表弗吉尼亚。① 随着委员会中争论的推进，一些修正案不可避免地获得支持，谢尔曼开始致力于界定这些修正案的内容。他的主要成就在于确定了修正案的形式。麦迪逊的修正案散布在现有文件中，修正了大量现有的条款；谢尔曼坚持，应该制定独立的修正案，原文不动。“我们不能把这些修正案并到宪法主体中。如果那样，就是一锅乱炖了。”但是此时还没有人提出第五修正案。

《美国宪法》第 5 条规定，经国会两院三分之二多数投票同意，可以修改宪法；这些修正案的生效必须经州议会四分之三多数批准。麦迪逊最终提交的 20 条修正案减少为 12 条（独立成文），其中 10 条被批准。《美国宪法》的这头 10 条修正案被称为美国《权利法案》。它们约束联邦政府；只有在通过第十四修正案之后，保证了正当程序，最高法
103 院裁决，大多数修正案才可以约束各州。

美国《权利法案》明显受到英国《权利法案》的启发。英国《权利法案》是所谓 1688 年光荣革命的成果之一。1685 年，新教徒查理二世的弟弟、公开信仰天主教的詹姆斯二世继承了查理二世的王位。詹姆斯二世试图改善天主教的境遇，尤其是搁置或变更了阻止天主教徒担任公职的法律。詹姆斯兴兵镇压了蒙茅斯公爵的叛乱，但是在叛乱平息后，他依然保留了军队，在民宅中驻扎军队。他还试图解除清教徒反对派的武装。一群贵族邀请奥兰治的威廉（荷兰总督）带兵进入英格兰，

---

① Farrand above n 13, 135 et seq.

詹姆斯逃到境外。1688 年 2 月 13 日，国会两院代表英格兰人民解决詹姆斯制造的各种不满。他们随后详述了英格兰王室臣民应享有的各种权利，威廉请英格兰各郡和各市派代表参加国会，宣布这些权利。这次会议于 1689 年 1 月 2 日召开，宣布了 13 项基本权利。他们随后宣布威廉和他的妻子玛丽联合执政，他们要保证英国人的权利与自由。这些自由没有覆盖英国人自认为应该享有的所有权利。其一些内容来源于《大宪章》，由法院进行解释；正当程序的具体内容根据普通法进行解释。

如本章前面所述，美国宪法第一修正案不仅保证信仰自由、阻止建立国教，而且保护言论自由与和平集会。这主要归因于英国宗教迫害的历史，如在 1670 年威廉·佩恩的审判中所揭示的。[1] 大多数州宪法已经保证了信仰自由，通过立法使政教分离——到 1790 年，北卡罗来纳、马里兰、特拉华、新泽西、弗吉尼亚、佐治亚和新罕布什尔都这样做了。[2] 然而问题很复杂，一些州立法规定征税支持一个教会或多个教会。尤其是在马萨诸塞，征税支持公理会教会。英格兰教会已经实现了政教分离，其之前的从业者被称为圣公会教徒，他们一直采用主教等级制。第一修正案试图确保国会（远离各州）不得干涉政教分离或信仰自由。这一条款适用范围很广，例如限制地方教育机构的权力。在 1948 年麦科勒姆诉教育委员会案中，伊利诺伊香槟地区的学校提供了宗教方面的课程，[3] 来自四个教派的教士负责授课。有一位妇女是无神论者，她的儿子进入了一所这样的学校，她反对这种课程，认为其违反了第一修正案。最高法院一致认为，使用公共财产讲授这类课程构成违法。类似 104
地，在 1962 年恩格尔诉瓦依塔尔案中，一个地方教育委员会创作了一篇祷告文，推荐在学校使用。[4] 一位犹太家长反对这种做法，地方教育

---

① Above Ch 5.

② See CH Esbeck, ‘Dissent and Disestablishment: The Church-State Settlement in the Early American Republic’ (2004) *Brigham Young University Law Review* 1385.

③ 333 US 203.

④ 370 US 421.

委员会的行为被宣布违反第一修正案。“第一修正案的预设前提是，如果宗教和政府在各自领域彼此不受对方干涉，那么它们就能最好地实现其崇高的目标。”

第二修正案也起源于英国《权利法案》，后者规定：“除经议会同意外，平时在本王国内征募或维持常备军，皆属违法。”《美国宪法》和美国《权利法案》都没有禁止和平时期的常备军；联邦主义者支持常备军，反联邦主义者反对常备军。《美国宪法》第1条第8款实现了妥协，该条款授权国会可以宣战、征募和维持军队，但此项用途的拨款期限不得超过两年。同等重要的是，英国《权利法案》也规定：“凡臣民系新教徒者，为防卫起见，得酌量情形，并在法律许可范围内，置备武器。”威廉·布莱克斯通在《英格兰法释义》中表明，没有参加英格兰教会仪式的天主教徒应接受某种惩罚，包括不得携带武器。殖民地居民习惯于针对土著美洲人、法国人和英国人进行自卫。因而第二修正案特别规定：“管理良好的民兵是保障自由州的安全所必需，人民持有和携带武器的权利不得侵犯。”

第二修正案成为最富争议的修正案之一。对其实施效果的讨论在最高法院对2008年哥伦比亚特区诉赫勒案的判决意见中达到顶峰。① 一名警察被授权在联邦司法中心执行公务时携带手枪，他申请了手枪登记证明，希望在家里也能持有枪支。哥伦比亚特区曾经通过一项法律，要求对家中的枪支进行登记，以获得许可，如果被许可，就可以在家中持有枪支，但需要有扳机保险装置。这名警察认为，这个规定侵犯了他携带枪支的宪法权利。最高法院一致认为，携带武器的权利不限于民兵或军事组织。代表哥伦比亚特区的诉状主张，根据字面含义和历史背景，第二修正案仅限于民兵组织，在这个范围之外拥有枪支就是非法的。斯卡利亚大法官发布了多数判决，否定了这个主张。这种概论性的作品不可

① 554 US 570.

能进行详细推理，只能规定一些宽泛的要点。最高法院指出，第二修正案包含两部分，前面部分指出了民兵的重要性，后面部分宣布了一项权利；不能认为，前面的条款限制了后面宣布的权利；前面的条款只是说明了宣布这项权利的背景。此外，该条款规定，携带武器的权利不应被侵犯；这意味着，这是一项既有的权利，而非新设的权利。这与它的起 105
源——英国法的态度相一致，英国法的含义是，新教徒根据普通法已有这项权利（此处至少值得质疑的是，在英国《权利法案》发布之前，英国法中是否有携带武器的具体权利）。判决结论是：

> 我们意识到本国的枪支暴力问题，我们认真对待许多法庭之友[①]的关注，他们认为，禁止拥有手枪是一个解决方案……铭记宪法权利必然会对某些政策选择不予讨论。这些政策包括绝对禁止手枪……无须争论的是，最高法院的职责不是消灭第二修正案。

第三修正案反映了英格兰在詹姆斯二世统治下对于常备军驻扎民宅的不安感。该修正案表明：“士兵在和平时期，非经房主许可不得驻扎于任何民房；在战争时期，除依照法律规定的方式外亦不得进驻民房。”

美国《权利法案》中的许多修正都冠以“正当程序”的说法，这可以追溯到英王约翰于1215年6月签署的《大宪章》，该文件规定，任何自由民，如未经同侪审判，或国法判决，皆不得被剥夺生命、自由或财产。[②] 14世纪四五十年代，在爱德华三世统治时期，通过法令扩大了该条款的范围，拓展到保护任何条件下的任何人，1354年，又增加了“未经正当程序”的表述。这是非常有用的一段话，包含了诉讼中的所有程序权利。

点燃美国革命导火索的一个火星源于通用令状的使用，通用令状由

---

① 最高法院允许诉讼当事人之外各方作为法庭之友提出书面意见。

② Generally see A Arlidge and I Judge, *Magna Carta Uncovered* (Oxford, Hart Publishing, 2014).

波士顿的海军法庭发出，没有具体指明嫌疑人或违法行为。如前所述，小詹姆斯·奥蒂斯没能成功反对这种令状，随后在英格兰发生了威尔克斯诉伍德案①（1763年）和恩蒂克诉卡林顿案②（1765年），英国普通民诉法庭和王座法庭认定使用通用搜查令为非法。第四修正案规定：

> 人民保护其人身、住房、文件和财物不受无理搜查扣押的权利不得侵犯；除非有合理的根据，以宣誓保证，并详细开列应予搜查的地点、应予扣押的人或物，不得颁发搜查令。

"正当程序"这个词首次出现在美国是在1787年的纽约《权利法案》中。它没有出现在麦迪逊起草的联邦权利法案中，但是在纽约州代表的建议下，在第五修正案中加入了这个词：

106 非经大陪审团提出报告或起诉，任何人不受死罪和其他重罪的惩罚……任何人不得因同一犯罪行为而两次遭受生命或身体伤残的危害；不得在任何刑事案件中被迫自证其罪；未经正当法律程序，不得剥夺任何人的生命、自由和财产；非有恰当补偿，不得将私有财产充作公用。

像美国《权利法案》中的其他条款一样，这一条混合了几种不同的权利。

《大宪章》中的同侪审判并不等于陪审团审判，它只意味着由社会地位同等的人进行审判，比如贵族由御前会议的贵族进行审判。陪审团审判的出现是同期发生的独立事件，当时教皇因诺森特二世严禁对教士进行审判。③ 然而，随着时间的流逝，《大宪章》开始被视作陪审团审判的源头。在《美国宪法》中，第3条第2款规定所有刑事案件适用陪审团审判，审判应在犯罪发生的州内进行。第六修正案强化了这一点，规定

---

① 98 ER 489.

② 19 Howells's State Trials 1029; 95 ER 807.

③ Arlidge and Judge above n 25.

“在一切刑事诉讼中，被告应享受由公正陪审团予以迅速和公开的审判的权利”。第七修正案把这种保护扩展到民事案件，规定：

> 在普通法诉讼中，争执价额超过 20 美元者，由陪审团审判的权利应予保护；案情事实经陪审团审定后，除非依照普通法的规则，合众国的任何法院不得再行审理。

第五修正案的规定还反映了英国程序法的内容。反对“双重审判”的规则可以追溯到 12 世纪的英格兰——因一个违法行为而被审判定罪的被告人，如果因为同样的罪行再次被控告，他可以对之前的定罪进行抗辩，法律法语中称为“autrefois acquit or convict”。如果申诉成功，就不能进行第二次审判。因此第五修正案规定，“任何人不得因同一犯罪行为而两次遭受生命或身体伤残的危害”。在都铎王朝和斯图尔特王朝，星座法庭（审理某些刑事犯罪）和宗教事务委员会（审理宗教人士的违法行为）曾通过实施酷刑，如割掉一只耳朵或鞭刑，有效迫使被告回答其拒绝回答的问题。由于劳德主教通过这些特权法院迫害异议者，许多人移民到了美洲。在英联邦期间，沉默权被确立，这反映在了第五修正案中，任何人不得“在任何刑事案件中被迫自证其罪”。在 17 世纪末的英格兰，被告还被赋予另一种程序保护，这项内容反映在第六修正案中，根据这项权利，被告有权获知受控事件的性质和原因；与原告证人对质。他还有权以强制程序取得有利于自己的证据，并取得律师的帮助为其辩护。英国《权利法案》第 10 条规定：“不应要求过多的保释金，亦不应强课过分之罚款，更不应滥施残酷非常之刑罚。”第八修正案实际上逐字重复了这句话。

美国《权利法案》规定了具体权利，但这并不意味着英国普通法是多余的。美国立法没有规定的内容，都可以参考英国普通法。例如，第七修正案没有规定民事案件中陪审员的人数。在 1973 年科尔格罗夫诉巴廷案①中， 107

① 413 US 149.

最高法院裁决，民事案件中的六人陪审团符合英国早期实践，是合法的。

界定具体权利的一个不利之处在于，有人可能会想当然地认为其他潜在权利是无效的。然而第九修正案消除了这个疑虑，其规定："本宪法对某些权利的列举不得被解释为否定或轻视人民保有的其他权利。"

在成文宪法中载入人权会产生心理上的影响，修改这些权利会遇到阻力，无论是有益的修改还是无益的修改。在英国国会，简单多数就可以通过修正案。这导致美国法和英国法在实践中存在广泛的分歧。比如说英格兰已经取消了反对双重审判规则。民事案件中陪审团审判的权利也被有效否定（尽管法院可以在一些诽谤案件中要求陪审团审判）。英国的沉默权已经被削减，如果被告在逮捕后或审判中没有回答问题，那么就可以作出对他不利的推断。

1791 年 12 月，《美国宪法》的前 10 条修正案被批准。罗杰 · 谢尔曼在康涅狄格州批准《权利法案》的过程中发挥了作用，他于 1793 年去世。詹姆斯 · 麦迪逊后来成为美国第四任总统。

第十四章　国家地位：亚历山大·汉密尔顿

在同代人中，亚历山大·汉密尔顿是草根逆袭的典范，但是他又瞬间从天堂掉落。[①] 15 岁时，汉密尔顿还是一个身无分文的私生子，住在丹麦所属的加勒比海圣克洛伊岛；在 20 年的时间里，汉密尔顿成为美国第一位财政部长；大约 15 年后，他在一次与政治对手不必要的决斗中丧生。在美国革命时期，他一直是一位旁观者；与他的革命者同仁不同，他对于任何一个政府都没有强烈的忠诚感，也没有公开表现出宗教信仰。1780 年 1 月 8 日，他在给朋友约翰·劳伦斯的信中写道，"我是这个国家的局外人。我没有财产，没有亲戚。如果我有天赋和正直的品性……在这个文明的时代，它们恰恰被认为是虚名"。[②] 或许正是这种独立性使他能够洞察到美国的所需。他本质上是一位实用主义者。经验告诉他，如果美国想要繁荣和被国际社会认可，由国家银行支持的强大 108

① 有大量关于汉密尔顿的传记。JE Cooke，*Alexander Hamilton*（New York，Charles Scribner's Sons，1983）是关于汉密尔顿生平的简史，包含了大量重要信息和学术评论；F McDonald，*Alexander Hamilton*（New York，WW Norton & Co，1979），其篇幅更长，但认识敏锐；R Chernow，*Alexander Hamilton*（New York，Penguin Books Ltd，2004），这是长篇传记，穷尽了汉密尔顿一生各个方面的事迹。

② H Syrett（ed），*Papers of Alexander Hamilton*（New York，Columbia University Press，1962）255；an online version is found on the Founding Fathers website（founders. archives. gov）.

中央政府是必要的，这使他被反联邦主义者团体视为异类。他还认为，英国依然是可恶的敌人，但是相比革命的法国，英国在经济上和文化上都是美国天生的伙伴。对于同时代人而言，他是制造分裂的人——在他一生中，他总是偏执地提出不受欢迎的观点。他是奴隶制的特别反对者。1779 年 3 月 14 日，他致信约翰·杰伊（来自纽约州，后来成为美国首任首席大法官）：

> 我们的教育告诉我们歧视黑人，这使我们幻想一些在理性上或在实践中都不成立的事情，我们不愿舍弃这种有价值的财产，我们找了上千个理由去表明，放弃奴隶制不切实际、会带
> 109 来致命危害，因此需要黑人作出牺牲。①

亚历山大的母亲是英法混血的后裔，在加勒比海的圣基茨岛遇到了苏格兰领主的小儿子詹姆斯·汉密尔顿。② 他们的儿子亚历山大实际上出生在尼维斯殖民地附近的查尔斯敦。面对家暴的丈夫，亚历山大的母亲从圣克鲁瓦逃到这里，但是她依然与那个人保持着婚姻关系，因此亚历山大是非法子女。找不到他的出生记录，具体日期不确定，他认为是在 1757 年，但一些文件显示是 1755 年。③ 本书是基于 1755 年的说法。1765 年，亚历山大和他的父母搬到了圣克鲁瓦，现在属于英国的维京群岛。詹姆斯赚大钱的打算落空了，不久之后，他抛弃了他的家庭。亚历山大的母亲开了一家店铺，把从纽约进口的物品供应给圣克鲁瓦的居民，但是 1768 年她因病去世。她的姐夫成为亚历山大的监护人，但是两年后他自杀了。

到目前为止，好运还没有光顾过亚历山大，但是他要时来运转了。纽约的一家荷兰公司曾经供应他母亲的货物，该公司名为比克曼和克鲁格

---

① Syrett above n 2, Vol 2, 1779-81, 17 et seq; From Alexander Hamilton to John Jay, [14 March 1779], *Founders Online*, National Archives.

② Chernow above n 1, 8 et seq.

③ ibid.

（后来的科特赖特和克鲁格）。他们刚刚在圣克鲁瓦建立了一个分支机构，由老板的儿子尼古拉斯·克鲁格经营。1769 年，亚历山大获得了一份工作，担任尼古拉斯的助理。[1] 起初，他并不喜欢这份工作——1769 年 11 月，他写道，“助理工作的卑躬屈膝令我无法忍受，这是命运对我的惩罚，我心甘情愿，尽管不符合我的个性，但却提高了我的地位……我希望来一场战争”。[2] 然而没有战争，亚历山大开始享受阅读的乐趣。1771 年，尼古拉斯·克鲁格生病，他回到了纽约，让亚历山大负责业务，亚历山大的工作非常有效。1772 年 8 月 31 日，一场飓风袭击了圣克鲁瓦，造成巨大损害，亚历山大记录了这件事，发表在《丹麦王室美洲公报》上。人们惊讶于他的少年老成，一群当地商人建立了一个基金，由科特赖特和克鲁格管理，让亚历山大在美洲接受教育。他在圣克鲁瓦遇到的一位牧师推荐他去新泽西的伊丽莎白长老会学院，他在那里学习了六个月。他随后申请加入新泽西学院，他询问校长威瑟斯庞博士，能否根据他的能力加快教育进度。[3] 他的要求被拒绝，因此他去了纽约，在英国国教和保皇党人的大本营国王学院（后来的哥伦比亚大学）注册入学。在那里他开始学习法律，阅读柯克和布莱克斯通的作品。国王学院附近的地方被称为菲尔兹，那里已成为爱国者的集会场所，1774 年 7 月 6 日，他也加入集会，表达了支持爱国者的理由。[4]
1776 年，当战斗在莱克星顿和康科德打响时，他加入了纽约民兵。[5] 然 110
而他崇尚国王学院迈尔斯·库珀的保皇主义原则，当一群爱国暴徒袭击国王学院之时，他在海湾拦住了他们，发表了一个振奋人心的演讲，让库珀从后面逃走。看到战争迫近，他研究了炮术。为了保卫纽约，大陆

---

① ibid, 30 et seq.

② Syrett above n 2, Vol 1, 1768 – 78, 4 et seq; From Alexander Hamilton to Edward Stevens, 11 November 1769, *Founders Online*, National Archives.

③ Chernow above n 1, 51.

④ ibid, 55.

⑤ ibid, 62.

会议授权组建一个炮兵连，1776 年 3 月 14 日，汉密尔顿作为炮兵上尉加入了这个连队。当英军离开波士顿去袭击纽约之时，这个炮兵连参与的战斗未能成功保卫布鲁克林高地，在白原市战败，随后英国占领纽约达七年之久。[①] 然而在 1777 年初，他的连队与华盛顿一起越过了特拉华河，偷袭了英军在特伦顿的分支，俘虏了大量英军。汉密尔顿给华盛顿留下了深刻印象，华盛顿邀请汉密尔顿成为他的六名副官之一，汉密尔顿从 1777 年 3 月 11 日开始担任这个职位。[②] 尽管汉密尔顿证明了自己的价值，但是他却不喜欢副官的工作，而他要求担任指挥职位被拒，因为华盛顿认为他不可或缺，他要求外交职位也被拒，因为大陆会议不了解他。最终，华盛顿同意让汉密尔顿指挥三个营，在约克镇战役中，汉密尔顿立了大功。[③]

汉密尔顿的军事经验使他认为，联合政府将会是一团糟。军事补给没有稳定而充足的来源，因为补给主要依赖于各州的出资，而缺乏协调机制。1780 年 9 月 3 日，他致信纽约一位年长的同事（来自爱尔兰的律师詹姆斯·杜安），信中陈述了他对于政府的观点，表明《邦联条例》既不适用于战争时期，也不适用于和平时期，需要一部新宪法。目前的根本问题在于大陆会议缺少权威：

> 自由精神的泛滥使得个别州对于没有掌握全部权力而表示出戒备之心；这使得它们运用了大陆会议推荐的最后手段——裁判权，根据它们自己对于正当性和必要性的理解而采取行动。[④]

大陆会议应该明确自己被赋予了全部权力，负责保护共和免受伤害。

---

① ibid, 72.

② ibid, 84.

③ Cooke above n 1, 29.

④ Syrett above n 2, Vol 2 1779 – 81, 400 et seq; From Alexander Hamilton to James Duane, [3 September 1780], *Founders Online*, National Archives.

“假如补给是所有事情的中心……那么有四个方面必须联合起来——外国贷款、惩罚性征税、实物税以及基于公共和私人信贷而建立的银行。”[①]

他的下一个议程是结婚。前大陆军少将菲利普·斯凯勒通过联姻与来自荷属纽约殖民地的美国国父建立了关系。1779 年秋，斯凯勒造访费城。他的女儿们陪他看望了住在莫里斯顿附近的亲戚，在那里他们遇到
了汉密尔顿。汉密尔顿向斯凯勒的小女儿伊丽莎白求婚。尽管汉密尔顿 111
没有金钱和地位，但是菲利普同意了这桩婚事，并成为汉密尔顿的最大支持者之一。婚礼于 1780 年 12 月 14 日举行。汉密尔顿夫妇共生育了八个孩子。虽然伊丽莎白不像阿比盖尔·亚当斯那样优秀，但她依然成为丈夫的坚定支持者。在汉密尔顿临终前，他把她描述为最好的女人，最贤惠的妻子。

随着战争的结束，汉密尔顿回到纽约。要想加入纽约律师协会，通常需要给执业律师做三年学徒。1782 年 1 月，对于曾经学习过法律但为了参加革命军而放弃学习的人，大陆会议暂停了这一要求。由于曾在国王学院短期学习法律，汉密尔顿申请豁免这一要求并获得批准，只需学习三个月即可。他被批准延期学习三个月。詹姆斯·杜安让他使用自己可观的藏书。尽管汉密尔顿阅读了关于自然法的哲学著作，但是他很快发现，美洲法院采用的英国普通法依赖于程序，尤其是根据特别令状提起的诉讼。为了帮助学习，他撰写了指南，把程序概括为处理、合并诉讼、裁判、执行、上诉、审判地。指南总计 4 万字，在 1790 年出版，成为纽约律师的标准指南。[②] 按照英国模式，纽约律师被分为出庭律师和事务律师，汉密尔顿于 1782 年 7 月 1 日获得出庭律师资格，在同年的 10 月 26 日，他参加了位于奥尔巴尼的纽约最高法院的诉讼。

一获得资格，汉密尔顿很快就建立了坚实的基础。一位叫作丘奇的

---

① ibid.

② See McDonald above n 1, 52.

英国商人曾经资助过革命军，他特别对汉密尔顿进行了介绍。① 自革命战争以来，美国国内对依然忠于英国的人有着强烈的反感。纽约议会通过了一系列针对保皇派的歧视性法案，这在 1793 年 9 月《侵占法案》中达到高潮，该法案规定，在英国后方留下财产而逃跑的爱国者，可以起诉任何占有、损害或破坏该财产的人。1784 年 1 月，汉密尔顿发表了
112 一封信，攻击这种歧视性立法，主张宽容对待保皇派。② 不久后，他就被介绍到纽约市法院为一起侵占诉讼进行辩护。③ 拉特格斯先生在纽约市拥有一家啤酒厂，但是当英军侵入时，他逃跑了。英国在纽约的军粮总监占领了这家啤酒厂，供军队使用，然后把它出租给两个英国商人。英国商人向军粮总监支付了两年租金，但不久根据英军总司令的命令，啤酒厂交给了当地教区委员会用于帮助穷人。随着英军撤离，拉特格斯要求支付赔偿金 8000 英镑以补偿啤酒厂被占用期间的损失。他随后去世，他的遗孀针对英国商人的代理人，一位叫作詹姆斯·沃丁顿的纽约商人要求赔偿。纽约《侵占法案》禁止根据军事命令使英国占领期间的行为正当化。然而汉密尔顿为英军的授权进行辩护。此外，当《侵占法案》通过之时，邦联政府已经与英国政府达成了和平协议，规定对于因战争造成的损失或伤害，当事双方可相互放弃权利主张。该协议由邦联政府批准。

汉密尔顿为自己使用方便撰写了大量摘要（不是为了服务于法院），这些摘要得到保存，展现了他的主张。④ 他主张，《邦联条例》和 1777 年批准的《纽约宪法》都是合众国法律的基础，而英国法依然停留在 1775 年 4 月 19 日。此外，万民法或自然法是英国法的因素，这还包括

---

① ibid, 62.

② Syrett above n 2, Vol 3, 1782-86 483 et seq; ‘A Letter from Phocion to the Considerate Citizens of New York’ [1-27 January 1784] *Founders Online*, National Archives.

③ 对这个案件的记录参见 J Goebel (ed), *The Law Practice of Alexander Hamilton: Documents and Commentary* (New York, Columbia University Press, 1964) Vol I 236。

④ ibid, 340.

战争法，允许占有征服的领土，使用战败者的财产。《侵占法案》的通过与战争法相悖，因此是无效的，该法案还违反了《巴黎条约》。这些主张得到大量文献的支持，如荷兰学者雨果·格劳秀斯，他在17世纪初依托自然法界定了战争法。汉密尔顿还阅读了大量哲学著作，尤其是埃梅里希·瓦特尔的《万国公法或自然法原则》，这本书他肯定在杜安的图书馆见过。上述案件在纽约市法院由市长、市特委法官和五名市参事审理。幸运的是，市长就是詹姆斯·杜安。[1] 杜安在他判决推理的开篇表示“我们很高兴看到这位年轻的绅士到法庭应诉，从活跃的且光荣的军旅生涯走向杰出的公共演说家”。法院承认，战争法是英国普通法的要素，也转化为美国法。尽管纽约议会拥有不受控制地通过立法的权力，但是自然法或战争法只能根据明令条文予以排除，《侵占法案》不包含这种条文。汉密尔顿谈及和平条约的主张没有得到支持，因为杜安认为该条约是针对公法法案而非私法法案。基于这些事实，拉特格斯夫人有权就军粮总监批准占用期间的损害主张赔偿，因为军粮总监没有充 113
分的权力去占用敌方财产；但是英国商人根据总司令命令向教区委员会支付租金期间的损失，拉特格斯夫人无权主张赔偿，因为总司令拥有这个权力。尽管汉密尔顿把他的论证视作原则性的，但是这次辩论提高了他的执业声望，他受雇为44个类似的案件进行辩护。[2]

在判决开头，杜安市长对于在相对低的司法层级决定重要的原则问题上表达了谦抑的态度。他的这种想法进一步强化，认为该案应该上诉到更高层级的法院。这实际上没有发生；尽管拉特格斯夫人提起上诉，但是800英镑赔偿金使她达成和解，没有继续上诉。法官可以推翻违反宪法的国家法令和州法令，这个观念被称为司法审查原则（比英国法中的含义更为宽泛）。汉密尔顿将在1788年界定这个原则，他写道，“宣

---

① 关于判决参见 Goebel above n 19，402。

② Chernow above n 1，199；they are set out in Goebel above n 19.

布所有违背宪法要旨的法案无效”，这是法院的职责。① 毫无疑问，立法机构可以判断自己的权力，而法院的设计旨在成为人民与立法机构之间的调停者，为了把后者限制在指定的限度内。“宪法是根本法，它要由法官进行解释。”拉特格斯案判决没有赋予地方法院解释宪法的权威，但是汉密尔顿关于司法审查的观点最终被最高法院采纳。②

1787 年，汉密尔顿被选为纽约代表参加大陆会议，讨论修改《邦联条例》。纽约的克林顿州长强烈反对增加中央政府的权力。纽约不是指一个城市，而是指纽约州，其人口主要由小农构成；小农们把大政府视作支持商业利益而非农业利益，他们构成克林顿州长坚定的选民基础，他们要确保另两位代表符合他们的观点。制宪会议召开一月有余，汉密尔顿都没有发言，这是由于他相对年轻（32 岁），不愿多言，还由于他意识到纽约代表中的多数人都不同意他的观点。然而他将要在制宪会议上发言，虽然这会使他被孤立。③ 他倡议强大的中央政府，包括一个强大的行政部门，该倡议借鉴了世界上最好的英国宪法——“整合公
114 共力量与个人安全的唯一一部宪法”。英格兰国王终身任职，不易腐败，因此汉密尔顿建议，尽管下院应该选举，但是总统和参议员应该终身任职。他提出许多详细的建议，但是无论这些建议的含义如何，它们都不可避免地被他的听众视作君主论观点。这或许解释了为何不久之后汉密尔顿离开了制宪会议，尽管他又回归了一段时间，但是他在后来的协商中没有发挥什么作用，也没有签署宪法。

1787 年 9 月 17 日，国会批准了新宪法草案。当月 27 日，《纽约日

---

① Federalist Papers no 78 28 May 1788; Syrett above n 2, Vol IV, January 1787 – May 1788, 655 et seq; The Federalist No 78 [28 May 1778], *Founders Online*, National Archives.

② Below Ch 15.

③ Amongst the accounts of his speech are his original notes, Syrett above n 2, Vol IV January 1787 – May 1788, 178 – 87; Alexander Hamilton's Notes [18 June 1787], *Founders Online*, National Archives; and also Madison's account in his journal, Syrett above n 2, Vol IV January 1787–May 1788, 187–95; James Madison's Version [18 June 1787] *Founders Online*, National Archives.

报》发表了一篇以卡托为笔名的文章（实际的作者或许是克林顿），强烈攻击宪法条款（卡托是西塞罗的朋友，是尤利乌斯·凯撒及其帝国野心的反对者）。接下来的几周，发表了多篇类似的文章。在这一时期，汉密尔顿参加了奥尔巴尼纽约最高法院的秋季开庭期。[①] 在卡托信件发表的一个月后，《纽约独立日报》出现了一篇回应文章，笔名为普布利乌斯（普布利乌斯·瓦勒里乌斯是罗马共和国的创立者，昵称为爱民者，是人民的朋友）。该文作者是汉密尔顿；他在制宪会议中的行为道明了新草案的内容，而卡托的信则指责他是新草案的卫道士。汉密尔顿表明，经过认真思考，“我观点明确，批准新草案最符合你们的利益”。他试图在更高的层面上展开讨论——重要的问题是“人类社会是否能够建立良好的政府”。“每个州中都有某个阶层的人抵制所有的变革，因为这些变革有可能损害他们在州政府中任职的权力、薪水和地位。”[②] 汉密尔顿反对这些人。这是著名的《联邦党人文集》系列信件的第一篇。他找到同道参加这项工程——第一位是约翰·杰伊，其是一位杰出的律师、纽约革命的领导者，不久后成为合众国第一任首席大法官，他撰写了第二篇至第五篇，但是之后生病了，因而退出该项目。随后，汉密尔顿劝说詹姆斯·麦迪逊参与撰文，在制宪会议结束后麦迪逊还待在纽约。他们三人都是以笔名普布利乌斯撰文——从 1787 年 10 月到 1798 年 5 月的 77 封信发表在不同的纽约报刊上，后来于 1808 年出版时，共收集了 85 篇。汉密尔顿撰写了其中的三分之二以上，麦迪逊大约写了三分之一。这些信成为对《美国宪法》的著名阐释。尤其著名的是，1787 年 11 月 20 日至 24 日发表的第八篇至第十一篇。在 11 月 21 日发表的第

---

① See Introductory Note: The Federalist [27 October 1787–28 May 1788] Syrett above n 2, Vol Ⅳ January 1787–May 1788, 287–301.

② Syrett above n 2, Vol IV January 1787–May 1788, 301–06; Chernow above n 1 deals with the *Federalist Papers* in Ch 1.

九篇中,① 汉密尔顿写道，坚定的联盟将是各州的和平与自由的最重要
115 保证，是防止国内分裂的屏障。在第十篇中，麦迪逊参与论战，强化了这一主题，主张孟德斯鸠也支持“这样一种宪法，具备所有共和政体的内部优势，以及君主制政府的外部力量……这是一个联合的共和国”。普布利乌斯的一系列信把常备军和联邦海军视作保护联盟防止外部军事威胁的保证，赋予合众国在国际政治和贸易中的权威，然而卡托的信猛烈抨击常备军的存在。普布利乌斯认为，“一个有力的全国政府……将挫败所有限制我们发展的欧洲国家联合”。② 国家军队应该具备击退侵略的足够规模，但又不足以导致暴政。③

《联邦党人文集》中的观点没有偏离 1788 年 6 月 17 日波基普西集会中众人的观点，波基普西是在纽约市和州首府奥尔巴尼之间新建的城市，纽约州在那里讨论了宪法批准问题；起初有 46 名代表反对批准宪法，19 人支持，汉密尔顿是少数派中的突出者。为了达成妥协，双方把问题集中于是否可以附条件批准。然而会议的拖延不利于多数派。在纽约州代表开会之时，已经有八个州批准了宪法，当新罕布什尔于 6 月 21 日成为第九个批准宪法的州时，宪法生效了。7 月 23 日，波基普西会议无条件批准了宪法，但是他们相信他们提出的修正案会及时得到考虑——其中包括《权利法案》草案。汉密尔顿在《联邦党人文集》第 84 篇中反对这种法案——之前英格兰的《权利法案》是为了规制曾摧毁具体权利的君主；美国人民没有被如此剥夺过权利，他们保有所有自然自由。④ 不过汉密尔顿输掉了这场论战。

1780 年，汉密尔顿致信詹姆斯·杜安，勾勒了他关于组织新政府的

---

① Syrett above n 2, Vol Ⅳ January 1787-May 1788, 333-39; The Federalist No 9 [21 November 1787], *Founders Online*, National Archives.

② The Federalist No 11 [24 November 1787]; Syrett above n 2, Vol Ⅳ January 1787-May 1788, 339-46.

③ The Federalist No 8 [20 November 1787]; ibid, 326-33.

④ The Federalist No 84 [28 May 1788]; ibid, 702-14.

观点，汉密尔顿建议让曾经组织过政府金融机构的纽约的古弗尼尔·莫
里斯①担任州财政部长，认为他是理想的人选。1789 年 4 月 30 日，乔治
·华盛顿宣誓成为总统，建立了国务部（处理外交事务）和陆军部，
1789 年 9 月 2 日又建立了财政部。尽管比照欧洲标准这个部的规模很
小，但已经是三个部中最大的一个。国务部有 4 名职员，陆军部有 3
名，而财政部有 30 名，还有包含各种征税官的巨大网络。② 汉密尔顿本
来以为自己的国家政治生涯已经结束，但是在 9 月 11 日，华盛顿任命
他为财政部长。9 月 21 日，众议院要求他准备一份报告，详细说明公共 116
财政。除了自己的商业经验之外，汉密尔顿已经学习了瓦特尔《万国公
法》第一卷第十章，该章节论述了如何管理金钱、交易和商业。他还熟
悉亚当·斯密的《国富论》。③ 他最终提交给国会的三份报告非常高妙。

到汉密尔顿被任命之时，由于在《邦联条例》下中央政府缺少权威，已经形成了财政暗箱。④ 为了支持革命战争，引发了巨额债务，在国内外，政府都不断违约。政府的巨额外债超过 1100 万美元，除了政府对个人的债务之外，还有 2500 万美元州债务。土地和美元价值下降迅速——政府不得不印更多的货币。汉密尔顿的《关于公共信贷支持方案的第一篇报告》发表于 1790 年 1 月 14 日。⑤ 该报告在开头表明“公共事务的每一次违约，不管是故意违约还是被迫违约，都在不同程度上伤害了公共信用”。比较各种措施之后，他提出，州债务应该由联邦政府承担。这一点引发争议，首先，一些州即使有债务也很少，而另一些州则债务沉重——债务很少的州感觉受到歧视。此外，政府给予许多参

---

① Gouverneur 作为名字含义是“小男孩”，而不是指一种职位。

② On this see Cooke above n 1, Ch Seven.

③ Generally see *Introductory Note*: *Second Report on the Further Provision Necessary for Establishing Public Credit* (*Report on a National Bank*) 13 December 1790, Syrett above n 2, Vol Ⅶ September 1970-January 1791, 236-56.

④ See Cooke above n 1.

⑤ Syrett above n 2, Vol Ⅵ December 1789-August 1790, 65-110.

战州借款凭证，各州把这些借款凭证低价出售。汉密尔顿建议，凭证持有者可以票面价值获得补偿，许多人认为这对之前的持有者不公平。汉密尔顿还提议设立偿债基金以应对突发事件。麦迪逊发动了对这些建议的强烈反对。然而，同时还发生了关于国家首都选址的争议；包括麦迪逊在内的南方利益相关者迫切希望首都建在波托马克河畔。刚从巴黎回国的杰斐逊鉴于自己的欧洲经历，看到了公债的重要性，于是安排与麦迪逊和汉密尔顿共进晚餐。据说在这次晚餐中达成了一个协议——以承担州债务交换在波托马克建立首都。不管 1790 年 7 月发生了什么（对历史没有什么影响），债务承担和首都选址法案最终都在国会通过，就是今天大家看到的结果。

1790 年 12 月 13 日，汉密尔顿向国会进一步提出建立公债的建议，包括政府债务由对蒸馏酒的征税支付，同日，汉密尔顿还提出了关于国
117 家银行必要性的书面报告。[①] 此时，美国有三家银行——汉密尔顿曾经参与创建的纽约银行、坐落于费城的北美银行和马萨诸塞银行。汉密尔顿对银行的研究使他羡慕英格兰银行在资助政府中的作用，他详细论述了在美国建立这种国家银行的好处。他分析了如何通过向投资者发行股票来支持国家银行，使其能够出借超过货币储备或金银储备的资金。国家银行应该有一个董事会，包括一名董事长。这个银行应有资本总额 1000 万美元。政府将认购价值 200 万美元的股票，其余 800 万美元将开放给公众认购。农业游说团体把这个建议视作促进商业团体利益的手段，把拟议的法案描绘为联邦政府贬损州权的努力，因为当时各州可以批准成立自己的银行。然而，在 1790 年之后，出现了金融繁荣，汉密尔顿借机申请了个人贷款。到 1791 年 2 月中旬，创建国家银行的议案获得两院通过。

然而在国会讨论过程中，该法案的合法性曾受到挑战，华盛顿在打

---

① *Final Version of the Second Report on the Further Provision Necessary for Establishing Public Credit* (*Report on a National Bank*) 13 December 1790, Syrett above n 2, Vol Ⅶ 305-42; generally on this see McDonald above n 1, 190 et seq and Cooke above n 1, Ch Ⅷ.

算签署法案之前，就这样一部法案是否合宪征求了司法部长埃德蒙·兰道夫和杰斐逊的意见。他们都认为，宪法限制批准成立银行的特别权力，因此这部法案违宪。华盛顿把二人的意见交给了汉密尔顿，后者提出了反驳——如果宪法定位了目标，那么实现目标的任何手段都是隐含其中的；宪法规定，国会有权制定所有必要且恰当的法律。

> 如果目的明确属于国会的具体权力，如果手段明显与目的相关，且不被具体的宪法规定所禁止，那么就可以安全地认为它属于国家权力的范畴。[①]

华盛顿被这个主张说服——行政部门有权规制贸易、征税、为国家提供防卫，这些使该法案具有正当性，因此华盛顿在 1791 年 2 月 25 日签署了该法案。汉密尔顿对宪法进行目的论解释，这种方法被最高法院在麦卡洛克诉马里兰案中所使用。[②]

汉密尔顿还看到，合众国需要更宽泛的经济基础。在革命前，美洲曾经供应英国原材料，作为回报，美洲获得英国制造的物品。1790 年 1 月，国会要求汉密尔顿提供一篇文章，论述如何鼓励美国的制造业。[③]这是他缺少经验的领域，直到 1791 年 12 月，他才交出了报告。[④] 他赞 118
美混合经济相比于农业主导经济的种种好处。他的观点是，不成熟的制造业需要保护。他提议，对进口的制造品征收适当的保护性关税，对国内制造业必需的原材料撤销关税。他还提议政府改善国内交通。他看到，制造业的增长导致农场和工厂之间、北方和南方之间的合作，但是他的建议没有得到农业游说团体的响应，没能在国会通过，农业游说团体把他的建议视为中央政府的又一次侵略。然而他创办了制造业促进会

---

① Syrett above n 2, *Final Version of an Opinion on the Constitutionality of an Act to Establish a Bank* 23 February 1791, Vol VIII 97–134 at 107.

② 17 US 316 (1819); see below, ch 15.

③ Cooke above n 1, 98 et seq.

④ *Alexander Hamilton's Final Version of the Report on the Subject of Manufactures* 5 December 1791, Syrett above n 2, Vol X December 1791–January 1792 230 et seq.

（Society for Establishing Useful Manufactures），该协会发行了价值 100 万美元的股票。1791 年 11 月，新泽西授予其特许状。不幸的是，1792 年春的金融恐慌造成许多投资者赔钱。汉密尔顿在薄弱的基础上推进他的目标，然而直到 19 世纪末，保护主义运动才复兴了他的观点。

鉴于所有这些主张，汉密尔顿与杰斐逊之间的敌意日益加深。杰斐逊指控汉密尔顿在颠覆美国民主——他的财政方案将制造富裕的商人阶层，这是一种新形式的贵族制，总统就是事实上的君主。1792 年夏，双方以笔名展开了笔战。杰斐逊甚至致信华盛顿，称汉密尔顿犯有渎职罪。华盛顿试图平息他的两位主要内阁成员之间的敌意，但是没有效果。1793 年 1 月 23 日，杰斐逊向国会提出一个方案，控诉汉密尔顿违规处理公债。汉密尔顿提出了详细的抗辩，国会否决了杰斐逊的方案。二人都偏离了职务范围，干涉对方的政策，尤其是杰斐逊支持法国革命政府成为美国的联盟，而汉密尔顿认为英国依旧是美国的主要贸易伙伴，应该成为盟国。从 1792 年起，法国革命政府与其他欧洲国家交恶，后者赢得了英国的支持。华盛顿宣布中立，这导致杰斐逊于 1793 年 12 月 31 日辞职。汉密尔顿感到，联盟要建立在经济安全的基础上，与英国保持一段和平时期是必要的，根据他的建议，他在撰写《联邦党人文集》时的老盟友约翰·杰伊被派往伦敦，解决 1783 年条约引发的问题。最终的条约被称为杰伊条约，于 1795 年被批准。反联邦主义者感到这个条约对英国太宽宏大量了。

像杰斐逊一样，汉密尔顿也厌倦了自己的职务。1795 年 1 月 31 日，他告诉华盛顿，自己打算辞职。亚当斯于 1797 年成为总统，他延续华盛顿的中立政策，但是依然审慎地认为，应该重建军队，以防英国或法国的进攻。他计划募兵 12500 人，为了达到这个目的，他重新任命华盛
119 顿为总司令。这又使汉密尔顿被任命为军队的监察长，具有少将军衔。然而，亚当斯拖延给新军队提供充足的补给，最终随着 1800 年法国结束与美国的敌对，这支新军才被解散。在 1800 年大选中，杰斐逊和亚

伦·伯尔获得了同样的选举团票，都多于亚当斯。这意味着，国会必须在伯尔和杰斐逊之间确定总统人选；汉密尔顿促成国会选择杰斐逊，因为他更恨伯尔。

在纽约时，亚伦·伯尔长期是汉密尔顿的政敌。除了反对伯尔、支持杰斐逊担任总统之外，汉密尔顿还使伯尔在选举纽约州州长中失利。不久后，《奥尔巴尼纪事报》发表了一篇文章，指控汉密尔顿曾经在一次晚餐中贬损伯尔，伯尔要求汉密尔顿收回那些话。汉密尔顿表示拒绝，因为他不记得说过那些话。伯尔要求决斗，汉密尔顿轻率地接受了。决斗发生在 1804 年 3 月 1 日，汉密尔顿被杀，终年不满 50 岁。

无疑，汉密尔顿性格怪异；他实际上不适合从事政治。他的不友善以及缺乏政界人脉削弱了他的成就。然而，在他成为财政部长之前，美国实际上依然是个邦联；他的贡献体现在宪法和经济两个方面，使美国成为一个国家。

第十五章　巩固联邦：约翰·马歇尔

120　1801 年，约翰·马歇尔被任命为合众国最高法院首席大法官，他担任这一职位达 35 年之久。在界定最高法院的司法管辖权和宪法的适用范围方面，他发挥了诸多作用。他出生于 1755 年，是家里的长子，他来自弗吉尼亚东北部被称为北内克的相对不发达地区。托马斯·杰斐逊在 12 年前也出生在这里，他们二人的父亲都受雇于费尔法克斯勋爵，担任测量员，负责绘制勋爵大量未开发领地的地图。[1] 二人父亲的父系都起源于威尔士，而母系都是大种植园主兰道夫的远房表亲。二人的父亲都是自学成才，但是热衷于让儿子受到更好的教育。1772 年，当布莱克斯通的《英格兰法释义》在美洲出版后，托马斯·马歇尔成为第一批认购者之一。[2] 当杰斐逊一家从山区搬去水域，托马斯在西部开发前沿的德国镇建了一座木屋，他后来又搬到了蓝岭山脉的边缘山麓，之后一直待在阿巴拉契亚山脉的谢南多厄河谷。[3] 托马斯·马歇尔逐渐物质富足，但是无法与杰斐逊一家相比。作为男孩，约翰·马歇尔在家学习，

---

① 关于马歇尔的详细传记，参见 JE Smith，*John Marshall*：*Definer of a Nation*（New York，Henry Holt and Co，1996）；for early history of the Jeffersons，see above ch 11。

② Smith ibid，75.

③ 关于弗吉尼亚东北部的背景，参见 Smith above n 1，41。

在他父亲建造的书房中阅读，但更为关键的是，他获准进入格林纳威法庭的费尔法克斯勋爵图书馆。① 他阅读李维和贺拉斯等古典作家的作品，还有莎士比亚、弥尔顿和蒲柏等英国作家的作品。杰斐逊与马歇尔的一个共同点是对自然神论的兴趣。②

1775 年 7 月，弗吉尼亚民众大会授权组建两个常备军营和 16 个民兵营——时刻准备参战的后备军人。年仅 20 岁的马歇尔加入了强大的卡尔佩珀民兵营，并很快成为少尉指挥官。③ 卡尔佩珀民兵看上去像一群野兽——他们的黄旗上有一条蜷曲的蛇的形象，上书“不得踩我”字样；他们穿着鹿皮裤子，在帽子上有公鹿尾巴，他们的腰带上别着战斧和尖刀。没有人怀疑他们冲锋陷阵的经验。当英军在弗吉尼亚的诺福克 121
被击退时，他们参与了战斗。不久后，支持革命的法国人拉法叶侯爵获得华盛顿的许可，组织了一支精英部队；该部队挑选精力充沛、枪法精准的人（早期的特种部队，或许是第一支特种部队）。马歇尔入选，在这支部队服役五年。

1780 年初，约翰加入了他父亲在约克镇指挥的炮兵部队，但是当时没有什么军事行动，他开始在该城从事社交活动。他在那里还遇到了 14 岁的玛丽·安布勒。玛丽 16 岁的时候，约翰向她求婚，但是遭到拒绝。约翰跑开了，但是玛丽让她的堂兄拿着她的一绺头发追上约翰。约翰回来了，把他的头发与她的缠在一起，他们订婚了；玛丽把头发放到了一个小盒子里，直到她去世后，约翰仍然保留着头发。玛丽出身于胡格诺教派的重要家庭，但是家道中落。与杰斐逊不同，结婚时约翰没有什么钱。婚礼于 1783 年 1 月 3 日举行。

约翰与玛丽第一次约会后不久，他就加入了威廉与玛丽学院乔治·威思组织的一系列讲座，讲座介绍了孟德斯鸠的《论法的精神》，倡导

---

① For Lord Fairfax see above ch 11.

② Smith above n 1, 36, 406.

③ Smith above n 1, 45.

司法部门应该成为政府的独立部门。7 月末，约翰申请加入弗吉尼亚律师协会，1780 年 8 月 28 日，他获得承认。在较早之前，托马斯·杰斐逊的律师执业就取得了成功，尤其是在弗吉尼亚的西部，而约翰在 1774 年才决定投身于政治，他把这个消息传递给了亲戚埃德蒙·兰道夫。1780 年，兰道夫允许年轻的马歇尔使用他办公室的一个房间，1786 年，埃德蒙顺其自然地成为弗吉尼亚州州长，其律所转交给了马歇尔。马歇尔拓展了业务范围，订立遗嘱、代理土地权属争议以及刑事辩护。尤其是他代理了费尔法克斯家族的案件：弗吉尼亚政府声称查理二世授予费尔法克斯家族的所有权无效，于是把该土地授予他人。马歇尔根据洛克的观点主张，人们拥有财产权是固有的权利，优先于政府主张的任何权利。

1782 年，马歇尔进入政界，成为弗吉尼亚参议院议员。与汉密尔顿一样，马歇尔的政治观点受到他军事经历的影响。在后来的《自传概要》中，他写道：

> 我很大程度上受益于在军队的经历和感受，我随后进入州议会所发表的观点主要源于这些经历，州政治的普遍倾向令我确信，没有高效的、组织良好的政府，就没有安全的、持久的救济。①

立法机构是否可以审查地方法官根据弗吉尼亚议会的法案做出的错
122 误行为，对于这个问题，马歇尔负责宣布了弗吉尼亚理事会的决定，认为弗吉尼亚议会的法案与《邦联条例》矛盾，因而无效。

1787 年秋，当新的美国宪法草案提交各州批准时，弗吉尼亚议会的多数似乎反对批准。马歇尔与他人一道劝说民众大会把批准事项交给州制议会。② 在会上，马歇尔强烈主张无条件批准宪法，认为司法部门是

---

① John Marshall, *An Autobiographical Sketch* JS Adams（ed）（Ann Arbor, University of Michigan Press, 1937）10.

② Smith above n 1, 139.

宪法的保卫者，没有其他部门更适合担任这个角色。如果立法机构“根据未经列举的权力而制定法律，那么法官就可以认定这种行为违反了宪法……法官可以宣布这样的立法无效”。①

显然，批准投票很胶着，但最终以 89∶79 票无条件批准，不过附加了一个建议，即根据《弗吉尼亚自由宪章》的形式进行修改。

这以后，马歇尔专注于从事法律工作，搬到了州首府里士满，为他人丁兴旺的家庭建造了大量房屋——此时他和玛丽已经有了 10 个孩子，其中六人已成年。他称妻子为他的“安慰”，尽管由于玛丽不喜欢离开里士满而导致他们经常分离。② 马歇尔拒绝了担任国家众议院代表候选人的邀请，还拒绝了弗吉尼亚的合众国检察总长职位。③ 他全心全意地投入自己的法律工作，很快成为弗吉尼亚律界领袖。他接受了来自亚当斯总统的邀请，成为 1797 年代表美国与新的法兰西共和国政府进行谈判的三名公使之一；然而谈判以失败告终，因为他们拒绝给予法国外交部长塔列朗好处。④ 马歇尔的立场提升了他的公众名望。他最终被华盛顿说服，成为国会众议院候选人并且当选，于 1799 年 12 月就职；但他抵制亚当斯提供的最高法院职位。⑤ 在国会里，他成为总统的坚定支持者，秉持中道的联邦主义路径，1800 年 6 月，亚当斯任命他为国务卿。1800 年秋，亚当斯在总统大选中落败，但是他还没有离职，此时最高法院首席大法官奥利弗·埃尔斯沃思辞职；亚当斯于是有了任命继任者的机会。⑥ 众所周知，下届政府将由杰斐逊领导，而杰斐逊是反联邦主义者，亚当斯想要确保下任最高法院首席大法官是联邦主义者；马歇尔曾

---

① HA Johnson (ed), *Papers of John Marshall* (Chapel Hill NC, University of North Carolina Press, 2006) Vol I at 277.

② ibid, 75.

③ Smith above n 1, 144.

④ 这就是著名的“XYZ 事件”。

⑤ 关于他的这段时期，参见 Smith above n 1, ch 9。

⑥ ibid, 282.

经明确表达过支持强大的中央政府的观点，因此亚当斯任命了马歇尔。
123 这显然是一种政治任命——因为马歇尔没有司法经验。

此时，美国政府已经搬到了华盛顿的新家。[1] 首都比乡村还要人烟稀少；那里没有最高法院的办公场所，于是在新建的国会大厦（模仿罗马共和国的建筑）开辟了一间会议室。1801 年 2 月，马歇尔宣誓就职，他的同事穿着英式红袍，而他则穿着弗吉尼亚上诉法院法官的黑色长袍。迄今为止，最高法院还没有什么成就。在成立后的 18 个月里，它还没有作出过判决；从 1790 年到 1800 年，首席大法官还经常兼任外交职务，他们只宣布了 63 份法律意见。新的首席大法官就任之时正值最高法院的开庭期，他说服所有大法官住在同一家旅馆，这样他们就可以在法庭之外的时间里讨论案件，他还说服他们尽可能地达成一致意见。

自就职以来，马歇尔就把英国普通法视作美国的法源。他经常引用布莱克斯通的话，还参考柯克爵士和曼斯菲尔德伯爵的判决。他采用了英国对于附带意见（obiter dicta）的界定，它既不同于具有约束力的司法声明（judicial statements），也不同于不具有约束力的有效指引（valuable guides）。司法声明是对于案件事实的裁定；而有效指引尽管与判决相关，但不必据此得出结论。在科恩兄弟诉弗吉尼亚案中，马歇尔在法院意见中表示：

> 每个法院意见的表述都应该结合案件本身，这是不应忽视的准则。超越了案件的法院意见可以被尊重，但是对之后案件的判决不具有控制力，每个观点的提出都应指向判决。[2]

然而，在马歇尔提交的一些法院意见中，他对于宪法含义的宽泛解释与事实裁定有所偏离。有人怀疑，事实裁定是可能招致反对的宽泛解

---

① ibid et seq.

② 1821（6 Wheaton）19 US 264 at 399；关于最高法院判决意见的早期报告由私人记录者记录，如 Wheaton，这些报告已并入官方报告，但页码与原始报告相同。

释的挡箭牌。因为胜诉方不得质疑事实裁定！

然而，在英国法理学和美国法理学之间还有一个重大区别。英国没有成文宪法——他们的宪法是一些书面文件的融合，如《大宪章》、《权利法案》、法院判决和良好的实践。“根据英国宪法理论，他们的国会至高无上。”① 司法部门不能宣布国会的法案无效。而在美国，宪法至高无上。马歇尔认为，政府的任何一个部门都不能违反宪法，最高法院的司法角色就是确保立法部门和行政部门不会超越职权。“制定成文 124
宪法的人认为他们是在制定国家的根本的、最高的法律；在这种政府理论下，与宪法相矛盾的议会法案是无效的。”② 此外，州法院法官也受宪法约束。

> 这表明，宪法是本国的最高法，每个州的法官都应受宪法约束；而不是服从每个州的宪法。尽管全国政府的权力是有限的，但相对于各州具有至高性。③

这些论述反映了鲜明的联邦主义观念，实际上，马歇尔认为《联邦党人文集》本身就具有权威性。④

> 联邦主义者的意见一直被认为具有极大的权威性。这是对我们的宪法的完整释义……其中两位作者参与了宪法制定，这使他们有权力解释宪法背后蕴含的观点。⑤

这个观点有点儿片面：亚历山大·汉密尔顿撰写了《联邦党人文集》的大部分文章，但是他在宪法起草中没有发挥什么直接作用。马歇尔的观点并不体现在其鸿篇巨制中，而体现在几十年来的只言片语中，这也是他受到较少批评的原因吧。对于主持一个法院长达 35 年之久的

---

① *Trustees of Dartmouth College v Woodward* 1819（4 Wheaton）17 US 518 at 643.

② *Marbury v Madison* 1803（1 Cranch）5 US 137.

③ *Cohens* above n 16 at 381.

④ See above.

⑤ *Cohens* above n 16 at 418.

人，很难简短地总结他的全部成就。下文是对一些重要案件中马歇尔发布的最高法院意见的简要回顾，涉及美国宪法问题。

政府三个部门之间的宪法关系问题在马歇尔法院的一个早期案件中得以呈现。1803 年 2 月，在影响深远的马伯里诉麦迪逊案中，① 最高法院声称其具有在某些情况下监督政府其他部门行为的权力。当联邦首都地点确定之后，弗吉尼亚州和马里兰州向全国政府让与了土地，用于建造华盛顿市，该市不属于任何州——被称为哥伦比亚特区，哥伦比亚是对北美的诗意描述，直属国会管理。1801 年《哥伦比亚特区法案》对此进行了规定，该法案还额外赋予美国总统任命华盛顿市长和特区两个法院的治安法官的权力。在亚当斯总统任期结束的前夜，他任命了大批华盛顿的治安法官，包括马伯里。他们被称为“午夜法官”，主要属于
125 联邦主义的支持者。亚当斯签署了治安法官的委任状，国务卿（负责掌管美国国印）加盖印章，但是这些委任状没有发给法官们，实际上当麦迪逊继任国务卿之时这些委任状依旧放在国务卿的桌子上。这批任命毫无疑问属于政治任命，麦迪逊打算保持现状。马伯里向最高法院申请强制执行令，要求麦迪逊发给他委任状。强制执行令是一种由英格兰王座法院签署的令状，用于命令没有履行职责的下级法官和行政官员，要求收到这种令状的人作出回复。美国法院采纳了这个程序。麦迪逊没有回应该令状，也无人在法院反对他，相反法院试图考虑提出有利于他的说法。

最高法院认为，委任状签署盖章后，任命治安法官的事情就完成了，送达委任状并非必要行为。马伯里有权获得他的委任状。根据布莱克斯通的言论，马歇尔主张，“公民自由的本质在于每个人在受到伤害时可以主张法律保护的权利”。② 只要行政部门长官可以根据政治裁量采取行动，法院就可以干涉，“只要法律指定了具体的义务，且个人权

① Above n 18.

② Above n 18, 162.

利依赖于这种义务的履行，那么显而易见的是，认为自己受到伤害的个人就有权利诉诸国家的法律”。① 提名和任命是政治行为；一旦发生，行政裁量就结束了，法院可以命令行政部门送达委任状。原则上，最高法院认为其有权在非政治活动中监督行政部门。这就是众所周知的司法审查原则的内容——最高法院有权根据宪法禁止立法或行政行为。然而马伯里依旧没有获得他的委任状；最高法院支持麦迪逊，因为根据程序，马伯里不能从最高法院获得强制执行令。最高法院拥有上诉管辖权和有限的初审管辖权；强制执行令只能由初审管辖法院签发，最高法院的管辖范围不包括授予这种令状。最高法院本可以只针对这个简单的问题作出判决，而不用考虑宽泛的宪法问题，但是马歇尔急于确立最高法院相对于行政部门的权威。尽管这项权利被主张，但马歇尔无疑担心，根据宪法最高法院无权向总统发布命令。于是最高法院基于法理作出对麦迪逊有利的判决，同时使行政部门无法在程序上挑战其宪法判决。 126

在科恩兄弟诉弗吉尼亚案中，最高法院在马歇尔的领导下声称其拥有裁决个人与州政府之间争议的权力，尽管它又一次基于事实作出了有利于相关州政府的判决。② 1804 年，联邦法案授权华盛顿市，为了改善入不敷出的财政状况，可以发行彩票。于是设立了一只这样的彩票，科恩兄弟在弗吉尼亚的诺福克进行销售，但弗吉尼亚立法禁止销售彩票。州政府向科恩兄弟签发了刑事检举书，在诺福克县季审法庭，科恩兄弟主张国会法案授权设立彩票的规定高于州立法。但法院作出了不利于他们的裁决，他们最终上诉到最高法院。在事实层面，最高法院裁定，1804 年，国会法案只是考虑在哥伦比亚特区发行彩票，并肯定了诺福克法院的裁决，然而 1804 年法案没有限制销售彩票的区域。③ 在作出这个

① ibid, 166.

② *Cohens* above n 16.

③ ibid, 375.

裁决之前，最高法院裁定它拥有管辖权听审个人与州政府之间发生的案件：

> 美国各州和美国人民相信，一个紧密、坚固的联盟对于他们的自由和幸福而言至关重要。经验告诉他们，没有一个整体的政府，这个联盟将不复存在；经验还告诉他们，除非把属于独立的州政府的大部分主权赋予这个整体政府，否则这个政府将是一个使所有人失望的幽灵[1]……宪法表明，它是本国的最高法，每个州的法官都应该受它约束；每个州的宪法或法律都不得与它违背[2]……这是一部为未来的时代而制定的宪法，旨在实现人类机构所能达到的不朽。其进程不可能一直波澜不惊……一定会有我们始料未及的情况；历史将会证明，各州的自信是如此盲目，各州的法庭、它们通过法律对联邦的抵制、立法举措、[3] 各州宪法与法律，只要与合众国的宪法和法律相矛盾，应绝对无效。[4]

尽管在上述两个案件中，最高法院对于事实进行了窄化解释，但是一般而言，马歇尔法院对于宪法采用目的论解释。在麦卡洛克诉马里兰案[5]中，国会法案设立了合众国国家银行。[6] 该银行在马里兰州设立了分支机构，马里兰州通过立法对该机构征税。分支机构的经理麦卡洛克
127 质疑马里兰州对联邦政府机构征税的权力。马里兰州总检察长根据宪法对于国家权力进行了正面攻击——宪法并非源自人民，而是源自各州，各州依然保留主权。由马歇尔发布的判决意见坚决地否定了这种观点。尽管制定宪法的制宪会议来源于各州，但是宪法批准是由各州

---

① ibid, 380.

② ibid, 381.

③ ibid, 387.

④ ibid, 414.

⑤ 1819 (4 Wheaton), 17 US 316.

⑥ Above ch 14.

人民选择的会议决定的。宪法本身表明，它以人民的名义颁布实施。合众国政府行使宪法授予的有限权力；政府没有设立银行的特别权力，但是宪法也没有排除这项附带的或隐含的权力。① 政府拥有征税、规制贸易、征募和维持陆军与海军的特别权力。为了行使这些被赋予的特别权力，宪法授予政府通过必要且恰当的法律的权力。必要意味着便利或有益。

> 只要目的合法，只要在宪法的范围之内，所有恰当的、明确符合目的的、不被禁止的、与宪法的字面含义和精神一致的手段都是合宪的。②

州政府无权通过征税或其他手段延缓、妨碍、打扰或监督国会实施宪法。马里兰议会通过的法案意图对国家银行进行征税，这是违宪的、无效的。③

在达特茅斯学院诉伍德沃德案中，联盟各州的立法权也受到了限制。④ 1754 年，惠洛克牧师部分出资创建了达特茅斯学院，作为教导美洲土著印第安人信仰基督教的慈善学校。为此设立了自我延续的信托委员会，惠洛克博士向乔治三世国王申请特许状，把该学校作为慈善团体。当地的土地所有者贡献了新罕布什尔西部的土地，并提供了资金支持；因此该学校属于私人财产。该学校的教育对象后来扩大到了信仰基督教的英国后裔。1816 年，信托人解聘了当时的校长。新罕布什尔政府对此不悦，希望进行改革，使该学院在该州发挥更广泛的作用。新罕布什尔议会在当年 6 月通过了一部法案，增加了受托人数量，并任命他们为州参议员。该法案还创设了一个监督委员会（包括新罕布什尔州的主要官员），负责监督受托人的重要行为。受托人随后提起诉讼，要求州 128

① *McCullough* above n 31, 406.

② ibid, 413.

③ ibid, 436.

④ Above n 17.

政府返还档案、法人印章和学院的其他财产，但是新罕布什尔最高法院否定了他们的诉求。这个案件上诉到最高法院。

最高法院裁定，乔治三世授予的特许状创设了一个私人公司。公司是永久服务于个人目标的便利工具；个人可以追求私人目的，而不用成为公职人员，公司也是如此。特许状没有授予新罕布什尔政府政治权力，而是建立了一个私人机构，拥有与政府无关的目标而获取财产的能力。

> 当时没有一位大学创建者认为：组建社团的法案反而不能保障机构的安全，组建社团就意味着成为一个公共机构，其资金要受到管制，不能根据捐赠人的意志，而是根据立法机构的意志使用资金。①

根据特许状组建社团的行为就是在捐赠人与学院之间订立的有效契约，《美国宪法》第 1 条第 10 款表明，州议会不得损害、削弱或取缔契约。新罕布什尔议会的法案违反了宪法，因此无效。

尽管马歇尔的论述基于强大的中央政府的必要性，但是他意识到对于批准宪法存在某种程度的反对，因此准备在恰当的时候限制其效力。这体现在了巴伦诉巴尔的摩市长和市议会案中。② 巴伦在巴尔的摩的河边拥有一个深水码头，他在那里开展码头业务。巴尔的摩市下令分流水道，这导致淤泥阻塞，码头无法正常使用。巴伦要求损害赔偿，根据宪法第五修正案，非有恰当补偿，不得将私有财产充作公用。马歇尔宣读了法院判决意见：

> 鉴于我们的历史，确立美国宪法的伟大革命如果没有强烈的反对，就不可能实现。爱国的政治家们看到了我们国家的利益，国家权力对于联盟而言至关重要，但人们严重担忧国家权

① ibid, 647.

② 1833 (7 Peters) 32 US 243.

> 力的行使会危及自由。在批准宪法的每一个会议中，都建议添加防止权力滥用的修正案。这些修正案要求防止全国政府的侵权——而不防止地方政府的侵权。①

最高法院裁决，第五修正案约束中央政府的权力，而不是州政府的权力。各州通过自己的《权利法案》或《自由法案》限制自己政府的权力，其公民必须依赖这些法案。 129

在土著美洲人方面，对宪法的严格解释似乎很少采用现代的眼光。在约翰逊诉迈金托什案中，原告主张伊利诺伊和印第安民族授予他土地的权利。② 最高法院裁决，合众国法院没有认可该授权的资格。印第安民族可以合法地占有土地，可以占有他人的土地，但他们对于土地没有完整的主权。所有欧洲国家都承认下述原则：发现行为赋予了政府以自己名义行事的资格，这创设了真正的主权。在切诺基族诉佐治亚案中，切诺基人试图限制佐治亚州政府对他们土地的强占，主张土地主权。③最高法院裁决，尽管宪法赋予其审理联邦各州与外国政府之间争议的权力，但切诺基族不是外国政府，它是一个独立的民族：

> 他们占有的领土独立于他们的意志，当他们的占有权停止，我们对这些土地所有权的主张就开始生效。同时，他们处于未开化状态。合众国之于他们类似于监护人。④

马歇尔对于宪法的观点不可避免地与杰斐逊相冲突。在最初的“蜜月期”之后，二人彼此表现出强烈的敌意。⑤ 他们不同的背景足以导致敌对，尤其是革命战争期间马歇尔的军旅生涯和杰斐逊文职经历的区别。此外，华盛顿是马歇尔的英雄，在 1805 年到 1808 年，马歇尔写了

---

① ibid, 250.

② 1823 (8 Wheaton) 21 US 543.

③ 1831 (5 Peters) 30 US 1.

④ ibid, 17.

⑤ Smith above n 1, 11.

五卷本前总统传记。而杰斐逊公开批评华盛顿。马歇尔开始认为杰斐逊完全不诚实。1820 年，杰斐逊在给《里士满问讯报》编辑的信中表露了对于马歇尔的看法，他写道，最高法院的大法官们“认为自己终生无虞”：

> 可以逃避责任……他们秘密作出判决意见，或许只是一个人的意见，却以全体一致的面貌呈现，在一位狡猾的首席大法官的领导下，他们或者慵懒地保持沉默，或者顺服地表示合作，任凭首席大法官曲解法律。①

这种敌对由于对亚伦·伯尔的审判而强化。② 在杰斐逊的第一个任期，伯尔曾经担任副总统，但是他在决斗中杀死亚历山大·汉密尔顿之后，③ 他的政治生涯似乎终止了。1805 年，他来到位于俄亥俄和路易斯
130 安那的西部领土。无人清楚他的真实意图，但是他组建了一支 80 人的武装队伍，根据他的说法，是为了防备与西班牙开战。杰斐逊逐渐确信了他意图叛国，于是签发了逮捕令。1807 年，伯尔因叛国罪在里士满接受审判，马歇尔担任初审法官。杰斐逊试图在幕后主导审判，但是证据很薄弱。杰斐逊的盟友威尔金森将军制造了一封信，意在表明伯尔的叛国意图，尽管他声称原件丢失了，这是副本，但是最终证明这封信是将军伪造的。遵循早期英国法的思路，《美国宪法》第 3 条第 3 款要求，无论何人，如非经由两个证人证明他公然的叛国行为，均不得被判叛国罪。马歇尔裁决证据不足，陪审团裁决无罪释放伯尔。杰斐逊非常愤怒，谈到要弹劾马歇尔。

与杰斐逊一样，对于奴隶制问题，马歇尔也自相矛盾。他拥有奴隶

---

① ‘Letter to Thomas Ritchie Dec 25, 1820’ *Works of Thomas Jefferson* (ed) PL Ford (New York and London, GP Putnam's Sons, 1905) 175-78.

② RK Newmyer, *The Treason Trial of Aaron Burr: Law, Politics, and the Character Wars of the New Nation* (Cambridge, Cambridge University Press, 2012).

③ Above ch 14.

（没有杰斐逊的奴隶数量多），但是他在去世前，允许他的奴隶获得自由。在他的法官任期，在羚羊号案中，他认为奴隶贸易不是奴隶制的条件。[1] 案件事实有些复杂。羚羊号在佛罗里达海岸被一艘缉私船发现，带到位于佐治亚的萨凡纳的港口。其船长和水手都是美国公民，但是船只的所有者是住在哈瓦那的西班牙人；船上载有 160 名左右的非洲人。似乎该船曾经被捕获，后又被释放，船上的奴隶在不同的时间来自不同的地方。他们最初的目的地是葡萄牙人统治下的巴西。船长声称对于在战争中得到的奴隶拥有所有权。西班牙和葡萄牙的副领事都声称部分奴隶属于他们的国民，然而葡萄牙领事并没有说哪个葡萄牙人拥有这些奴隶。合众国政府代表奴隶主张，他们运自外国，违反了美国的法律，根据自然法，他们有资格获得自由。关于奴隶制的合法性，在发布最高法院的判决意见时，马歇尔区分了自然法和国际法：

> 违背自然法的法律现实中很少被否定。每个人对于自己的劳动成果拥有自然权利，这一准则通常被接受。根据这一准则可以推论出，其他人不得剥夺这些成果，违背劳动者的意志进行占用。但是在很早的时候，存在战争，战争赋予胜利者对战利品的权利。在古代最文明的国家中，胜利者可以奴役被征服者。这是所有国家的惯例，不能认为其违背了国际法……欧洲和美洲都这样做，在将近两个世纪的时间里，这一惯例的实施没有遭到反对和审查。法官不能认为，根据这一惯例从事的行
> 为是非法的。[2] 131

关于事实，西班牙人证明他们拥有船上的部分奴隶，应该归还给他们；其余奴隶的所有者无法证明，应该交给美国政府，根据美国法律进行处理。另外，在博伊斯诉安德森案中，奴隶在一起汽船事故中丧生，

---

① 1825（10 Wheaton）23 US 66.

② ibid, at 120.

汽船所有者的责任取决于这些奴隶是货物还是人。[①] 马歇尔发布了法院的判决意见，认为“奴隶拥有意志、感情，不能完全被无视……就事情的性质和奴隶的特征而言，奴隶类似于乘客，而不是一包货物”。他的一般态度是憎恶奴隶制，但是反对立刻取消奴隶制，因为这是不可行的；他倾向于让奴隶制逐渐消亡。[②]

马歇尔一直任首席大法官一职，直到 1835 年去世，享年 79 岁。如他所愿，他与妻子合葬，普通的墓碑简单记录了他的出生日期、结婚日期和去世日期。他参与的法院意见展示了他对法律的理解，无论民意是否认同；如果他的意见被批评为死抠法律条文，他会认为这是对他的赞扬。最终，他的主要功绩在于根据宪法确立，甚至可以说是创造了一个与行政和立法部门平起平坐的最高法院。

---

① 1829（2 Peters）27 US 150.

② Smith above n 1, 458-59.

第十六章　废除奴隶制：亚伯拉罕·林肯

亚伯拉罕·林肯是另一位出生在小木屋中的政治家。他于1809年2月12日出生在肯塔基的辛金·斯普林农场，那是一片贫瘠之地。① 他的家族在17世纪30年代从英格兰的诺福克来到弗吉尼亚定居。② 用现代的眼光来看，他的家人属于失败者，他们逐渐向西迁移。在亚伯拉罕出生时，他们已经到了白人定居地的西部前沿，那里的生活很艰辛。夏天蚊虫横行，冬天狂风暴雪，白人定居者与土著美洲人经常发生冲突。一次冲突中，亚伯拉罕的祖父在位于肯塔基边界的自家农场中被杀。后来，林肯一家向北迁移到伊利诺伊，1822年，亚伯拉罕加入民兵，抵抗黑鹰酋长的侵犯，后者试图取回之前已经转移给定居者的土地。 132

亚伯拉罕的父亲托马斯很早就成了孤儿，他没有什么财产，向政府按揭了土地，最终亚伯拉罕替他还清了债务。托马斯不重视儿子的教育，如果他发现儿子在读书还会进行惩罚；父亲让亚伯拉罕承担沉重的开荒和耕

---

① 林肯的传记包括 M Burlingame, *Abraham Lincoln: A Life* (Baltimore MD, John Hopkins University Press, 2008)，非常详尽；DH Donald, *Lincoln* (New York, Touchstone, 1996)；简史参见 JM McPherson, *Abraham Lincoln* (New York, Oxford University Press, 2009)。

② 关于林肯的早期生活，参见 Burlingame ibid, 1-70 and McPherson ibid, 1-6。

种。这个年轻人个子很高，身体强壮，他花费大量时间劈开树枝，做成围栏，和父亲一起打猎。在西部，儿子在 21 岁之前把所得上交父亲是一个惯例。亚伯拉罕也这样做，但是他非常厌恶这种做法；在离家之后，他和父亲再也没有联系，甚至在父亲去世前都拒绝去探望。后来他声称，他在年轻时经历的奴役影响了他对于奴隶制的观点——“我希望每个人都拥有机会，我相信黑人也有资格获得机会，去改善自己的状况。”①

林肯的家族是浸信会教友，这个宗教团体因友善对待黑人而知名，他们把黑人视作平等的人类，欢迎黑人加入他们的教会。家族的宗教信仰是否影响了亚伯拉罕很难说，因为他本人没有参与过有组织的宗教，
133 也反对前卫的卡尔文主义。后来庇护过亚伯拉罕的律师约翰·斯图尔特把他描述为近似于无神论的无信仰者，他不承认耶稣是上帝的儿子。②在 1846 年大选期间，亚伯拉罕被攻击为宗教怀疑论者，他对此很慎重，表示尽管自己不曾是有组织的教会成员，但是他从未否认圣经的真实性。他很早就开始明确反对奴隶制，1828 年，那年他 19 岁，离开家与一位朋友一起用平底船运输农产品，经俄亥俄和密西西比河前往新奥尔良。在途中，他们遇到了一些从国外买来的人——“十来个奴隶用铁链子拴着，这个景象持续折磨着我。”林肯写道。③

在亚伯拉罕 7 岁时，全家从肯塔基北上迁移到印第安纳，在那里，他们以大量小农庄为生，在他 21 岁时，他们家来到了伊利诺伊。这些迁移并非毫无意义，肯塔基是一个蓄奴州，而印第安纳和伊利诺伊不是。早期殖民者把阿巴拉契亚山脉视作他们土地的自然边界。山脉另一边的区域被称为西北领地（North West Territories），根据 1783 年和平条约，由大不列颠割让给美国。该地区从北部的大湖区延伸到北纬 50 度，

---

① RP Basler（ed），*Collected Works of Abraham Lincoln*（New Brunswick NJ，Rutgers University Press，1953）IV 24-25. 亚伯拉罕·林肯协会（The Abraham Lincoln Association）把资料放在了网上，http：//quod. lib. umich. edu/l/lincoln/。

② Burlingame above n 1，250.

③ McPherson above n 1；Basler above n 3，II 97.

包含俄亥俄河谷，主要居住着美洲土著部落。1787 年，国会通过《西
北条例》（North West Ordinance），规定该地区应作为领地管理，直到有 134
足够的定居者形成一个州，被正当地认可。该条例禁止在该地区实行奴隶制。处于弗吉尼亚西部的肯塔基不属于这个地区，肯塔基于 1792 年获得州的地位，成为一个蓄奴州。印第安纳和伊利诺伊属于这个地区。印第安纳于 1816 年获得州的地位，伊利诺伊于 1818 年获得州的地位，它们的宪法都禁止奴隶制。

1830 年，亚伯拉罕离家来到伊利诺伊的新塞勒姆，他尝试以各种工作谋生，包括邮政局局长、测量员，还合伙开了一家杂货店。由于合伙人的行为，杂货店经营失败，但是亚伯拉罕还清了所有债务。或许就是从这时起，他有了“诚实的亚伯”的名声；他从未丢掉肯塔基口音和一些粗话——作为总统，他经常说“ain’t”，而不是“isn’t”。他讲述朴素的故事。这种地道的美国人形象无疑有助于他后来的选举。在新塞勒姆，他遇到了一位治安法官，名为格林尼，后者几乎成为他的父亲；亚伯拉罕陪同格林尼开庭，并被鼓励学习法律。他还遇到了一位名叫约翰·斯图尔特的律师，后者借给他法律书籍，并最终让他成为斯普林菲尔德律所的合伙人。1836 年 9 月 9 日，亚伯拉罕获得伊利诺伊律师资格。① 从此以后，他一直作为律师执业，直到成为总统。起初，他的律所是一家小的计时服务律所，处理当地的纠纷，类似于他在伊利诺伊第八巡回法庭解决的案子。后来在 19 世纪 50 年代，随着西部扩张，铁路来到了这里。从 1850 年到 1860 年，伊利诺伊的土地价格翻了一倍，而芝加哥的土地价格翻了三倍。铁路诉讼案和商业案件的增加使他成为真正的律师。他还出现在诽谤案件中，尤其是与指控通奸或乱伦相关的案件，还处理离婚案件，偶尔处理刑事犯罪；作为初审和上诉审的律师，他赢得了良好的声誉。②

---

① Burlingame above n 1, 87.

② ibid, 315 et seq.

1842年11月4日，亚伯拉罕与玛丽·托德成婚；他们有四个儿子。虽然亚伯拉罕经常向妻子征求关于政治问题的意见，但是在性格上他们很不合。玛丽对亚伯拉罕的期望比亚伯拉罕对自己的期望更高，作为曾经的议员、后来的总统妻子，玛丽总是急于以牺牲他人为代价来维护自己的尊严。

约翰·斯图尔特是伊利诺伊州众议院的辉格党领袖，林肯在政治上受他的影响。当时，他们的政敌民主党倾向于政府尽可能少地进行管制。林肯在《政府片论》中表明了辉格党的观点："政府的合法目标是解人民之所需，但仅限于人民自己不能为或做不好之事。"[①] 从1834年到1842年，他代表辉格党的利益成为伊利诺伊州众议院议员，但是他发现
135 无法得到他所期望的政治晋升，于是又辞职回到了斯普林菲尔德律所。

1854年国会通过的《堪萨斯/内布拉斯加法案》使奴隶制向西部扩张，这刺激了林肯回归政治。该法案通过后引发的政治冲突最终导致内战；争论不是集中于已经存在的废除奴隶制言论，而是关注奴隶制的进一步扩张。内战的直接原因很复杂。西北领地的西部大片区域是属于路易斯安那的，该区域起初由法国统治。1803年，美国政府从拿破仑政府手中购买了该区域。[②] 1819年，在路易斯安那东端的密苏里领地申请成为联邦的一个州，并可以实行奴隶制。这引发了激烈的争论，最后根据所谓的1820年《密苏里妥协案》解决了争议——该联邦法令禁止在北纬36度36分以北的路易斯安那领地实行奴隶制，但是允许在密苏里领地实行奴隶制。此后在南方诸州的压力下，允许其带着奴隶制向西扩张。1848年，美国在扩张战争中击败了墨西哥，根据和平协议，大片土地割让给了胜利者。1850年2月，后来在内战期间成为南方邦联政府总统的杰斐逊·戴维斯在国会发言表示，南方各州的白人和黑人数量都在增长，而他们耕种的土地变得越来越贫瘠。他主张，奴隶们适合在新墨

---

① Basler above n 3, Vol II 220.

② Above ch 11.

西哥、得克萨斯以及西部新发现的金银矿区这些炎热的地方工作。① 因而应该允许向这些新领地扩散奴隶制。

南方人建立了一个不牢固的联盟。斯蒂芬·道格拉斯是芝加哥律师，是代表伊利诺伊州的民主党参议员。他不是奴隶主；他热爱大众的民主政府，在这样的政府中，各州人民自行决定事务、发展商业。当时关于建设第一条横贯大陆的铁路的建议悬而未决；南方人想要一条南部的线路；道格拉斯希望这条铁路从芝加哥向西延伸，横穿路易斯安那领地。来自南方的参议员支持北部线路，作为交换，他们希望道格拉斯支持奴隶制向西扩张。道格拉斯确保了 1854 年《堪萨斯/内布拉斯加法案》的通过，在路易斯安那的中心地带创设了两个巨大的新领地，当这两个领地成为州之后，可以自由决定是否实行奴隶制。这违背了《西北条例》的精神，突破了《密苏里妥协案》。

该法案的通过撕裂了辉格党和民主党。林肯认为需要一个新的政治结盟，以阻止奴隶制的扩张，1854 年 7 月 6 日，他参加了新共和党大会，大会提出了一个反奴隶制的候选人名单，参加全国选举。在此之 136
后，林肯发表了 175 场演讲，反对奴隶制的扩张。②

1854 年 10 月 16 日，林肯在芝加哥东南部的皮奥里亚发表了著名的演讲。③ 他描述了个人对于奴隶制的不公正的憎恶之情。

> 我憎恶这个制度，因为它使我们的国家在世界上产生了不良影响——自由制度的敌人嘲讽我们的伪善，自由制度的朋友质疑我们的真诚，尤其严重的是，它迫使许多好人向公民自由的基本原则宣战——批评《独立宣言》，坚称这部宣言没有正确的行动原则，只有自利。④

---

① C Eaton, *Jefferson Davis* (New York, Free Press, 1977) 72.

② McPherson above n 1, 15.

③ Basler above n 3, Vol II 248 et seq.

④ ibid, 255.

他准备承认，南方各州并非奴隶制的始作俑者，很难设计出令人满意的方法废除现存的奴隶制——不可能使奴隶获得政治上或社会上的平等。

> 尽管如此，我认为没有理由允许奴隶制进入我们的自由领地，就像通过法律恢复非洲奴隶贸易一样。禁止从非洲带来奴隶的法律，与长期以来禁止把奴隶带到内布拉斯加的法律，在道德层面难分伯仲。①

奴隶制在美国的扩张与南方各州已经默许的废除奴隶贸易的规定相冲突。

林肯的核心观点是，《独立宣言》与奴隶制之间存在矛盾。

> 政府的正当权力来自受治者的同意。现在的主奴关系……完全违背了这一原则。主人不仅未经同意而统治奴隶，而且把己所不欲的规则施于奴隶……不要说在白人与黑人之间建立政治上的和社会上的平等……我现在只想抗议不要把他们带到他们从未去过的地方。②

接下来，他补充道：

> 大约八年前，我们开始宣布所有人生而平等，但是迄今为止，我们走向了另一面，一些人奴役他人成为“自治政府的神圣权利”。这些原则不能共存。③

然而，林肯分清主次：“尽管我憎恶奴隶制，但是我将同意扩张奴
137 隶制，而不愿看到联盟解体。”

1858 年 6 月 16 日，林肯被任命为伊利诺伊州的国会参议员候选人，去参加当年秋季举行的选举。在接受任命的演讲中，他说道：

---

① ibid，256.
② ibid，266.
③ ibid，275.

> 裂开的房子难以长存。我坚信，这个政府不会永远承受这种半是奴隶制、半是自由制的状况。我不希望联邦解体，我希望结束分歧。这是非此即彼的事情。①

裂开的房子的说法呼应了圣马可记录的基督福音；② 这会得到听众的共鸣，但却削弱了严肃性。它预示着要为正当的目标而斗争，尽管林肯实际上并不认为南方会让步。根据许多记录，南方人也认为林肯不是会妥协的人。与林肯针锋相对的民主党候选人正是参议员斯蒂芬·道格拉斯。在接近选举的这段时期里，两位候选人在伊利诺伊的七个不同地点举行了公开辩论。分歧非常明显。道格拉斯问道："为什么半是奴隶制半是自由制的国家不能按照国父们的设计一直存续？"林肯回应道：

> 国父们没有令这个国家半是奴隶制、半是自由制，或者一半是奴隶、一半是自由人。我坚持认为，国父们确认了已有的奴隶制。他们没有创设奴隶制，他们只是保持现状，因为他们知道当时无法清除奴隶制。③

尽管辩论发生在伊利诺伊，但是获得了全国的关注。当选举来临，尽管林肯在直接投票中险胜，但是道格拉斯在州议会中取得决定性的胜利，成为代表伊利诺伊的参议员。人们的注意力此时转向了 1860 年将要举行的总统大选。共和党倾向于提名纽约律师威廉·苏厄德，而此时林肯作为可能的副总统候选人开始出现在媒体中。谣言四起：如果共和党候选人当选总统，蓄奴州将退出联邦。林肯收到邀请，将于 1860 年 2 月 27 日在纽约的库珀大厦面向青年共和党联盟组织的大量听众发表演讲。他的演讲开头详细考量了签署《美国宪法》的人的观点，他认为其中大多数人支持国会控制奴隶制的扩散。他接下来直截了当地告诉南方诸州：

---

① Basler above n 3, Vol II 461-69.

② Mark 3：25.

③ Sixth Debate with Stephen A Douglas at Quincy, Illinois, Basler above n 3, Vol III 245-83, at 276.

> 你们将会打破联盟，而不是否定你们的宪法权利。这种想
> 法是不计后果的；如果我们依仗人多势众剥夺你们的一些宪法
> 权利，尽管并不十分正当，但也未尝不可。但是我们不会这样
> 138 做。当你们做出这些宣言，你们已经暗示你们拥有把奴隶带到
> 联邦领土的宪法权利，并把奴隶当作财产，但是宪法并没有写
> 明这种权利。[①]

这个演讲具有巨大的公共影响，之后又有人邀请林肯 3 月到康涅狄格的哈特福德和纽黑文进行演讲。1860 年 5 月，共和党在芝加哥召开大会。其他候选人尤其是苏厄德，依旧比林肯更为知名，但是林肯的支持者们使他成为每个正任候选人的第二选择。在第一轮投票中，苏厄德获得的票数差不多是林肯的四倍，但是最终林肯在第三轮投票中获得了提名。在后来的选举中，民主党的选票在北方候选人道格拉斯和南方候选人布雷肯里奇之间分歧严重。结果在 11 月 6 日，林肯获得决定性胜利。12 月 20 日，南卡罗来纳退出联邦。到 1861 年 2 月，佛罗里达、密西西比、亚拉巴马、佐治亚和得克萨斯相继效仿，3 月 11 日通过了美国《南方联盟宪法》，杰斐逊·戴维斯被选为南方联盟总统。吊诡的是，戴维斯支持逐渐解放奴隶，但是对于获得自由的奴隶，他认为应该与他们隔离。[②] 1861 年 3 月 4 日，林肯就职总统，在向全国发表的演讲中，他试图寻求和解。他保证，不会干涉各州现有的奴隶制，将会实施《逃亡奴隶法案》，该法案规定逃亡奴隶应归还主人。他没有在南方各州任命当地居民讨厌的公职人员。然而，他坚持认为，宪法并没有赋予人们退出联邦的权利。他的话被置若罔闻——林肯之前对于奴隶制的明确反对意味着南方不会相信他。

林肯决定联邦不应开始武装敌对行动。在南卡罗来纳州查尔斯顿港

---

① Burlingame above n 1, 582.

② Eaton above n 10, 69.

的外面是萨姆特堡。该堡垒的建造始于 1829 年，当时还没有完工，没有几架大炮正常运转，它被忠于联邦的部队占领。南卡罗来纳州州长命令该部队投降。为了试探南方联盟的态度，林肯通知州长，将给该要塞供应必需品，如果南方不抵制，联邦就不会试图武装驻军。1861 年 4 月 12 日，南方联盟军对该堡垒开火。第二天，该堡垒的驻军投降。内战打响。①

林肯召集了 75000 名民兵。在早期的美国独立战争中，一支小规模的且机动灵活的爱国武装曾经击败了大规模的、装备良好的英国军队；情况此时正好相反。当时，联邦军更强大、装备更好，而南方联盟更为机动灵活。在整个战争中，有 220 万人为联邦而战，62 万人为南方联盟而战。起初，南方联盟在罗伯特·E. 李将军的领导下表现得更好，李 139
回绝了联邦军队提供的司令职位，而支持自己的家乡；1862 年，他就任南方联盟军司令。如同英国人在美国革命战争中一样，林肯深受其将领们的过于谨慎之苦，并没有给己方带来好处。他致信给他的两位将军：

> 我对于这场战争的总体观点是，我们在人数上占优，而敌人在设备上占优，可以在要塞集中兵力：我们注定要失败，除非我们找到能够打败对手的优势，这只能通过在同一时间不同地点用更强的兵力对他们实施威慑而实现。②

直到林肯在 1864 年让尤利塞斯·S. 格兰特负责联邦军队，他才找到了与他战术一致的将领。

随着弗吉尼亚退出联邦，从华盛顿特区到南方的唯一路线要穿过马里兰，那里有许多南方联盟的同情者。1861 年 4 月 27 日，林肯签署命令给温菲尔德·斯科特将军，授权他在公共安全需要的情况下，在费城

① McPherson above n 1, 32-33.

② Basler above n 3, Vol V 98.

和华盛顿的边界线附近暂停使用人身保护令。① 人身保护令是古老的英国令状，由王室签发，要求必须把囚犯带到王座法庭，并说明扣押的正当理由。5 月 25 日，联邦军队逮捕了约翰·梅里曼，理由是他在马里兰州为南方联盟征募、训练和领导一支军队。梅里曼向最高法院首席大法官罗杰·托尼寻求人身保护令，托尼裁决，根据宪法总统无权中止人身保护令。②《美国宪法》第 1 条第 9 款规定了可以中止人身保护令的情况，即在发生叛乱时基于公共安全需要，但是该条款没有表明谁可以中止人身保护令。托尼裁决，由于该条款位于处理立法权力的段落，因而只有国会可以中止人身保护令。随后出现了令人不安的对峙，国会曾多次试图授权中止人身保护令，但林肯担心国会为了逢迎他而放弃原则。代表林肯的言论认为，这条规定起初是在宪法处理司法权的段落，后来由细节委员会移到了第 1 条，主要是考虑风格的问题。此外，宪法制定者们必定知道，中止人身保护令的决定必定是紧急做出的，应该是根据总统作为总司令的权力而做出的，而不是通过国会更为缓慢的制裁程序。直到战争结束，这个问题也没有得到解决，尽管理论上有支持林肯的观点。③

战争的运气不停转换。最初，联邦媒体敦促总统宣布奴隶制非法，
140 但是林肯抑制住了冲动。1862 年，他在几家报纸发表了一封信，表明“在这场战斗中，我的最高目标是挽救联邦，不是保留也不是摧毁奴隶制”。④ 现代武器会造成严重的伤亡；在南北冲突结束时，有超过 60 万人死亡。1862 年 9 月，联邦军和南方联盟军在马里兰的波托马克河的安提塔姆溪遭遇。在激烈的战斗中，南方联盟军死亡 1.4 万人，联邦军死亡 1.2 万人。林肯进一步强化了自己的观点。9 月 22 日，他发布初步宣

---

① JA Dueholm, *Lincoln's Suspension of the Writ of Habeas Corpus*: *An Historical and Constitutional Analysis* (Jo Abraham Lincoln Association XXIX Issue 2 2008) 47-66.

② *Ex parte Merryman* 17 Fed Cas 144.

③ ibid.

④ Basler above n 3, Vol V 388.

言，指出如果叛乱在1863年1月1日之前还没有停止，他将解放南方联盟各州的所有奴隶。叛乱还在持续，在截止日期到来时，林肯签发了行政命令，宣布叛乱各州或部分叛乱的州的所有奴隶永久自由。[①] 这不仅是个原则问题，而且会削弱南方的经济；联邦军开始招募黑人士兵，到战争结束时共招募了20万人。

在内战早期，李主要在南部联盟的领土上战斗，但是在1863年夏，他第一次推进到了北方领土，接近宾夕法尼亚的哈里斯堡；在费城西部的葛底斯堡他遭遇了一支大规模的联邦军。这支联邦军由米德将军率领，他让他的人在高处驻扎。7月1日至3日发生了一场激烈的战斗，双方又一次损失惨重，但最终的结果是李撤退。林肯对于米德没有追击感到愤怒。[②] 当地律师募集资金为战斗中死去的联邦士兵提供墓地，11月18日，林肯来到献身于这片土地的士兵的墓地。一位来自马萨诸塞的著名演说家爱德华·埃弗里特做了主要致辞；《费城每日时代》记录，“很少有人说得这么久，却说得这么少”。[③] 接下来林肯发表了著名的《葛底斯堡演说》，只有272个单词：

> 在87年前，[④] 我们的国父们在这块土地上创建了一个新国家，乃基于对自由的坚信，并致力于所有人皆生而平等的信念。当下吾等被卷入一场伟大的内战，以考验是否此国度，或任何肇基于和奉献于斯者，可永垂不朽。吾等现相逢于此战中一处浩大战场。而吾等将奉献此战场之部分，作为这群交付彼者生命让那国度勉能生存的人们最后安息之处。此乃全然妥切且适当而为吾人应行之举。但，于更大意义之上，吾等无法致力、无法奉上、无法成就此土之圣。这群勇者，无论生死，曾

---

① McPherson above n 1, 46.

② ibid, 39; Burlingame above n 1, 511.

③ Cited Burlingame above n 1, 568; *Philadelphia Daily Age* (21 November 1863).

④ 指《独立宣言》。

> 于斯奋战到底，早已使其神圣，而远超过吾人卑微之力所能增减。这世间不曾丝毫留意，也不长久记得吾等于斯所言，但永不忘怀彼人于此所为。吾等生者，理应当然，献身于此辈鞠躬
> 141 尽瘁之未完大业。吾等在此责无旁贷献身于眼前之伟大使命：自光荣的亡者之处吾人肩起其终极之奉献——吾等在此答应亡者之死当非徒然——此国度，于神佑之下，当享有自由之新生——民有、民治、民享之政府当免予凋零。①

葛底斯堡之战后，内战陷入僵持，速战速决的可能性减小了。敦促和平协商的声音泛起，尤其是在民主党人中间。林肯此时很明确，他不会在联邦统一或废除奴隶制的问题上妥协。② 1864 年 6 月，在共和党大会上，他又一次被提名为总统候选人，他说服大会通过决议，决议要求不与叛乱妥协，并要求修改宪法终止且永久禁止奴隶制。③ 在战与和之间，民主党大会上分歧严重，但值得欣慰的是，他们的候选人乔治·麦克莱伦可能赢得大选。④ 他在 8 月 29 日获得提名。9 月 3 日，一封电报到达华盛顿，电报称谢尔曼将军率领的联邦军已经夺取佐治亚州亚特兰大。不久前，一支联邦舰队击沉了南方联盟的装甲舰田纳西号。战争形势在转变。尽管双方都损失惨重，但是联邦一方有更多的人替代伤亡者。在总统竞选中，许多种族主义者强烈地反对现任总统，但是在 11 月 8 日，林肯赢得了普选，并且在选举团投票中获得压倒性胜利。1865 年 3 月 4 日，林肯宣誓就职，在就职演讲中，他承诺要实现真正的、持久的和平，不会以恶意对待任何人，将会以善意对待所有人。到 4 月 1 日，格兰特将军包围了弗吉尼亚的彼得斯堡，南方联盟军从他们的首都里士满撤退。4 月 9 日，李率领他的弗吉尼亚军投降。五天后，林肯去华

① 关于亚伯拉罕·林肯的演讲和著作，在网上可以找到大量版本。

② Burlingame above n 1, 669–70.

③ ibid, 642.

④ ibid, 681–88.

盛顿的福特剧院观看戏剧；一位年轻的演员名叫约翰·威尔克斯·布斯，他是南方联盟的同情者，他接近了总统的包厢，射中了林肯的后脑；林肯于第二天早晨去世。在接下来的几个月里，其他南方联盟军队相继投降，林肯的继任者安德鲁·约翰逊于1866年8月20日正式宣布叛乱结束。

林肯结束奴隶制的决心与日俱增，这在他去世前终于结出了果实。为了达到这个目的，参议院于1864年4月8日通过了宪法第十三修正案。该修正案在众议院经历了政治斗争，于1865年1月31日获得通过。直到林肯被暗杀后，该修正案才在1865年12月6日获得批准。该修正案规定：

> 在合众国境内或属合众国管辖的任何地方，不准有奴隶制或强制劳役存在，唯用于业经定罪的罪犯作为惩罚者不在此限。 142

随后，关于实施修正案的国会权力问题，发生了宪法冲突。1865年是形成1866年《民权法案》的复杂历史的起点。林肯总统竞选连任时，选择了南方人安德鲁·约翰逊作为副总统，试图治愈战争的伤口。在林肯被暗杀后，约翰逊继任总统，很快他就原形毕露，他是州权的坚定捍卫者，因而抵制中央政府的权力的扩张。《民权法案》最初于1865年呈交给国会，规定所有出生在美国的人（除了不纳税的印第安人之外），无论种族或肤色，都是国家的公民，拥有和白人同样的权利——缔结和履行契约，包括起诉，在法院应诉和做证，继承、租赁、买卖、持有和转让不动产与动产。众议员詹姆斯·威尔逊把该法案提交到了众议院，表明其意图是让各州控制参政权，该法案的意图不是让所有公民成为陪审员或者让所有孩子都上同样的学校。① 鉴于这些条件，国会通过了该法案。然而约翰逊总统认为该法案严重侵犯了州权，两次否决了它。但

---

① Congressional Globe, House of Reprs, 39 Congress, 1st Session 1117.

国会又一次以三分之二多数通过了该法案，它于1866年7月9日成为法律。然而对其合宪性的严重质疑依然存在，反对者主张，根据宪法，国会无权通过这种法案。

与此同时，1866年6月，国会通过了宪法第十四修正案，规定所有合众国公民拥有同等的法律保护。① 此外，它赋予国会通过恰当的立法实施该条款的权力。该修正案直到1868年7月9日才被各州批准，在1866年《民权法案》成为法律之时，第十四修正案尚未生效。

据称国会在1875年行使了颁布恰当的立法的权力，通过了1875年《民权法案》，具体规定：在公共设施和交通工具中平等对待所有公民，严禁限制任何公民担任陪审员。1883年，最高法院合并审理了一系列民权案件。② 最高法院裁决，1875年法案是违宪的，因为宪法没有授权国会规制州政府与个体公民的关系。1896年，在普莱西诉弗格森案中，③ 最高法院裁决，如果交通设施是平等的，那么可以隔离黑人和白人公民，因为隔离是合法的。

实际上，重建时期（Reconstruction Period）④ 展现了多数南方州维
143 持白人至上主义的决心。供应战争所需使北方工业家和商人暴富；⑤ 在战争中，银行存款从1.5亿美元增长到2.4亿美元。机械工程的发展带来大量产品，从缝纫机到收割机；还铺设了许多铁路。胜利者有实力宽宏大量，南方联盟从将军到士兵都被赦免。南方各州放弃了分裂措施，它们很大程度上可以自由地重建，调整它们与自由的黑人的关系。一些地方法典诞生，普遍赋予黑人公民享有财产、起诉或被诉、拥有合法婚

---

① Compare above, ch 13.

② 109 US 3.

③ 163 US 537.

④ 指的是美国历史上1865年到1877年，试图解决南北战争遗留问题的时期。——译者注

⑤ See JH Franklin, *Reconstruction after the Civil War* 3rd edn (Chicago IL, University of Chicago Press, 2013).

姻和后代的权利。同时一些法典规定，只有当一方当事人是黑人时，黑人在法院的证词才可以被接受。黑人在劳动契约终止前违约的权利受到限制。一些州禁止黑人触碰火器和其他武器，禁止拥有酒精饮品。这些问题的解决要等到 150 年后。①

林肯去世后，他的棺椁放在了一辆专门的葬礼火车上，巡回开到伊利诺伊州斯普林菲尔德，他在那里安葬。林肯的形象被印到了美国钞票上，出现在拉什莫尔山，在华盛顿有他的纪念堂，迪士尼乐园的总统大厅也有他的形象。

---

① Below, ch 19.

第十七章　世界舞台：伍德罗·威尔逊

144 伍德罗·威尔逊并不喜欢律师职业。1874 年，他的父亲在普林斯顿的神学院获得了教职，伍德罗因此有机会进入新泽西学院学习政治哲学和历史。他于 1879 年毕业，之后继续在弗吉尼亚大学学习法律。他发现法学是一门艰涩的学科："当一个人除了法律之外什么都没有时，它就会变得单调乏味。"① 在第一学年结束前，他退学了，但是他依旧打算继续从事与法律有关的职业；他申请加入佐治亚律师协会，1882 年 10 月获得批准，他与亚特兰大的一名研究生一起成立了一家律所。具有讽刺意味的是，这个将要登上世界舞台的人却未能吸引太多客户。然而他对于法学学术研究很感兴趣。1883 年，他的父亲同意资助他在约翰·霍普金斯大学学习政治学。1885 年，他出版了《国会政体》，并且凭借此作品获得了博士学位。他是当时唯一一位具有博士学位的美国总统。1890 年，他接受了普林斯顿大学的法理学和政治经济学教授职位。② 他讲授法学。1902 年，他出版了《美国人民史》。当时的普林斯顿并不是我们今天熟知的常春藤联盟大学。1902 年，普林斯顿的受托人提供给他

---

① A Heckscher, *Woodrow Wilson* (New York, Prentice Hall & IBD, 1991) 48.

② KA Clements and EA Cheezum, *Woodrow Wilson* (Washington DC, CQ Press, 2003) 16.

院长的职位，他开始改革其组织机构，试图把它改成一所研究生院。他的作品显示他是一位自由派，主张国家应该保护弱者。他的立场和作品引起了民主党的注意，尽管他没有什么政治经验，但是他在 1910 年当选为新泽西州州长。

此时显而易见的是，尽管日常的法律事务令他厌烦，但是他喜欢更为广博的法哲学。这或许部分源于他的成长经历。1807 年，他的祖父母乘坐同一艘船从北爱尔兰移民至此。他们结婚，并且定居在俄亥俄州，共有 10 个孩子，最小的孩子就是伍德罗的父亲约瑟夫。祖父詹姆斯支持制造内战的南方联盟。① 伍德罗的家族属于苏格兰/北爱尔兰后裔，是虔诚的长老会教友，他们在传播自己的基督教派中发挥了重要作用。伍德罗·威尔逊出生于 1856 年，当时他的父亲是弗吉尼亚州斯汤顿的牧师。父亲没有给伍德罗起名，后来采用的这个名字源自他母亲的姓氏。 145
1857 年，伍德罗的父亲被任命为佐治亚州奥古斯塔的牧师，并最终进入普林斯顿神学院。他成为长老会教友大会的教士。1883 年，伍德罗与一名长老会牧师的女儿埃伦结婚。他的宗教背景无疑有助于他在后来的政治生涯中获得极高的道德声望。

担任新泽西州州长期间，他直面党魁，作为一名锐意进取的改革者而声名显赫。② 在他的主导下通过了立法，规定在任命职位前要进行初选，以防止腐败，设立公共设施委员会以约束权力，并创设一个基金，由雇主资助，用于补偿在工作中受伤的雇员。在这之后，他声明要在 1912 年竞选总统。当年在巴尔的摩召开的民主党大会上，他不是候选人的主要人选。③ 大部分人倾向于“冠军”詹姆斯·克拉克，他是众议院议长；当大会召开时，威尔逊只得到了“冠军”的一半选票。还有第三位候选人，名叫安德伍德。在初期的投票中，“冠军”

---

① See Heckscher above n 1, 12.

② See Clements and Cheezum above n 2, 24-25.

③ See Heckscher above n 1, 245.

遥遥领先，但是没有获得多数票。投票继续，威尔逊把自己打扮成孤独的骑士，俯视整个政党机器。最后，威尔逊凭借 25 票被选为民主党候选人。

威尔逊的好运源于共和党的分裂。共和党选择了现任总统威廉·塔夫脱，众所周知他不受公众欢迎。他的反对者提名了前总统西奥多·罗斯福。当塔夫脱被选为候选人之时，罗斯福从共和党大会上愤怒离场，组织了一个新的进步党。威尔逊也依赖于进步主义者的选票，但是他此时的优势在于可以利用既有的民主党机器。1912 年 11 月，总统选举结果公布，威尔逊赢得 435 张选举团票，而罗斯福是 11 张，塔夫脱是 8 张。①

民主党还在国会两院获得了多数，威尔逊可以履行他的选举承诺了。② 他坚持自由市场，取消或减少进口关税。他引入了联邦所得税，建立了联邦储备银行，该部门有权在财政部的监督下规制金融部门，还设立了贸易委员会，负责规制垄断。所有这些都使他成为一位声名显赫的总统。然而，1914 年 8 月 4 日英国发布的《对德战争宣言》意味着，威尔逊此后的声誉将取决于他如何处理美国与欧洲交战国的关系。复杂
146 的条约、联盟和保证使欧洲国家陷入冲突，第一次世界大战爆发了，事后看来这本是可以避免的；威尔逊把那些协议视作应该退出历史舞台的老式外交的产物。1914 年 6 月 28 日，奥匈帝国王储弗朗茨·斐迪南大公被一名塞尔维亚人刺杀。7 月 5 日，德国宣称，如果奥地利与塞尔维亚开战，德国将会给予支持。7 月 28 日，奥地利与塞尔维亚开战。塞尔维亚属于斯拉夫民族，因此俄国动员支持泛斯拉夫主义。7 月 31 日，意大利向俄国和德国宣战，随后土耳其帝国和德国签署了秘密条约，承诺相互支持。8 月 3 日，德国对法国宣战，并要求德国军队可以通过比利时领土，以绕开法国的防御。比利时拒绝这个要求，于是德国侵略了比

① Clements and Cheezum above n 1, 251.

② JA Thompson, *Woodrow Wilson* (London, Routledge, 2002) 73 et seq.

利时。比利时的中立地位受到1839年《伦敦条约》的保证。条约签署国英国于是在8月4日向德国宣战，同日美国宣布中立。塞尔维亚对德国宣战。法国受条约约束，对俄国负有义务，因而向德国宣战。德军经过比利时向法国推进，到达了距离巴黎不到35英里的地方，但是这样一来就向法国暴露了侧翼，在法国的攻击下，德国撤退，开始挖战壕。其余战场都陷入僵局，伤亡惨重，耗资巨大。

由于种族背景和民主倾向，威尔逊支持英国。他的著作《国会政体》比较了美国宪法和英国的不成文宪法，他支持英国模式。然而美国对于欧洲事务已经确立了中立政策。许多移民到美国的人是为了逃避欧洲生活的限制。乔治·华盛顿在他的告别演讲中告诫美国人民，不要卷入欧洲的政治和军事事务中。[1] 此外，在美国公民中还有一些德国人，尽管是少数，但有相当多敢于直言的人。美国商人急于确保他们与欧洲交战国的贸易不受影响。因此，威尔逊的政策准备保持中立、保护美国商业。尽管他意识到中立姿态不会赋予他重要地位，无法充当交战国的调停者。

1914年8月15日，英国政府突然宣布封锁德国。[2] 英国拥有世界上最有实力的海军，因此可以轻易拦截试图到达德国波罗的海港口的船只。自17世纪以来，封锁敌国被视为合法的，海事法允许捕获敌方船只（战利品）或者运输货物支持交战国战备的中立方船只。[3] 当英国宣布封锁之时，列出了运往同盟国德国和奥匈帝国的禁运品清单，该清单还包含食品。德国抱怨英国试图饿死他们，以迫使他们屈服。美国商人 147
发货（主要是生产重型火炮必需的橡胶和铜）给中立国，如荷兰和斯堪的纳维亚半岛的国家，它们又把这些货物发给同盟国，这使事情变得更加复杂。为了解决这个问题，英国把在中立方船只上发现的货物分成两

---

① T Wilson, *The Myriad Faces of War* (London, Polity Press, 1986).

② MR Floyd, *Abandoning American Neutrality* (NY, Palgrave Macmillan US, 2013) 11.

③ 关于这个主题，通常参见 Floyd ibid, ch 3。

类：一类是绝对禁运品，指明确运往德国支持其战备的物资；另一类是有条件的禁运品，其最终目的地和货物的用途并不明确。在这种情况下，货主必须标明货物并不是为了支持德国的战备。

一个问题是，在战前，美国出口到欧洲的70%的物品使用英国和德国的船只。英国坚称，如果美国商人购买德国船只，并挂上美国国旗，那么他们必须表明不会与德国进行贸易。一些美国货主运用的另一个策略是拆分发货，这些货物组合在一起就可以用于德国的战备，尤其是以这种方式运送潜水艇的组件。有一个合法的先例谴责了这种行为。在美国内战期间，英国向南方联盟提供了一艘叫作亚拉巴马的船，该船并不适于战争。当南方联盟组装完成之后，该船只使联邦军队损失惨重。随后，国际法庭宣布，英国违反了国际法，命令英国政府支付超过1500万美元的赔款。还有另一个问题是，英国没有充足的工业品支持战备，也没有充足的资金向美国购买武器。那么，可以向敌国贷款吗？

在这种状况下，保持中立并不容易。威尔逊面临着出口商的抱怨，如固特异轮胎公司认为他们的贸易被毁了，美国的德裔社群领袖抱怨威尔逊并非中立。1914年国会中期选举中，美国的德裔选民强烈支持共和党——民主党失去了众议院的58个席位。情况表明，无法通过普遍适用的规则来控制这种局面，最终英美同意就事论事地处理一大堆问题。

在宣战后，威尔逊立刻致信给德国皇帝、奥地利君主、法国总统和英国国王，要求促成和平。他没有得到反馈。自从德军被迫部分撤退和修战壕，双方对于调停都不感兴趣，因为双方都感到未能获得满足。[1] 1914年8月末，德国人针对比利时公民宣布了一项可怕的政策，他们烧毁房屋，还处决了几个人，安特卫普变成废墟，然而这种做法毫
148 无益处。英国不打算坐到谈判桌前，除非将补偿比利时提上议程；德国无意于此。美国政府继续试图安排调停，但只是徒劳。[2] 美国参与战争

① See Floyd above n 9, 11.

② ibid, 23.

的过程是逐步展开的。威尔逊似乎真的希望保持中立，通过调停中止战争。但他敏锐地意识到了问题所在，如果美国打算成为交战国，应该获得美国公共舆论支持。这里存在相互竞争的三方利益。美国想要置身冲突之外，同时能够与世界各国进行自由贸易，包括交战国。鉴于西部前线的僵局，英国想要通过海军实力孤立德国。德国想要打破英国海军的束缚，能够与世界各国进行自由贸易。当德国开始击沉商船时，协约国的机会来了。尽管需要时间来改变美国的公共舆论，但最终实现了。

英国的封锁很成功。一年后，美国与德国之间的贸易额下降到战争爆发前的十分之一。[①] 同一时期，美国与英国的贸易额增加了 5500 万英镑。禁运食品导致德国的食物供应严重短缺。1915 年 1 月，德国皇帝接受建议，用潜水艇封锁了英国。[②] 2 月 18 日，德国宣布不列颠群岛的所有水域为交战地带；出现在这一水域的敌方商船将被击毁，中立方船只将被警告不得进入该区域。威尔逊指示美国驻柏林的大使告知德国政府，美国不认为潜水艇封锁是合法的战争形式——德国舰队可以制止和搜查商业船只，但仅此而已。德国政府被告知，对于美国人的人身或财产造成的任何伤害，德国都要负严重的责任。这促使德国提出，如果英国允许自由运送食品给德国，它就撤除潜水艇封锁。英国拒绝了。外交大臣爱德华·格雷爵士表示，如果德国希望他们的贸易在战时可以自由通行于海上，同时德国又对其他国家发动战争，这是不公平的。[③] 1915 年 3 月 28 日，一只德国潜水艇击沉了一艘由利物浦驶往塞拉利昂的商船法拉巴号。一名美国公民失踪。《纽约时报》指责这是反文明的犯罪。[④] 随后，德国又攻击了两艘美国商船。

---

① See Floyd above n 9, 129.

② ibid, ch 3.

③ ibid, 137.

④ ibid, ch 5.

1915 年 5 月 1 日，属于冠达邮轮公司的英国邮轮卢西塔尼亚号从纽约起航驶往利物浦。5 月 7 日，该邮轮在距离爱尔兰海岸 11 英里左右的地方被鱼雷击沉；超过 1000 名乘客死亡，其中包括 128 名美国公民。尽管这通常被视为导致美国参战的关键事件，但此时威尔逊依然不愿派出美国军队。在沉船的三天后，威尔逊在费城会议厅举行的大规模
149 公众集会上发表演讲，他告诉人们“人类不需要通过武力证明自己的正确”[1]。德国的回应是，英国正在武装商船，准备攻击潜水艇。[2] 实际上，卢西塔尼亚号的建造经费主要来自英国政府，目的是在后期武装它。有一段时间，它被注册为武装船只，但是从未用于作战，因而注册被撤销。1915 年夏，美国驻柏林大使向政府报告，德国的公共舆论认同击沉卢西塔尼亚号，他们希望德国赢得战争。[3] 同时，德国政府希望因战争的牺牲获得一些回报，包括继续控制比利时。

1915 年 6 月，美国国务卿布莱恩辞职，由兰辛取而代之，后者是一位亲英派。7 月，威尔逊指示增加军备。他又批准了给英国的大额贷款，但没有公开这个消息。[4] 1916 年 11 月，威尔逊赢得第二次总统选举。1917 年初，事情发生了重要转变，德国政府宣布了无限制海战政策。德国最高司令部采取了精心策划的冒险行动。他们预见到，攻击美国船只会把美国卷入冲突，但是他们认为德国能够在美国大规模投入战争之前结束战争。英国截获了德国外交部长发给德国驻墨西哥大使亚瑟·齐默尔曼的电报，电报内容事关组织德墨联盟共同对抗美国，德国承诺击败美国后将把得克萨斯、新墨西哥和亚利桑那割让给墨西哥，这无疑大大增加了美国参战的可能性。[5] 威尔逊依旧想阻止

---

① ibid, 128.

② ibid, 129.

③ ibid, 153.

④ ibid, 171.

⑤ See Heckscher above n 1, 426 and *Papers of Woodrow Wilson* (ed) AS Link (Princeton NJ, Princeton University Press, 1966) A 41: 108–12 (hereinafter referred to as *PWW*).

参战。1917 年 2 月 3 日，他在国会两院发表演讲。他不相信德国会不分青红皂白地针对美国船只。“我们不应认为德国对我们有敌意，除非形势迫使我们不得不相信。”[1] 1917 年 3 月，四艘美国商船在大西洋被击沉，15 名美国人丧生，这时美国才不得不面对事实。[2] 1917 年 3 月 17 日，俄国沙皇政府垮台的消息传来，这使德国可以随意向西部前线进军。3 月 20 日，威尔逊又一次在国会两院演讲，宣布美国与德国开战。

德国的赌博几乎要赢了。1917 年初，美国军队只有 13 万人，这个规模在所有国家中只排在第十七位。威尔逊号召组建一支 50 万人
的军队，根据战斗能力选择人员。[3] 不过仍然需要花费时间训练这支 150
军队，把大量兵员运送到欧洲。德国的军力也大大增强，1918 年 3 月，他们发动了最后的进攻；所有迹象都表明他们会成功。直到 5 月末，珀欣将军才率领一支美国常备军到达法国。[4] 然而，到 6 月末，100 万美国士兵出现在法国。显而易见，德国错误估计了形势。1918 年 9 月 27 日，威尔逊宣布，为了达成和平，美国不会区别对待希望公正的人和不希望公正的人。[5] 德国最高司令部做出回应，要求停战，并于 1918 年 11 月 11 日停战。

尽管美国加入了协约国并结束了敌对状态，但是威尔逊依然怀疑盟国的目的。他得知曾有一个秘密条约，让意大利和罗马尼亚加入协约国一方，对于惩罚性赔款，协约国中也有人私下抱怨。威尔逊认为自己的使命是确保世界的真正和平。早在 1917 年 9 月，他就设立了一个委员会，表明了美国对和平的渴望。[6] 1917 年 12 月 18 日，他从委

---

① Heckscher above n 1，128–29.

② ibid，435.

③ See Thompson above n 7，153.

④ ibid，153.

⑤ ibid，174.

⑥ ibid，161；*PWW* above n 21，44：220–21.

员会得到了一份备忘录。正是以这份文件为基础，他开始悄悄地准备著名的《持续和平的十四点原则》。① 1918 年 1 月 8 日，他向国会展示了十四点原则。但是他没有咨询他的欧洲盟友。

该文件的前言宣称，征服和扩张的时期已经过去；秘密订约时代也已过去。美国希望世界安全，每一个热爱和平的国家都可以按照自己的意愿生活，决定自己的组织机构。第一点，公开和平条约，以公开的方式缔结。第二点，各国领海以外的海洋上应有绝对的航行自由，在和平时及战时均然，只有为执行国际公约而采取国际行动时才可以封锁海洋的一部分或全部。第三点，消除所有平等贸易的经济障碍。第四点，应采取充分保证措施，使各国军备减至符合国内安保所需的最低限度。第五点，关于各国对殖民地权益的要求，应进行自由、开明和绝对公正的协调，并基于对下述原则的严格遵守：在决定关于主权的一切问题时，当地居民的利益，应与管治权待决的政府的正当要求，获得同等的重视。第六点到第十三点涉及欧洲主权的具体问题。德国军队将从俄国和比利时撤出，恢复俄国和比利时的主权。同样，德国士兵应该退出法国，阿尔萨斯-洛林（德国于 1870 年占领
151 的法国领土）应该归还法国。奥匈帝国治下的各民族应该得到最自由的自治发展机会，尤其是应该解放罗马尼亚、塞尔维亚和黑山。奥斯曼帝国治下的非土耳其民族应有机会实现自治。应建立一个独立的波兰国，拥有出海通道。第十四点规定，“必须根据专门公约成立一个普遍性的国际联盟，目的在于使大小各国同样获得政治独立和领土完整的相互保证”。

在这份理想主义的文件中，出现了三条主要线索：外交应该公开；世界人民应该能够自决；应该有一个国际联合组织。这些理念与已有的秘密外交、帝国和国家无序行动等理念背道而驰。然而，威尔逊在 1918

---

① ibid 45：550-59.

年 12 月 4 日从纽约启程时得到的欢送，在布雷斯特和巴黎受到的欢迎，① 这些都鼓舞着他，让他感到自己在从事一个拯救世界的任务。尽管共和党对手支持参战和威尔逊对于国际联盟的设想，但是威尔逊没有邀请该党成员加入他的代表团，后来证明这是一个错误。② 威尔逊明显意识到协约国内部存在对立情绪。在战争期间，美国称其为协约国，而非联盟。③ 美国人被告知，不要给人留下与英国有特殊关系的印象，尽管他们在巴黎与英国人来往密切。

根据人民意志进行自治、维护和平的国际联盟都不是新想法。美国革命是人民建立独立于前领主的政府的典范，但美国独立不是美国人民的一致意见，革命战争中许多人帮助英国作战的事实证明了这一点。当南美国家开始脱离欧洲的西班牙帝国和葡萄牙帝国实现独立时，门罗总统于 1823 年提出了一个原则，警告那些试图殖民化或再殖民化这些国家的人，这些行为将会被视为对美国的侵略。帝国的臣属国应该决定自己的命运，这个理念对于欧洲国家而言完全陌生，其利益在于维持甚至扩张其帝国。

至于国际联盟，1795 年伊曼纽尔·康德曾经写过一本小册子，名为《永久和平论——哲学概要》，该书设想民族国家理性地接受和平的世界秩序，然而这本书没有涉及实现这个目标的任何国际实体。拿破仑战争后，欧洲协同体（Concert of Europe）④ 试图确立欧洲国家之间的权力平衡，但是这导致秘密条约和相互保证的出现，最终引发 1914—1918 年的灾难性战争。这是对手之间运用工业化的果实消灭大量年轻人的第一 152
次战争。不出所料，“一战”带来了和平主义运动。1914 年秋，英国政治学家迪金森和前英国驻美大使布莱斯勋爵组织了一个和平联盟，创造出

---

① Margaret MacMillan, *Peacemakers: Six Months that Changed the World: The Paris Peace Conference of* 1919 *and Its Attempt to End War* (London, John Murray, 2003).

② ibid, 14.

③ ibid.

④ 1815 年维也纳会议后俄国、奥地利、普鲁士和英国缔结的四国同盟。——译者注

了“国际联盟”（League of Nations）这个词。一个宗旨类似的组织叫作强制和平同盟会（League to Enforce Peace），也在美国成立。1915 年初，德国反对英国并封锁了它的港口，英国外交大臣爱德华·格雷爵士写道：

> 如果德国人进入这个国际联盟，它就要和其他国家一样给予和接受同样的安全保障，不得通过战争破坏联盟，他们的军备支出会减少，新规则保障航行自由。①

威尔逊摘取了他人的观点，但是被美国总统采纳观点的人可以使自己的观点获得更好的传播、发挥更大的作用。1916 年，威尔逊试图鼓舞推销员群体：“你们是美国人，你们将把自由、正义和人道的原则传递到你们所及之处。”② 1918 年，他从道义高度参与和平谈判。他告诉一位记者，和平不是巧取豪夺。③ 在前往法国的船上，他表明了对和平而非胜利的渴求。④ 他很快发现，最终赢得战争的欧洲协约国没有心思接受一个仅仅参战几个月的国家的理想主义领袖的说教。他们的财政状况与美国形成鲜明对比。美国靠向协约国出售武器生意兴隆。在战争初期，美国净负债 37 亿美元；而在战争结束后，美国的信贷余额大致是这个数。⑤ 英国购买了大量武器，其盟国依赖于美国政府提供的贷款。美国财政部长致信威尔逊，表达了对协约国减少债务的倾向的关注。⑥美国的道义很可能高处不胜寒。

巴黎和会开始于英国、法国、美国、意大利和日本的领导人及其外交部长的会议。这五个国家将组成一个最高委员会来决定条约的内容；其他利益攸关的国家则必须向它提出申请。代表们很快同意成立国际联

---

① Floyd above n 9, 137.

② NG Levin, *Woodrow Wilson and World Politics*: *America's Response to War and Revolution* (New York, Oxford University Press USA, 1968) Ⅶ 18.

③ See Thompson above n 7, 190; *PWW* above n 21, 51: 372.

④ Thompson above n 7, 193.

⑤ ibid, 190.

⑥ Cited ibid, 192; *PWW* above n 21, 53: 441-42.

盟将作为最终条约的一部分来处理。威尔逊被任命为制定宪章委员会的主席。他不想要一个在特定情况下被赋予特定权力的组织，仅仅相互保 153
证政治独立和领土完整。他希望这些保证措施以英格兰普通法演变的方式有机地发展。[1] 无论如何，他都不愿意让美国军队服从联盟的指挥，因为这很可能在国内引起反对。[2] 最终，《和平条约》第 10 条规定：

> 联盟成员承诺尊重和遵守合约，反对对外侵略，保证联盟所有成员的领土完整和现有的政治独立。如有任何此类侵犯，本联盟（理事会）应就履行此项义务的方式提出建议。

尽管最初达成了协议，但很快欧洲协约国之间以及与美国之间的分歧就显露出来了。法国总理乔治·克里孟梭仍然认为欧洲旧的均势是确保和平的最佳方式，前提是德国的力量被摧毁。[3] 他明确表示，法国要求德国赔偿对其国家和人民造成的损害；对他来说，和平必须是惩罚性的。[4] 这有先例：1815 年，在拿破仑战争结束时，法国被要求向其曾经打败的各个盟国支付赔偿金；1871 年，德国要求法国支付他们对法国战争的费用。[5] 这回法国不仅要求归还他们以前的阿尔萨斯-洛林，而且要求允许他们兼并莱茵河以东的萨尔地区，那里有煤矿和重工业，可以补偿德国对法国工业的破坏。这与威尔逊所寻求的慷慨的和平完全矛盾，然而，这是可以理解的，法国不仅遭受了巨大的人员伤亡，而且忍受了对其大片领土的长时间占领。英国遭受了巨大的人员伤亡和经济损失，但它没有被占领；它没有寻求欧洲领土，而是坚持要求德国为遇难者和受伤者的家庭提供抚恤金。无论如何，英国已经实现了它的主要目标之一——夺取德国舰队，该舰队从基尔航行到苏格兰北部的斯卡帕

① Thompson above n 7, 198-99; *PWW* above n 21, 47: 198-99.

② Thompson above n 7, 200.

③ MacMillan above n 29, 30.

④ 对于和会的论述，通常参见 MacMillan above n 29, and Heckscher above n 1, 513-62。

⑤ See MacMillan above n 29, 201.

湾，仍然有德国船员留在船上。[1] 意大利想吞并讲德语的南蒂罗尔，以便在阿尔卑斯山获得一个安全的边界。根据1915年《伦敦条约》，这是
154 让意大利加入战争的一项先存义务，战后南蒂罗尔将被割让给意大利。意大利也想要亚得里亚海东部的大片领土，包括伊斯特里亚和达尔马提亚的一部分。[2] 塞尔维亚也觊觎这些领土，而塞尔维亚此时是一个更大的南斯拉夫的一部分。[3] 重建后的波兰也想要更多的领土。[4]

如果这还不算是难题，那么还有更棘手的事：有三个帝国要被分拆——德国、奥匈帝国以及奥斯曼帝国；这些帝国加在一起涵盖了欧洲、中东和非洲的大片地区，并且被贪婪地注视着。法国想扩大其在北非的影响力，英法两国都想在中东扩大影响。[5] 它们秘密达成协议，把地处中东的古老的奥斯曼帝国根据它们的利益进行有效分割。[6] 英国把目光投向德属东非，南非则投向德属西南非，意大利投向索马里。[7] 东方的日本（曾加入协约国）想吞并德国在中国的租界，[8] 澳大利亚和新西兰（提供了许多兵源，非死即伤）想吞并太平洋上的各个岛屿。[9] 这只是不完整地简述了一些国家的领土野心，但足以表明它们是威尔逊的自决原则的对立面。法国人把兼并看作传播文明的一种方式，特别是他们自己的文明。[10] 威尔逊反对任何形式的兼并或殖民化。[11] 许多参加和会的人一定认为这个过程很简单，但实际上进展缓慢。威尔逊的原则是解决世界和平的雄心勃勃的尝试。相互竞争的利益意味着必须作出妥

---

① MacMillan above n 29, 50 and 167-68.
② ibid, 120.
③ ibid, ch 9.
④ ibid, 227 et seq.
⑤ ibid, 397 et seq.
⑥ ibid, 107.
⑦ ibid.
⑧ ibid, 320 and 456.
⑨ ibid, 112.
⑩ ibid, 39.
⑪ ibid, 107.

协。最终的条约包含 440 个条款。

如果说自决似乎是个好主意，那么确保自决实现的问题就凸显出来了。欧洲举行了一些公民投票。1920 年，在位于德国和丹麦之间的石勒苏益格-荷尔斯泰因举行了一次，根据投票结果，南部地区归属德国，北部地区归属丹麦，并且相应地划分了区域。波兰已经宣布独立，协约国的主要成员普遍希望支持波兰，让其进入波罗的海地区。[1] 这是通过建造一条沿着维斯杜拉河到但泽港的波兰走廊来实现的。但原初的计划被修改了，缩小了走廊的规模，使但泽成为一个自由的港口，而不是波兰的港口。这个重建的波兰以天主教徒为主，而位于走廊上的地区原本以新教徒为主，该地区叫作艾伦斯坦，他们投票决定留在东普鲁士。上 155
西里西亚是德国煤炭的主要来源，但全民公决导致其一分为二，一半归属波兰，另一半归属德国。新南斯拉夫和罗马尼亚都声称拥有两国之间的巴纳特平原上一个繁荣的农业区，根据全民公决，这个地区也被一分为二。卡林西亚也举行了一次公决，导致南斯拉夫和奥地利之间的分裂。[2]

其他决定都是单边做出的。威尔逊支持把阿尔萨斯-洛林返还法国，但反对把莱茵河东部的领土主权转移给法国；最终达成的妥协允许法国控制萨尔谷煤矿的产出 15 年。1935 年，萨尔举行了一次全民公决，其居民以绝对多数投票归属德国。[3] 对于意大利的要求，威尔逊最终妥协了，同意南蒂罗尔成为意大利领土。意大利对伊斯特里亚海岸的主张也在很大程度上获得批准，阜姆变成自由市（Free City）[4]，这明显解决了意大利对其港口的主张。[5] 捷克斯洛伐克被给予前奥匈帝国的大片地区，包括主要讲德语的苏台德地区。

---

① ibid，227-32.
② ibid，262.
③ ibid，212.
④ 有独立主权或自治权的城市。——译者注
⑤ ibid，300.

分割欧洲领土的真正问题在于有两个国家对它们的未来没有发言权，即德国和奥地利。德国的大量人口被置于外国控制之下。在苏台德还有300万讲德语的人；① 通向东普鲁士的波兰走廊，使将近200万德国人处于波兰的控制之下；② 南蒂罗尔的25万奥地利人发现自己此时是意大利人了。③ 德国总计失去了大约13%的领土和10%的人口。④ 除此之外，德国和奥地利被禁止联合。⑤ 为了确定赔偿金额，成立了联合公使团，它们确定的数额为650万英镑。⑥ 实际上德国最终只支付了略高于100万英镑的赔偿。⑦ 基于威尔逊的公正和平承诺而寻求停战的德国人感到被背叛了。德国海军军官在斯卡帕湾仍然掌管着他们的舰艇，他们自毁了舰队。随后，纳粹党以不公正的和平形象登上政坛，向苏台德、波兰以及终点奥地利进军。

威尔逊试图通过采纳南非总理史末资将军提出的托管理论来阻止欧洲协约国吞并部分老帝国的愿望。该理论主张把尚未准备好自治的前殖
156 民地置于保护国的托管（或命令）之下。⑧ 然而，如果被托管国实现独立，保护国有义务交出托管权。这项计划被和会通过，并被纳入和约。⑨ 因此，原德属西南非被置于南非的托管之下，巴勒斯坦被置于英国的托管之下。法国最初反对托管理论，特别是因为它担心不能从被托管的领土招募军队。威尔逊和劳埃德·乔治向法国人保证他们可以这样做，法国人接受了对多哥和喀麦隆的托管。

在战争期间，英国和法国一直计划不经协商，就把中东分成不同的

---

① ibid, 147.
② ibid, 227.
③ ibid, 300.
④ ibid, 495.
⑤ ibid, 490.
⑥ ibid, 203.
⑦ ibid, 490.
⑧ ibid, 94 et seq.
⑨ See Thompson above n 7, 202.

势力范围。1915 年，以英国外交大臣亚瑟·贝尔福的名义发表了一项声明，要求为巴勒斯坦的犹太人提供家园，他表示阿拉伯人不会抗拒对这一小块领土的划拨，尽管巴勒斯坦有 70 万犹太人。[①] 法国和英国为巴勒斯坦的托管进行了一些竞争，但是英国军队已经从土耳其手中夺取了巴勒斯坦，并被授予了权力。法国在另一个存在麻烦的地区——叙利亚和黎巴嫩——获得了影响。在创建现代伊拉克的过程中，我们可以看到对土著少数民族采取漫不经心态度的另一个例子。摩苏尔、巴格达和巴士拉四周的地区被集中到一起，尽管该地区的人口一半是什叶派，四分之一是逊尼派，他们极度敌对。[②] 费萨尔王子被任命为需要英国保护的国王。这些都是令人不寒而栗的名字。

经济学家约翰·梅纳德·凯恩斯是出席和会的英国代表团的成员。1919 年，他出版了《〈凡尔赛和约〉的经济后果》，其中他粗暴地批评协约国，认为它们缺乏远见，惩罚性的和平将导致进一步的冲突。他对伍德罗·威尔逊同样不感兴趣：

> 当谈到实践时，他的想法含混不清、不完整。他没有计划，没有方案，没有建设性的想法，不管他向白宫发出什么样的命令，他都表现出充满活力。他可以对他们中的任何一个进行布道，或者向全能者庄严地祈祷，但是他不能将他的想法具体应用于欧洲国家。

凯恩斯显然发现了威尔逊的长老会背景。然而，他也印证了威尔逊的观点，即慷慨的和平最有可能导致有序的未来，这是正确的。

达成条约草案的谈判花了将近六个月的时间，《凡尔赛和约》直到 1919 年 5 月 7 日才提交给德国人。他们没有参加谈判，尽管拖延到最后一刻，但是别无选择，只好签了字，他们在凡尔赛的路易十四的镜厅里

---

① MacMillan above n 29, 432.

② ibid, 395 et seq.

157 羞辱地签了字。整个过程令人疲倦，威尔逊采取的立场是不能对《凡尔赛和约》进行修改。① 根据《美国宪法》，任何条约都不具有约束力，除非得到两院三分之二多数的批准。1918 年的美国中期选举使共和党在国会两院都获得了多数席位。他们的领导人西奥多·罗斯福谴责建立国际联盟的《凡尔赛和约》第 10 条是总统的无条件投降。1919 年 1 月 19 日，罗斯福逝世，亨利·卡伯特·洛奇继任共和党领袖，但他也试图修改《凡尔赛和约》的许多条款。1919 年夏天，威尔逊在全国巡视，试图争取对批准和约的支持，但这并没有安抚共和党人。他们提出了一项对第 10 条的修正案，根据该修正案，美国军队在联盟旗帜下的行动只有在国会通过法案或决议后才能开展。② 然而最终，国会在 1919 年 11 月完全否决了该和约。在 1920 年的总统选举中，共和党候选人哈定和柯立芝击败了民主党人考克斯和富兰克林·罗斯福。美国没有成为国际联盟的成员。

1920 年 1 月 20 日，威尔逊总统任期结束后不久，一个致力于通过集体保证防止战争的国际联盟在没有美国参与的情况下成立。威尔逊当时是个病人，他于 1924 年 2 月 3 日去世。他原则性很强的观点未能说服他的大多数同胞或欧洲强国。一个没有美国支持的国际联盟注定要失败，它无法阻止轴心国在 1939 年发动的侵略。

在这一点上，人们可能会合理地问：“伍德罗·威尔逊为建设美国做了什么？他的努力是否以失败告终？”他的慷慨的和平与自决的思想在凡尔赛没有被接受，但这些智慧在第二次世界大战结束时得到了认可；到 1945 年，德国遭到破坏，马歇尔（与约翰没有关系，而是一位“二战”将军）计划为德国强国的重建作出了巨大贡献。在战败之后，德国实现许多经济奇迹，这使其在战后世界中处于强有力的地位。1946 年，国际联盟被联合国取代，美国是其成员，并在纽约设立了总部。

---

① ibid, 211.

② ibid, 234.

具有讽刺意味的是，自决这个词语来源于德语“*Selbstbestimmungsrecht*”，这个原则是为了支持德国统一许多公国而来的。威尔逊对新的和平秩序的设想反映在《联合国宪章》中。其第 1 条规定的宗旨和原则之一是“在尊重人民平等权利和自决原则的基础上发展国家间的友好关系”。158
1960 年 12 月 14 日，联合国大会通过了第 1514（XV）号决议，赋予殖民地人民决定自己主权的权利。这导致了旧欧洲帝国的解体以及许多独立国家的建立。尽管联合国只取得了部分成功，自决经常被扭曲和利用，新成立国家的行为导致腐败，但依然有理由认为威尔逊的《持续和平的十四点原则》对 21 世纪的国家间关系产生了相当大的影响，并且是正面影响。

很显然，威尔逊总统在美国成为世界舞台上的领导者方面发挥了关键作用。他开始担任总统时采用了美国中立的原则。情势迫使人们改变了看法。虽然他能够把美国的公共舆论带到另一边，但他还是小心翼翼，不愿贸然采取行动。日本对珍珠港的轰炸使美国卷入第二次世界大战，并长久地登上世界舞台。美国从孤立中走出来，得益于一个人的远见，但这个人的见解建立在革命先辈传统之上。

第十八章 法律活力：小奥利弗·温德尔·霍姆斯和路易斯·布兰代斯

159 小奥利弗·温德尔·霍姆斯于1902年就任美国最高法院大法官，路易斯·布兰代斯于1916年成为他的同事。霍姆斯于1932年退休，而布兰代斯于1939年退休。他们都是伟大的异议者，经常可以发现他们与其他同事不同的“进步主义”观点。然而这些观点强烈影响了后来最高法院的判决。鉴于马歇尔首席大法官界定的最高法院的地位，该机构在美国的法律和社会发展中发挥关键作用不足为奇。从众多法官中挑出几位特别者，大书特书他们对于美国发展进程的贡献难免令人生厌；本章只尝试说明个人因素如何影响最高法院的判决意见。虽然霍姆斯和布兰代斯经常组成联合阵线，但他们个性迥异；霍姆斯更加学术化，富有哲理，而布兰代斯更注重事实。霍姆斯家族有苏格兰和英国长老会的背景，然而奥利弗对唯一神教派产生了兴趣。[①] 他出生于1841年，那时他的家庭属于波士顿上流社会。他的父亲（也叫奥利弗）是一位医生，也是一位著名的作家，他创造了“波士顿婆罗门”[②] 这个词来形容

---

① See RKL Collins, *The Fundamental Holmes* (Cambridge, Cambridge University Press, 2010); GE White, *Oliver Wendell Holmes* (Oxford, Oxford University Press, 2006).

② 婆罗门是印度种姓中的最高等级，这里比喻上层社会。——译者注

他所属的社会和文化阶层。小奥利弗 16 岁进入哈佛大学，他的母亲阿梅莉亚·杰克逊是一个狂热的废奴主义者。1861 年，他从大学退学，参加内战，在马萨诸塞州的志愿队服役，目睹了大量的战斗和屠杀。这使他幻想破灭，在三年的服役期结束时，他回到哈佛大学，进入法学院。他于 1866 年毕业，并于 1867 年获得波士顿律师资格，律师执业很成功。尽管如此，他仍然保持着浓厚的学术兴趣，在 1871 年成为哈佛法学院的法理学讲师。他编辑了肯特的《美国法释义》。1882 年，他离开哈佛大学担任马萨诸塞州最高法院的法官。1902 年，西奥多·罗斯福总统提名他为美国最高法院大法官。 160

路易斯·布兰代斯的家族是德裔犹太血统；他们在布拉格定居了几年，直到 1848 年，他的直系亲属移居到肯塔基州路易斯维尔，当时那里有相当大的德国社区。① 路易斯从未加入犹太教堂，也没有宣传过他的犹太血统；他看到并吸收了美国民主中的犹太价值观。② 在第一次世界大战期间，当在巴勒斯坦建立一个犹太国家的想法被提出时，他成了犹太复国主义者，组织了一次犹太人大会，以支持美国的民主和国外的犹太人。他后来成为最高法院的第一位犹太裔大法官。在路易斯维尔，他的父亲创办了一家谷物销售公司。路易斯于 1856 年出生在那里。1875 年，他进入哈佛法学院——与大多数学生不同，他没有本科学位，但是他通过了关于布莱克斯通的理论的考试以及拉丁文的考试。院长兰代尔当时正在重新组织教学大纲，以提供系统的学习体系。③ 路易斯是由一位名叫塞缪尔·沃伦的人脉极广的校友介绍给波士顿协会的，据说这个协会比婆罗门④更婆罗门。⑤ 当沃伦结婚时，他对媒体的介入方式

---

① See L Baker *Brandeis and Frankfurter* (New York, Harper & Row, 1984); MI Urofsky, *Louis D Brandeis and the Progressive Tradition* (Boston MA, Scott Foresman & Co, 1981).

② See Baker ibid, 941 and Urofsky ibid, 90.

③ Baker above n 2, 23.

④ 婆罗门是印度地位最高的阶级，这里比喻出身高贵。——译者注

⑤ Urofsky above n 2, 4.

非常恼怒，他和布兰代斯一起写了一篇文章，建议应该有隐私法，保护人们免受淫秽好奇心的侵害。① 1878 年，布兰代斯获得密苏里州律师资格，曾经在霍姆斯办公室工作过的沃伦立刻建议路易斯和他一起在波士顿设立律所。他们的律所开业了，霍姆斯来参加新律所的开业典礼。他们生意兴隆（尽管沃伦几年后离开律所接手家族企业），接下来的 27 年，布兰代斯一直在波士顿律师事务所执业。他在奥蒂斯街买了一所房子。

霍姆斯和布兰代斯都是亲英派。1873 年，布兰代斯的父亲结束了他的生意，带着家人去欧洲旅行，后来路易斯自己去了英格兰，表达了他对英国人的羡慕。② 在结束哈佛的学业之时，霍姆斯去了英格兰，见到了约翰·斯图尔特·密尔。③ 相比布兰代斯，他更为实际地表现出了对英国（至少是爱尔兰）女人的爱慕；到 1889 年，他已多次访问英国，这一次他遇到了克莱尔·菲茨帕特里克——卡斯尔敦庄园的女主人。他们建立了亲密的友谊，每当他来到英国时，他都会作为她的客人留在爱尔兰的卡斯尔敦庄园。霍姆斯还与英国法律历史学家弗雷德里克·波洛
161 克建立了友谊，他们之间也有通信。④ 1880 年，霍姆斯受洛厄尔研究所邀请，进行了 12 次关于普通法的讲座，他在讲座中探讨了普通法的英国源头和在美国的发展。⑤ 这些讲座非常成功，最后以《普通法》为名出版成书，该书有许多版本。在其开篇中，霍姆斯表达了他的法哲学观，这些观点体现在了他日后职业生涯的判决意见中：

> 法律的生命不是逻辑，而是经验。人们所感知到的时代要求、普遍道德和政治理论、公共政策制度，无论是公开的还是无意识的，甚至是法官与同僚分享的偏见，在决定统治人类的

---

① Baker above n 2, 30.

② ibid, 31.

③ Collins above n 1, 47.

④ MD Howe (ed), *Holmes—Pollock Letters* (Cambridge MA, Harvard University Press, 1941).

⑤ ibid, 51.

> 规则时，比三段论更有意义。法律体现了一个国家数个世纪发展的历史，它不能仅仅被当作数学书中的公理和推论。为了理解法律是什么，我们必须知道它曾经是什么，它未来会变成什么样子。我们必须交替地参考历史和现有的立法理论。但最困难的工作是要理解，两者在每一个阶段如何结合在一起产生出新东西。在任何特定时代，法律就其本质而言，基本上与当时被认为便利的东西相符合，但其形式和机理，以及是否能达到预期结果，在很大程度上取决于历史。①

自《独立宣言》以来，美国社会的性质发生了巨大变化。内战后，经济有了很大发展。杰斐逊关于小农场主国家的想法已经因大型商业垄断和强大媒体的发展而过时。霍姆斯看到了越来越严重的权力失衡，这需要加以解决。达尔文的《物种起源》已于 1859 年出版，霍姆斯认为法律也要进化以适应新的条件。②

布兰代斯在这个方向上走得更远。他妻子的姐妹是美国消费者协会的成员。1907 年，该协会邀请他去最高法院为一个案件作辩护，事关俄勒冈州议会通过的限制妇女工作时间（可以约定每天最多工作 10 小时）的法令的合法性；雇用妇女工作更长时间的人将受到刑事制裁。卡尔·穆勒是一家洗衣房的主人，他被认定违反了上述法令条款，他最终上诉到了最高法院。在英格兰，上诉审是口头进行的，只提交简短的书面辩论纲要。在美国，律师要提交长篇书面意见，当时律师开始有权在有限的时间内在法院发表意见；穆勒案中的布兰代斯意见被广为传颂，从那时起，书面意见的性质发生了很大变化。实际上，有两份代表被告俄勒冈州的意见提交给了法院，一份由政府任命的律师签署，另一份由布兰

---

① OW Holmes Jr, *Common Law* with introduction by GE White (Cambridge MA, Belknap Press, 2009).

② cf White above n 1, 51.

162 代斯签署，布兰代斯的诉讼要点更长。在之前的洛克纳诉纽约案中，① 最高法院宣布，限制面包工人工作时间的纽约州法律违宪，因为它违反了第十四修正案对契约自由的保证。法院依据的事实是，该法令不涉及面包工人的安全、道德或福利。这个判决以 5∶4 的多数通过，霍姆斯是异议者之一。布兰代斯作为一名辩护律师看到了一个漏洞。只要有需要，男性面包工人可以在任何时间工作，但可以主张女性工人更容易受到伤害。他的个人意见（在消费者协会的帮助下编写）长达 100 多页，其中包括欧洲洗衣行业的信息、洗衣行业对工人影响的医学报告和马萨诸塞州统计局的报告，指出洗衣工作非常辛苦，以至于很少有人能忍受每月的劳动。最高法院一致（包括霍姆斯）接受了布兰代斯的论点，区分了工作对妇女的影响，并确认了对穆勒的定罪。

布兰代斯的意见超出了提交下级法院的证据。根据英国传统，判决所依据的证据必须是法院记录的适当部分，无论是初审还是上诉审，只有在例外情况下，法院才能在没有进一步证据的情况下，对臭名昭著的事实进行司法关注。当布兰代斯被任命为最高法院的一员后，他走得更远了。1924 年，在杰伊·伯恩斯面包店诉布莱恩案中，上诉人的律师辩称，内布拉斯加州法律规定面包的最小和最大重量是违宪的。② 多数大法官认为，最大重量的配方与防止面包缺斤短两之间没有合理的关联，因此是违宪的。布兰代斯提出了不同的判决意见，霍姆斯对此表示赞同，他们坚持政府对商业的监管权。在判决过程中，布兰代斯依赖其他州的数据，这些数据显示了类似法律的有益效果。

> 我提到的许多证据不在记录中，也不可能包括在内。这些是根据类似立法获得的经验……在我看来，最高法院应该获取新知，并且应该在必要时进行司法关注，以履行微妙的司法职责。③

---

① 198 US 45 (1905).

② 264 US 504.

③ ibid, 514.

霍姆斯和布兰代斯被称为进步主义者的理由显而易见。布兰代斯于1912年会见了伍德罗·威尔逊，威尔逊在就职总统之前，经常向布兰代斯咨询意见。1908年，威尔逊曾写过“活的政治宪法在结构和实践上都必须是达尔文主义的”。[1] 马歇尔赋予了最高法院宣布立法行为违宪的权力，给了它规范社会行为的机会。所有司法管辖区的法官在不同程度上都被称为保守派或自由派。在美国，法官的任命通常是出于政治动 163 机，各州或国家一级的每一个政府都任命那些似乎同情特定政府政治色彩的法官。1921年至1930年，美国最高法院由前总统威廉·塔夫脱主持，并被视为一个保守的法院，这无疑是霍姆斯和布兰代斯经常持异议的原因。当然，所有在美国法院的辩论都必须在宪法的范围内进行。如果说霍姆斯倾向于达尔文模式下的发展中的宪法，那么其他人则倾向于原意主义的观点，即对宪法的解释应限于确立宪法的原始含义或原初意图。两种方法之间的紧张关系有时会导致不安的妥协。

1919年的申克诉美国案就是一例。[2] 在发布最高法院一致同意的判决意见时，霍姆斯创造了一个短语——明显且即刻的危险。这个短语在美国文化中占有一席之地，甚至被用作1994年一部间谍片的名字。该案涉及的问题是：第一修正案禁止制定任何剥夺言论自由的法律。美国参加第一次世界大战后不久，国会通过了1917年《间谍法》，其中第3条规定，任何妨碍征募武装部队成员的人都将受到刑事处罚。当该草案出台时，曾任社会主义协会书记的申克散发了约15000份宣传册，宣称征兵是非自愿的奴役，因此根据第十三修正案应该被禁止，并敦促人们抵制该草案；除其他指控外，他还因阴谋违反上述第3条规定而被起诉，定罪并被判处10年监禁。最高法院确认了他的罪行。关于违反第一修正案的问题，霍姆斯与多数意见一致，认为：

---

① W Wilson, *Constitutional Government in America* (New York, Columbia University Press, 1917).

② 249 US 47.

> 每一行为的性质都取决于其所处的环境。对言论自由的最严格保护并不能保护一个人在剧院里虚张声势地大喊“失火了”，这会引起恐慌……在每一种情况下，问题在于所用的词语在当时的情景下，其性质是否会造成一种明显且即刻的危险，从而带来实质性的罪恶，对此国会有权进行阻止。这是一个接近度和程度的问题。当一个国家处于战争状态时，许多在和平时期可以说的话都是对国家努力的阻碍，以至于只要国人在战斗，那些言论就不会被容忍，任何法院都不能认为它们受到任何宪法权利的保护。①

该判决意见于1919年3月3日发布，因其侵犯言论自由受到学术批评。布兰代斯也是参与该意见的最高法院成员。同年10月，在艾布拉姆斯诉美国案②中，最高法院也出现了类似的观点，但这一次霍姆斯和布兰代斯二人共同发表了单独的反对意见，试图限制“明显且即刻的危
164 险”标准。1918年8月，美国政府向俄国派遣了两支远征军，一部分是为了保护先前送给被推翻的沙皇政府的武器，另一部分是为了干预布尔什维克。艾布拉姆斯是五个俄国裔中的一个，他们是无政府主义者，他们散发宣传册，辱骂威尔逊总统下令远征，并声称这次出兵是反对布尔什维克的资本主义阴谋的一部分；敦促美国人不支持战争，进行罢工，而不是制造军火。这五名男子声称，他们因阴谋违反《间谍法》而被定罪，这本身就违反了第一修正案的言论自由要求。七位大法官的多数意见采用了“明显且即刻的危险”标准，并确认了对他们的定罪。反对意见强调，根据《间谍法》，被告的行为必须是故意削弱或阻碍战争的进行；可能会有许多对战争的批评，这些批评可能会妨碍战争的进行，但除非是具有直接动机的具体行为，否则不应认定为违反了《间谍法》，

---

① ibid, 51.

② 250 US 616.

本案不属于违法的情况。这个推理有点儿不能令人信服，但更重要的是这个意见对言论自由所表达的观点：

> 言论自由权的原则总是相同的。只有当前存在的直接邪恶的危险或实现它的意图，才可授权国会在不涉及私人权利的情况下限制意见的表达。国会当然不能禁止一切改变国家观念的努力……对真理的最好检验是思想在市场竞争中获得认可的力量……这无论如何都是我们宪法的真谛。这是一个实验，因为所有的生命都是一个实验……我们应该永远保持警惕，不要试图去检查那些我们厌恶并认为会带来死亡的观点的表达，除非它们是迫切的威胁，需要立即进行合法的干涉，为了挽救国家，符合法律目的的检查是必要的。①

申克标准从来没有被否决过，但它已经被“重新修订、重新定义、放弃、重新接受和复兴”。② 很久之后，1978 年，在地标通讯诉弗吉尼亚案③中，弗吉尼亚州议会通过了一项法律，规定在司法审查委员会程序开始前进行报道的行为属于犯罪。该委员会正在考虑一名法官的行为，《弗吉尼亚飞行员报》透露了法官的身份。该报纸的母公司根据州法令被定罪，弗吉尼亚州最高法院确认了这一判决。最高法院裁定弗吉尼亚州的法令是违宪的。首席大法官沃伦·伯格发表了一致同意的判决意见：

> 弗吉尼亚州最高法院依赖“明显且即刻的危险”标准驳回地标通讯的主张。我们质疑这一标准的相关性；此外，我们不能接受机械地应用该标准，正是机械地应用导致法院得出结论……适当应用该标准要求法院自行调查从特定话语中流露出的危险

① ibid, 628.

② Collins above n 1, ‘Epilogue: The Long Shadow’ at 368.

③ 435 US 829.

> 的紧迫性和严重性，然后权衡邪恶的性质与自由和不受约束的
> 165 表达的必要性。[1]

这两位伟大的异议者还试图影响劳动法的效力。到20世纪初，童工的使用在美国已很普遍。尽管国会无权在这方面干涉各州，但根据宪法的“商业条款”，它确实有权来管理商业。1916年，国会通过了一项法令，禁止跨州运输童工制造的商品。[2] 1918年，在哈默诉达格哈特案中，最高法院的多数裁定该法令违宪：[3] 国会对州际交通的监管权力只能延伸到本身有害的产品上。霍姆斯写了一份强有力的异议判决意见，认为过度使用童工的恶行是国会充分行使其监管权力的主要对象。1941年，最高法院在美国诉达比案中推翻了之前的判决，采纳了霍姆斯的推理。[4]

在20世纪初期，美国的工会活动有了长足发展。塔夫脱法院经常限制其合法性，霍姆斯和布兰代斯则持异议。1917年，在希克曼煤焦公司诉米切尔案中，一个工会在希克曼煤矿组织了几次罢工。[5] 随后，该公司坚持雇佣合同中的条款，即雇员不应成为工会成员。一名工会官员去矿山招募员工成为工会成员。该公司寻求强制令来制止这种行为。最高法院多数裁决，该公司有资格获得强制令。“人们有组织工会的自由……也有独立于工会的自由，雇主有权利雇用不对工会效忠的人。”[6] 布兰代斯提出反对意见，即不允许强迫一个潜在雇员接受没有工会的工作。但霍姆斯和布兰代斯都未能阻止最高法院宣布罢工者对雇主的二级纠察（secondary picketing）为非法。[7]

---

① ibid, 843.

② Baker above n 2, 198.

③ 247 US 251.

④ 312 US 100.

⑤ 245 US 229.

⑥ ibid, 230.

⑦ *Truax v Corrigan* 257 US 312; *Duplex Printing Co v Deering* 254 US 443.

二人还介入了法律和命令的签发。1924 年，在万江松诉美国案中，一名涉嫌谋杀的男子在生病时被监禁。[1] 他未经逮捕而被监禁了 8 天，并不断受到问讯。第 9 天，他被逮捕。最后，他签署了一份供词，然而不久之后医生认定他处于疼痛呕吐状态，不知道他在签什么。布兰代斯发布了最高法院的一致判决意见，裁定该供词不应被采纳为证据，并撤销了定罪。1924 年，在奥姆斯特德诉美国案中，布兰代斯就没有那么成
功了。[2] 在禁酒令时代，奥姆斯特德是违禁酒的贩售者，他利用电话亭 166
安排非法运送；联邦调查局监听了电话。而第四修正案保护公民不受不合理的搜查和扣押，第五修正案保护公民不被迫自证其罪。但多数意见支持对奥姆斯特德的定罪，根据英国当局的观点，非法获得的证据仍然可以作为证据。布兰代斯在反对意见中重申了他先前对隐私权的兴趣，认定窃听电话违反了宪法：

> 体面、安全和自由都要求政府官员遵守与普通公民一样的行为准则。在法治政府中，如果政府成为违法者，政府的存在将受到威胁……它会滋生对法律的蔑视。[3]

霍姆斯在单独的判决意见中说，“我认为，有些罪犯逃脱制裁并不比政府扮演不光彩的角色更邪恶”。[4] 1967 年，在卡茨诉美国案中，法院实际上推翻了奥姆斯特德案的多数判决。[5] 卡茨是一名非法赌徒，他的电话被窃听，最高法院这回认定窃听行为违反第四修正案和第五修正案。后来，1978 年的《外国情报监视法》设立了一个法庭，监督联邦机构对涉嫌在美国从事间谍活动的人的监视。思想超前可能成为一个陷阱。1927 年，霍姆斯和布兰代斯所在的最高法院授权对一名据说是低能

---

① 266 US 1.
② 277 US 438.
③ ibid, 485.
④ ibid, 470.
⑤ 389 US 347.

者的年轻女子进行绝育。该案的背景是：查尔斯·达尔文的表弟弗朗西斯·高尔顿也是一位著名的科学家和统计学家，他在 1869 年出版了一本题为《遗传的天才》的书，书中他研究了能力受遗传影响的程度，创造了“优生学”一词来涵盖这一新的研究领域。尽管他关心如何提高人类的智力，但他的书确实包含了“弱者”可以被关在独身修道院的建议。他的想法产生了巨大的影响，尤其在美国，许多学术机构开设了优生学课程，一些机构吸引了罗斯柴尔德、卡内基和凯洛格等慈善基金会的资金。改善人种似乎是一个好主意，直到德国科学家和纳粹政治家以令人毛骨悚然的结果实践它，才让人意识到这种做法的恐怖。1906 年，弗吉尼亚州议会通过了一项为癫痫患者和智力低下者建立殖民地的法案，1924 年，一项绝育法案赋予这种机构的监督人权力，如果监督人认为符合患者和社会的最佳利益，则可以下令对病人进行绝育。殖民地董事会必须批准该决定，但有权向当地县巡回法院上诉。阿默斯特县巡回法院裁定，卡丽·巴克可能是“社会地位低下的后代的潜在母亲，她可
167 以被绝育，而不会损害她的整体健康”。卡丽向弗吉尼亚州最高法院上诉，最后上诉到最高法院。霍姆斯发布了最高法院的简短意见。①

布伦丹·沃尔夫在《弗吉尼亚百科全书》中叙述了这个案子的背景事实和一审开庭情况。② 卡丽是一个被描述为低等白痴的妇女的私生女，早先被投入阿默斯特殖民地。卡丽是由寄养父母抚养长大的，18 岁时她自己生了一个私生子，她说这是强奸的结果。正是这一生育使她的养父母要求把她送到阿默斯特殖民地。可以注意到，在英国，《1913 年精神缺陷法》（代替 1896 年的《白痴法》）规定了类似的交送，对于那些意志薄弱的或有道德缺陷的年轻妇女，鉴于她们可能会进行滥交，应被交送精神病院。但卡丽确实有精神障碍的证据似乎相当薄弱。

最高法院的判决意见（由霍姆斯发布）只是基于阿默斯特法院的裁

---

① 274 US 200 (1927).

② www. encyclopediavirginia. org，*Buck v Bell*；他没有注明资料来源。

决，认定卡丽是意志薄弱的。代表卡丽的主张认为，根据第十四修正案，她被剥夺了正当程序和法律保护。该主张被拒绝了：

> 我们不止一次看到，公共福利号召最优秀的公民为他们的生活作出贡献。为了防止我们被无能所淹没，如果不能号召那些已经消耗国家力量的人来做出这些较小的牺牲，这似乎很奇怪，何况这些牺牲对于相关人士而言无足轻重。如果社会能够阻止那些明显不适合继续繁衍的人，而不是等到有朝一日去处罚他们退化的后代，或是让他们为自己的低能而挨饿，那对全世界来说是更好的。坚持强制疫苗接种的原则非常宽泛，足以覆盖切除输卵管的项目。三代低能儿是充分条件。①

---

① Above n 35, 207.

第十九章　社会干预：厄尔·沃伦

168 1908 年 8 月，在伊利诺伊州的斯普林菲尔德发生了严重的种族暴乱，一个白人暴徒杀死了许多黑人。由于对这种暴力行为感到恐惧，一个主要由白人组成的全国有色人种协进会（NAACP）在林肯诞辰一百周年之际宣布成立了。其消除种族歧视的计划最初效果并不明显，但在第二次世界大战中黑人和白人都在武装部队服役，这成为种族关系好转的催化剂；改革者求助于最高法院，在一系列具有里程碑意义的案件中，最高法院改变了黑人和白人之间关系的法律框架。奥利弗·布朗诉托皮卡教育委员会案最初是在 1952 年由首席大法官文森主持的法庭上辩论的；大法官们在这个阶段出现分歧，文森说服同事重新组织辩论。① 在重新辩论之前，发生了两个重要事件：共和党人德怀特·艾森豪威尔当选总统，文森去世。艾森豪威尔安排厄尔·沃伦日后担任最高法院大法官，但是要先担任一段时间副总检察长。然而，1953 年 10 月，总统在国会休会期任命厄尔·沃伦为最高法院大法官，后者于当年 12 月听取了布朗案的重新辩论；1954 年 3 月，沃伦被参议院批准为首席大法官。1954 年 5 月 17 日，他发表了最高法院的一致判决意见，宣布在公立学校将

① 347 US 483.

黑人和白人学生隔离是违宪的。这是他任期的第一个判决意见，也是“沃伦法院”的开始。这个词最初是由批评者创造的，他们认为最高法院在他的领导下过于自由。沃伦在回忆录[①]中写道：

> 布朗案刚刚结束，南方的国会议员就签署了所谓的《南方宣言》，并将它加入国会记录，他们保证将尽其所能推翻布朗案，其中一些人亲自告诉我，我在他们的背上捅了一刀。[②]

MJ. 霍洛维茨在《沃伦法院以及对正义的追求》一书中将沃伦主持的法院描述为“在美国宪法史上开创了一个独特和革命性的篇章，这是一场宪法革命”。[③] 169

从表面上看，沃伦不太可能成为首席大法官的候选人，更不可能成为自由派法院的领导人。他在被任命时，从未担任过任何法院职务，并且有超过 20 年的时间没有上过法庭了。当他宣誓就职时，他不得不借用不合身的法袍。[④] 他的八个同事都是民主党任命的。沃伦不仅是多年来第一个被共和党任命的大法官，而且似乎有着保守的记录。作为加利福尼亚州的一名司法官员，他因在犯罪和劳工组织问题上采取强硬路线而声名大噪。他曾经批评过罗斯福的一些新政立法。他曾是西方自然之子（the Natural Sons of the West）的成员，该组织以反亚裔著称，他支持在珍珠港事件之后拘留日本裔的美国公民。[⑤] 他还支持优生绝育。然而，他还有另一面。他长期担任加州州长的履历显示出他对弱势群体的关注。他创建了现代化的医院服务，改善了监狱，增加了养老金和失业救济金。他改进了警方的程序；在对犯罪行

---

① E Warren, *Memoirs of Earl Warren* (Garden City NY, Doubleday, 1977).

② ibid, 4.

③ MJ Horowitz, *The Warren Court and the Pursuit of Justice* (New York, Hill and Wang, 1998) 3.

④ M Belknap, *The Supreme Court Under Earl Warren* (Columbia SC, The University of South Carolina, 2005) 1.

⑤ ibid, 4 and 30.

为严苛的同时，他认为警方应该公正行事。他拒绝承认自己的想法随着时间的推移而改变，但是他对自己支持拘留日本裔公民表示后悔。① 关于最高法院对布朗案的判决意见，他写道，他从未对自己支持取消种族隔离的决定改弦易辙：

> 我在加利福尼亚长大，上过公立学校和加利福尼亚大学，和黑人以及几乎所有少数族群的成员一起坐在教室里……我认为，在这个种族隔离是一种生活方式的国家里，获得共识的真正功劳应该归于那些生于斯、长于斯的大法官。每个人都知道，对这一判决最大的情感反对即将来临。②

他将主持的最高法院在司法方法上存在分歧，分歧主要存在于大法官法兰克福特和杰克逊与道格拉斯和布莱克之间。法兰克福特支持司法谦抑主义，即将有关政策的事项留给立法机关。20 世纪 20 年代和 30 年代，最高法院曾宣布罗斯福总统的一些新政立法违宪。法兰克福特是罗斯福的支持者，他认为最高法院已经超出了其应有的职权范围——只有当一项法令的条款无法获得证成，以致构成对理性的漠视时，该法令才应被废除。③ 杰克逊虽然站在法兰克福特一边，但其认为法院应该介入的范围更为有限；他认为最高法院不应该干预旨在调控经济的立法，但在其他领域，如宪法下的正当程序和平等保护，他认为最高法院可以
170 介入。④

一般来说，布莱克和道格拉斯认为，法院有义务宣布惩罚弱势群体的法案违宪。除了这些学理上的差异之外，法兰克福特和他的一些同事之间还有私人间的敌意，他们认为他傲慢自大；他说话尖刻，据传他说

---

① Warren above n 2, 4 and 149.

② ibid, 4; the southern Justices were Black (Alabama), Reed (Kentucky) and Clark (Texas).

③ ibid, 14.

④ ibid, 15.

文森的死是他第一次看到上帝存在的证据。[1] 在这个充满纷争的法院，沃伦带来了强大的政治技巧。

1891 年，沃伦出生于加利福尼亚州，是挪威和瑞典移民的儿子。他读过政治学，后毕业于伯克利大学的法律专业，并于 1917 年获得加州律师资格。经过一段时间的私人执业后，他于 1925 年被选为加利福尼亚州阿拉米达县的地区检察官，并于 1938 年成为州检察长。在私人生活中，他是一位杰出的共济会会员，1935 年成为加利福尼亚州的总导师。1942 年，他当选为加州州长，共三届任期。

沃伦不是一个学究式的人。他认定正确的决定之后，经常把判决意见的撰写留给他的助理（这些人通常都是在顶级法学院中脱颖而出的年轻人）。[2] 然而，这次在布朗案中，他撰写并发布了最高法院的判决意见。庭审合并了来自堪萨斯、南卡罗来纳、弗吉尼亚和特拉华四个州的案件，在这些州，黑人儿童不得在白人儿童就读的学校入学，只能在州政府提供的独立学校接受教育。奥利弗·布朗是一个黑人男孩的父亲，他和其他父母一起对地区法院的判决提起上诉，因为地区法院拒绝裁定隔离教育违反了第十四修正案。布朗一方声称，隔离的学校不平等。事实上，托皮卡教育委员会已经采取了逐步取消种族隔离的政策，其没有出庭；但是，州政府反对布朗等人的诉求，提出了陈述意见。下级法院依据最高法院在 1896 年裁定的普莱西诉弗格森案，[3] 该案认为公共交通上同等但分离的设施是合法的。[4] 在布朗案中，全国有色人种协进会提出了法庭之友意见，其希望最高法院推翻普莱西案。当文森法院第一次审议这一案件时，他们不愿意这样做。[5] 最高法院决定重新辩论该案，并要求司法部提交一份摘要，尽管艾森豪威尔总统有些不情愿，但总检

① ibid, 26.

② ibid, 21.

③ 163 US 537.

④ See above ch 16.

⑤ Belknap above n 29.

察长承认隔离是违宪的。大法官们对反对种族隔离的意见在南部各州可能产生的影响仍存有疑虑。有些人怀疑种族隔离是否具有可操作性。然而，沃伦很明确，种族隔离是违宪的，通过软磨硬泡，他获得了最高法
171 院的一致意见。①

在背离普莱西案的判决时，最高法院的意见基于自 19 世纪 90 年代以来美国社会的显著变化：

> 在南方，由一般税收支持的免费公立学校运动还没有开始。白人儿童的教育主要掌握在私人团体手中。黑人的教育几乎不存在，该种族几乎所有人都是文盲。事实上，在一些州，任何对黑人的教育都被法律所禁止。相比今天，许多黑人在艺术和科学、商业和职业领域都取得了突出的成就……即使在北方，当时公共教育的条件与今天的情况也无法同日而语……②
>
> 今天，教育也许是州政府和地方政府最重要的职能。义务教育入学法和巨大的教育支出都表明了我们对教育之于我们民主社会的重要性的认识……接下来，我们针对争议的问题：如果公立学校的体育设施和其他“有形”因素是平等的，仅仅基于种族的儿童隔离是否剥夺了少数族群儿童的平等教育机会？我们认为……仅仅因为他们的种族而将他们与其他年龄和资历相近的人分开，会令他们对自己在社会中的地位产生一种自卑感，这会对他们的心灵产生不可磨灭的影响……③
>
> 我们的结论是，在教育领域，“隔离但平等”的准则是没有立足之地的。独立的教育设施本质上是不平等的。④

---

① ibid, 32-34.

② Above n 1, 489.

③ ibid, 493-94.

④ ibid, 495.

在学校里以种族出身为由对儿童实行隔离，违反了第十四修正案。

这个判决没有得到普遍接受。很明显，南部一些州的教育当局无视这一判决，或者只是敷衍了事。最高法院之前的判决意见没有指明如何取消种族隔离，1955 年 5 月 31 日，最高法院发布了一项实施法令。[①] 这给了地方法院一定的自由，要求它们有序地消除种族隔离；学校董事会可以有缓冲时间，只要其迅速且合理地开始着手实施。

民众的反对在继续。1957 年，九名黑人学生在阿肯色州小石城的高中入学时，一群暴徒阻止他们进入学校，直到艾森豪威尔总统派 101 空降师的成员保护他们之后，他们才得以入学。阿肯色州州长随即关闭了所有公立学校。1957 年 12 月，最高法院谴责了他的行为，认为他的行为表示阿肯色州不受最高法院判决约束，并下令重新开放公立学校。[②]

在布朗案的余波中，普莱西案确立的与公共交通相关的标准被放弃。萨拉·基斯是一名非洲裔美国人，在女子陆军服役；她穿着制服从 172
新泽西州的基地出发，乘坐一辆正在州际公路上行驶的公共汽车，前往她在北卡罗来纳州的家。当她到达北卡罗来纳州的洛亚诺克河时，一位新司机要求她离开一个为白人保留的座位。她拒绝了，并被逮捕，拘留了几个小时，并被罚款 25 美元。她的父亲联系了全国有色人种协进会，协进会代表她向州际商业委员会提交了申诉。1955 年 11 月，委员会支持了她的申诉。6 天后，罗莎·帕克斯拒绝离开她在亚拉巴马州蒙哥马利的种族隔离巴士上的白人座位。次年，由沃伦主持的最高法院确认，亚拉巴马州要求隔离运输的州立法是违宪的。[③]

1957 年，国会通过了一项确立平等投票权的法令，而不管种族出身如何。1964 年，肯尼迪政府考虑到废除种族隔离进展缓慢，制定了一项

---

① 349 US 294.

② *Faubus v Aaron* 361 US 197.

③ *Browder v Gayle* 352 US 903.

新的民权法案，禁止在大多数公共场所基于种族、肤色、宗教或民族出身而进行歧视。该法案赋予总检察长在学校强制取消种族隔离的权力。肯尼迪总统在国会通过该法案之前就被暗杀了，但他的继任者林登·约翰逊总统的强烈呼吁确保了该法案后来的通过。尽管认为有必要通过国会法案，但最高法院已经指明了方向。

1968 年，国会通过的与公民权利有关的法规的合宪性问题再次引起另一届最高法院的关注。这些问题呈现在了琼斯诉迈耶公司案①中，此时的最高法院由厄尔·沃伦主持。到 1871 年，三 K 党的种族攻击引起了极大的关注。尤利塞斯·格兰特总统向国会提交了法案，规定必要时中止人身保护令，以遏制种族暴力，剥夺美国公民在宪法或法律下的任何权利、豁免权或特权的任何人都有责任接受损害赔偿诉讼或对他人进行补偿。当时，这一规定被与 1866 年《民权法》的规定放在一起比较，后者规定，所有肤色或种族的公民都有权购买和租赁房产，如同白人公民一样。1965 年，原告向密苏里州东部的地区法院提出申诉，称被告拒绝向他出售房屋的唯一原因是他是黑人。下级法院认为 1866 年和 1871 年的法令不适用于私人销售。最高法院推翻了这个判决，认为 1866 年的法令禁止出售或出租房产的过程中的所有种族歧视，无论是私人的还是公共的，这是国会有效执行第十三修正案的权力。斯图尔特大法官宣读了最高法院的判决意见：

> 国会有权根据第十三修正案合理地决定什么是奴隶制的标
> 173 记和事件，并有权将这一决定转化为有效的立法……②
>
> 北方和南方的黑人公民都在第十三修正案中看到了对自由的承诺——可以自由“来去，随性而去”，可以根据意愿自由“买卖”。如果国会无力保证黑人手中的一美元与白人手中的

① 392 US 409.

② ibid, 440.

一美元具有同样的购买力，那么第十三修正案不过是“一纸空文”。[1]

虽然沃伦在加利福尼亚担任总检察长时是一名严厉的执法者，但他认为刑事诉讼程序应该公平进行。以他冠名的最高法院在这一领域发表了许多重要的意见，以下只是简单的几例。在吉迪恩诉温赖特案中，吉迪恩被控进入佛罗里达州巴拿马市的一个游泳池，并从自动售货机上偷钱。[2] 在佛罗里达州，这被列为重罪。他没有资金支付辩护律师的费用，在被传讯时，他要求指定律师给他，但被拒绝了，因为根据佛罗里达州的法律，只在死刑案件中才能指定律师，而本案不是死刑案件。吉迪恩自己进行辩护，结果被定罪并被判处 5 年监禁；由于在下级法院申请人身保护令时失败，他向最高法院提起上诉，声称他在没有指定律师的情况下被定罪，这违反了第六修正案，该修正案规定，“在一切刑事诉讼中，被告应享受下列权利：……取得律师的帮助为其辩护”。这就提出了一个重要的宪法问题：宪法的前八项修正案确立的权利对联邦法院有约束力；根据第十四修正案的正当程序规定，这些权利也对州法院有约束力吗？1942 年，最高法院在贝茨诉布雷迪案中作出了一项较早的判决，判决一名在州法院被控抢劫的被告无权获得律师代理，[3] 但最近在马普诉俄亥俄州案中，[4] 俄亥俄州克利夫兰市的警察在没有搜查令的情况下进行了强制搜查，并发现了一些色情作品。最高法院裁定，根据第十四修正案，第四修正案规定的不受无理搜查的保护适用于州法，非法扣押的物品不可作为证据。

在吉迪恩案中，首席大法官沃伦虽然是最高法院的一员，但没有发表意见；他意识到，与其他大法官不同的是，他在就任前没有司法经

① ibid, 443.
② 372 US 335.
③ 316 US 455.
④ 367 US 643.

验，最初他要求另一位大法官主持法官会议，直到形成一个意见；他经常让他的同事撰写和发表判决意见。在本案中，布莱克大法官发表了判决意见，沃伦随附。布莱克表明了第六修正案适用于州法院的标准："这是对基本公平的否定吗？是打击普遍的正义感吗？"如果是这样的
174 话，根据第十四修正案，它适用于州法院。在一个州法院重罪审判的案件中，第六修正案保证的律师代理是必要的，没有给吉迪恩提供律师是违宪的。最高法院推翻了贝茨案的判决。

沃伦在 1966 年米兰达诉亚利桑那州这个关键案件中发表了最高法院的判决意见。[①] 这一判决证明了英国普通法是如何在美国实施的。庭审涉及四起刑事案件的上诉，其中一名被告被警察审问了很长一段时间，但没有被告知他有保持沉默或拥有法定代理人的权利。最高法院以多数票裁定不支持这四个案件中的定罪。

沃伦发表的多数意见追溯了沉默权的起源，这是 17 世纪英国实践的产物。英国刑事法院直到 1898 年才承认被告提供的证据，即便如此，这些证据也必须是自愿提供的。然而，从 15 世纪末到 1641 年，王室利用独立于普通法法院的法院来执行刑法的部分内容，如谋反罪，并确保宗教统一。这些特权法院便是星宫法庭和高等委员会。有时，其用酷刑逼供，如果嫌疑人拒绝回答问题，就会受到严厉的体罚，如长时间鞭打，甚至拔掉耳朵。例如，1638 年，约翰·利尔伯恩出版了宣扬生而自由的英国人权利和批评国王的小册子。王室政府禁止未经出版业公会（Stationers' Company）的许可而出版书籍，利尔伯恩没有许可。公会把他的情况报告给星宫法庭，法庭要求他回答是否出版了这些小册子。他拒绝回答，并声称基本权利，即"任何人都不应因宣誓而被迫回答有关自己犯罪的问题"。星宫法庭下令从舰队街到威斯敏斯特一路鞭打他，并对他处以枷刑、罚款和监禁。这些特权法庭显然不受欢迎，1641 年，

① 384 US 436.

由国王查理一世的反对者控制的所谓长期国会的残余势力废除了这些法庭。在奥利弗·克伦威尔的共和政府时期，利尔伯恩向上议院提出上诉，上议院承认他有权保持沉默并对他进行赔偿。作为英国法院的实践问题，沉默权原则得以确立：如果一个人在接受调查机关或法庭询问时保持沉默，则不能将此作为对其不利的证据。

美国宪法第五修正案规定，“任何人……不得在任何刑事案件中被迫自证其罪；未经正当法律程序，不得剥夺任何人的生命、自由和财产”。在马洛伊诉霍根案①中，法院裁定第五修正案的保护适用于州法院和联邦法院，最高法院在米兰达案中对此予以确认。最高法院如今还给出意见认为，第五修正案适用于警察审问，正当程序包括在这种情况下获得律师建议的权利。该意见回顾了早先关于警方审讯技术的报告，175
其中包括殴打、吊打和鞭打，并指出，直到 1965 年，纽约州国王县的警察还在殴打、鞭打并将点燃的烟头按在一名潜在证人的屁股上，以迫使他指证一名嫌疑人。该意见还考虑了目前发给警方审问人员的手册，其中规定了如何对嫌疑人施加心理压力以获得供词。最高法院接着说：

> 今天，毫无疑问，第五修正案的特权也适用于刑事诉讼程序之外，这有助于保护所有环境中的人，防止人们的行动自由被严重地剥夺，被迫自证其罪。我们得出的结论是，在没有适当保障的情况下，对涉嫌或被控犯罪的人进行拘禁审讯的程序中，存在固有的强制性压力，这些压力会削弱个人的抵抗意愿，并迫使他在无法自由发言的情况下发言。为了克服这些压力并提供充分的空间行使不得自证其罪的特权，必须充分有效地告知被告其权利，并且必须充分尊重对这些权利的行使……②

---

① 378 US 1.

② Above n 29, 467.

> 我们认为，被审讯的个人必须清楚地知道，他有权咨询律师，并有权在我们今天所描述的特权保护制度下在审讯期间让律师在场。要告知其有权保持沉默，任何陈述都可以作为对他不利的证据，这种告知是审讯的绝对先决条件。任何间接证据表明此人可能已经意识到这一权利，都不足以取代明确的告知。只有通过这样的告知，才能确定被告知道这项权利。①

第五修正案所载的保证有效地嵌入了美国法律之中。然而，在大不列颠，国会依然可以剥夺沉默权。根据 1994 年《刑事司法和公共秩序法》第 34—37 节的规定，陪审团可以从被告在接受警方问讯时没有提及而后来在辩护中所依赖的事实以及他在审判中未能证明的事实中得出他们认为合理的推论。必须指示陪审团，被告仍有权保持沉默，举证责任仍由控方承担，不能只依据沉默定罪。这些规定似乎是源于一种信念，即一个无辜的人没有什么可隐瞒的，没有什么可说出的。它们导致了有时令人不安的妥协，因为保持沉默的权利和作出不利推论之间不相容。

在 19 世纪和 20 世纪，美国的人口结构发生了变化。一些县的人口大幅增加，而其在州选举中可以选择的候选人数量是基于低得多的人口
176 普查数字。② 任何校正这种情况的努力都是一项社会工程。1901 年的《亚拉巴马州宪法》规定，议会两院的席位分配方法应以人口为基础。每 10 年要进行一次人口普查，然后再进行席位分配。自 1900 年以来，亚拉巴马州没有进行过人口普查，而此期间其人口发生了相当大的变化。1961 年 8 月，杰斐逊县的居民向地区法院提出申诉，称他们在分配投票席位时受到严重歧视，以至于他们在自由平等选举方面的平等参政

① ibid, 471-72.

② Belknap above n 5, 120.

的宪法权利和法律下的平等保护权利被侵犯了，实际上他们抱怨的是州政府的选区划分不公。到申诉被审理时，亚拉巴马州四分之一的人口就已经可以在立法机关中选出多数。地区法院承认原告的宪法权利遭到侵犯。1964 年，该案上诉到最高法院，称为雷诺兹诉西姆斯案。[①] 沃伦发表了多数意见。所有在国家或州选举中投票的人都有权享有按人口分配的平等投票权：

> 一旦指定了选举代表的地理单位，所有参加选举的人应享有平等的投票权，无论他们的种族、性别、职业、收入和家庭在该地理单位中的位置如何……从《独立宣言》到林肯的葛底斯堡演说，政治平等的观念……只意味着一件事——一人一票。[②]

他接着主张，“立法者代表的是人民，而不是树木或土地面积。立法者是由选民选举产生的，而不是代表农场、城市或经济利益”。最高法院不会支持少数控制州议会。这需要一种实用的方法：

> 平等保护条款要求政府忠实地设置议会两院的选区，采用可行的方式尽可能使人口相等……然而数学的精确性不是可行的宪法要求。

沃伦法院最引起争议的判决是 1973 年的罗伊诉韦德案，[③] 该案要求最高法院考虑两个相互矛盾的情感主张——女性控制身体的权利和胎儿的生命权。1969 年 6 月，居住在得克萨斯州达拉斯县的单身女性诺玛·麦考维发现自己第三次怀孕，并试图找医生给她流产。《得克萨斯州刑法典》（始创于 1857 年）将堕胎或试图堕胎定为刑事犯罪，除非根据医生建议出于挽救母亲生命的考虑。诺玛的生命没有因怀孕而受到威胁。

---

① 377 US 533；see also *Baker v Carr* 319 US 583.

② 这段话实际上引自最高法院之前的判决 *Gray v Sanders* 372 US 368。

③ 410 US 113.

她被介绍给两位年轻的女性律师，她们新近毕业于得克萨斯大学法学
177 院，同意帮助她。她的孩子出生了，但律师代表她在联邦法院寻求一份声明，以宣布得克萨斯州法典中限制堕胎的条款是违宪的。这起案件被冠以“罗伊诉韦德”之名，对原告进行了匿名处理；① 亨利·韦德是得克萨斯州达拉斯县的总检察长。两位年轻的律师代理了该案件，该案于1970年12月在最高法院开庭，然而直到1973年1月最高法院才发表了判决意见，这在一定程度上表明了该判决的难度和重要性。最高法院随后宣布，《得克萨斯州刑法典》的相关条款违宪。

八人（包括厄尔·沃伦）的多数判决由布莱克门大法官发布。最高法院注意到，限制堕胎的州立法有相对近的起源，即源于19世纪。判决忠实于“布兰代斯意见”的传统，回顾了波斯帝国、古希腊和古罗马的堕胎实践，以及希波克拉底誓言和英美普通法与成文法的影响。它考虑了来自美国医学会的报告，这些报告似乎在这个问题上两极分化。至关重要的是，它继续考虑了宪法中是否存在隐私权足以保护妇女堕胎的决定，结论是：

> 这种隐私权，无论是基于第十四修正案的个人自由概念和对政府行为的限制，正如我们认为的那样，还是根据地区法院对第九修正案中人民的保留权利的理解，都足以涵盖妇女是否终止妊娠的决定。政府通过完全否定这一选择而对孕妇造成的伤害是显而易见的。即使在怀孕早期，医学上也可诊断出具体和直接的伤害。母亲的身份或多余的孩子都可能使妇女在未来生活困难。心理伤害则是迫在眉睫的。养育孩子是精神和身体健康的负担。与不受欢迎的孩子相关的所有人都会承受痛苦，把孩子带到一个已经无法从心理上和其他方面去照顾他的家庭

① 在中世纪英国法律中，某些财产诉讼的当事人被冠以虚构的名字，如约翰、简、罗伊等，以使法院能够基于理论作出有效判决。美国法院在一些案件中采用了这种措施，以隐匿当事人的名字。

> 只是雪上加霜。在其他情况下可能会涉及额外的困难和对未婚母亲的持续羞辱。所有这些都是妇女和她的主治医生必须考虑的因素。[①]

然而，这并不意味着一个女人拥有不受限制地终止妊娠的权利。政府有兴趣确保适当的医疗程序和保护潜在的生命。将胎儿界定为人，并非起草宪法（包括宪法修正案）的人的意图。最高法院无法找到一个压倒一切的论据证明生命应该从何时被视为开始，但医学观点确实认为胎儿是可以存活的，在没有独立支持的情况下，能够在子宫外生活，这发生在怀孕 28 周左右（还可能稍早发生）。因此，出于合法目的，最高法院将怀孕在概念上分为三个等长的时期，在这三个时期内，母亲的权利将受到不同的对待。由于《得克萨斯州刑法典》没有考虑到影响怀孕过 178
程中不同阶段的所有利益，它确实违反了第十四修正案。决定终止妊娠与否的标准是：

> （a）大约在妊娠第一个时期结束前，堕胎决定及其生效必须由孕妇主治医生作出医学判断。
>
> （b）对于大约在第一个时期结束后的阶段，政府为了促进母亲的健康利益，可以选择与母亲健康合理相关的方式规范堕胎程序。
>
> （c）对于胎儿可以存活之后的阶段，政府为促进潜在的生命的利益，可以选择、规范甚至禁止堕胎，除非根据适当的判断，为保护母亲的生命和健康所必要。[②]

对于堕胎的情况，最高法院认为，根据其宪法作用，其能够作出政策决定，而不是将其交给国会。该判决引发支持生命权的游说团体的游行示威。在共和党政府的刺激下，对其提出了各种挑战，但都失败了。

---

① Above n 36, 153.

② ibid, 164-65.

到 1992 年，最高法院的组成变得更加保守，一个新的挑战也开始出现。人们普遍预计，这一挑战会成功；是否成功将在稍后探讨。[1]

沃伦法院作出了许多其他值得注意的判决，但人们的选择性注意或许印证了温德尔·霍姆斯的观点，即法律的生命是经验。[2]

---

① Below ch 21.

② Above ch 18.

第二十章　法律之下的总统：阿奇博尔德·考克斯与理查德·尼克松

在 1972 年 11 月总统大选之前，民主党在华盛顿特区的水门大厦设 179
立了一个竞选办公室。那年 6 月，五名入侵者在大楼内被捕，最终被控非法安装窃听设备、窃取文件。《华盛顿邮报》的两位年轻记者卡尔·伯恩斯坦和鲍勃·伍德沃德被一位匿名线人（后来披露，此人是联邦调查局副局长威廉·马克·费尔特）接见，后者透露其中一名窃贼与尼克松总统连任委员会有关联。该线人继续向记者透露信息，因为联邦调查局的调查发现了一个文件线索，总统连任委员会经营的一个贿赂基金被用来支付窃贼的报酬。最终，这条线索导致对尼克松政府许多工作人员和与之相关人员的起诉，国会启动了针对总统的弹劾程序，总统最终辞职。①

理查德·尼克松是美国唯一一位辞职的总统；阿奇博尔德·考克斯是美国司法部长任命的特别检察官，负责调查尼克松政府成员在水门事件中所扮演的角色。考克斯与尼克松是同时代人——考克斯生于 1912

---

① See K Gormley, *Archibald Cox: Conscience of a Nation* (Cambridge MA, De Capo Press, 1997); J Doyle, *Not Above the Law: The Battles of Watergate Prosecutors Cox and Jaworski: A Behind-the-Scenes Account* (New York, Morrow, 1977).

年5月，而尼克松生于1913年1月。两人都曾接受律师培训和从事法律工作。尼克松取得了北卡罗来纳州杜克大学的入学资格，于海军服役前在加利福尼亚州从事法律工作五年。考克斯在哈佛大学被评为年级最优秀的学生之一，他曾担任美国第二巡回上诉法院首席法官勒尼德·汉德的助手，后来在波士顿的私人律所执业。考克斯成为劳动法方面的专家，在第二次世界大战期间，他曾在一家调解机构工作，旨在减少供应战备行业的争端。战后，尼克松投身于共和党的政治活动。他相继成为众议员和参议员，后又担任艾森豪威尔政府的副总统。1968年，尼克松
180 当选美国总统，1972年再次当选。然而，在20世纪60年代初，尼克松在总统选举中输给了约翰·F. 肯尼迪，又失去了加利福尼亚州州长的职位，这使他在1972年的选举中卷入一场针对政治对手的卑鄙行动并导致他的垮台。

战后，考克斯成为哈佛大学的法律研究人员；他专攻宪法，当让他担任水门事件特别检察官的邀请到达时，他正在举行讨论沃伦法院的讲座。从表面上看，他是共和党的总检察长做出的一个奇怪的选择，因为他曾在劳工问题上为肯尼迪的民主党政府提供建议。他在肯尼迪政府担任了四年半的副总检察长，代表政府在最高法院应诉，案件涉及公民权利和重新划分选区，但是他没有担任刑事案件律师的经验。在确认新的总检察长人选的听证会上，参议院司法委员会坚持认为，对水门事件进行真正独立的调查是必要的，这导致考克斯被任命为特别检察官。事实证明，一名宪法律师至关必要。总统在椭圆形办公室（the Oval Office）[①] 与幕僚的谈话都被录了音；当这被发现时，考克斯试图通过传票（一项要求提供证据的命令）获得录音带。总统否认参与了卑鄙的活动，并声称行政人员有权拒绝披露这些录音带。关于信息披露的讨论一直争到最高法院，最高法院最终裁定，总统不是判断披露是否合适的唯

---

① 即白宫总统办公室。——译者注

一法官。总统享有行政特权，但要受到限制，特别是当他持有与刑事案件有关的证据时。总统要受法律约束。

尼克松于1972年11月再次当选总统，具有讽刺意味的是，他以压倒性优势当选总统。水门事件的审判始于1973年1月，地点是华盛顿特区的联邦地区法院，由约翰·西里卡法官主持。西里卡通常在联邦地区法院审理工厂里发生的刑事案件，这与本案提出的宪法问题相去甚远。他是一个意大利移民理发师的儿子，实际上是一个强硬的家伙，通过职业拳击比赛付清了法学院的学费。在本案中，一些被告认罪；戈登·利迪和詹姆斯·麦考德一直抗争，但也被判有罪。控方对于审讯感到力所不逮，他们把精力集中于追究非法侵入的事实及其直接目的，但定罪后，麦考德给法官写了一封信，声称对被告人施加了政治压力以使其认罪，并且审判中的一些证人提供了伪证（他们中有些人后来承认）。西里卡法官在公开法庭上宣读了这封信。1973年1月30日，窃贼和一些组织者被判处长期监禁，但他们后来根据正当程序被减刑。

1973年1月20日，尼克松宣誓就任总统，并于4月28日提名埃利奥特·理查森为美国总检察长。像其他提名一样，这必须得到参议院司法委员会的批准。理查森曾是国防部长，是尼克松的忠实拥护者。司法 181
委员会探讨了理查森将如何调查水门事件。他打算在司法部内部任命一名部长助理，但要对他负责。司法委员会认为这是不可接受的，并坚持任命一名特别检察官。

在这一阶段，有必要了解美国司法行政的一些运作情况，特别是总检察长的作用。[①] 该头衔源自英国。最初指代表他人拥有一般代理权的任何人，后来被用于描述英国政府的首席法律顾问，他的副手被称为副总检察长（Solicitor General），他们都是国会议员，但都不是内

---

① L Caplan, *The Tenth Justice*: *The Solicitor General and the Rule of Law* (New York, Alfred A Knopf, 1987).

阁成员。出庭律师是英国律师协会的上层。司法系统的首脑是司法部长（他还担任大法官这个传统职位），他是内阁成员，有时还代表司法部门发言。另外，在美国，总检察长是内阁成员和司法部长。副总检察长向政府提供建议，并在最高法院提出与政府机关有关的请求。他决定将哪些请求提交最高法院。考克斯是肯尼迪政府的副总检察长，他承担了雷诺兹诉西姆斯等案件的辩护工作。两国的法律官员都有一个奇怪的职位：他们是部长，政治性很强，但他们的行为同时受到专业和政治的限制——必须公正无偏。在美国，如果要求对政府成员进行调查，总检察长通常会任命一名特别检察官（现称为独立检察官）。

对于本案，司法委员会坚持要求理查森承诺，必须任命特别检察官，条件是他可以调查白宫幕僚和总统政治任命人员可能犯下的所有刑事罪行，而且他只能因极其不当的行为而被解职。[①] 理查森试图找到一位令两党都能接受的经验丰富的出庭律师，但他首次接触的四个人都拒绝了这个职位。当与考克斯接触时，考克斯愿意进一步谈判。考克斯预见到相关人士可能会主张行政特权。宪法中没有关于总统特权的具体规定，但伦奎斯特大法官在升任到最高法院之前，曾就职于司法部，并发展了关于总统特权的观念。了解到这一点，考克斯坚持，他有权对被调查者主张的所有行政特权提出异议，理查森接受了这一点。一般来说，特别检察官不召开新闻发布会是一种惯例；考克斯认
182 为，调查与总统关系密切的人很困难，有必要获得公共舆论的支持。他被授权定期向公众报告。基于这些条件，他接受了任命，并于 1973 年 5 月 25 日宣誓就职。

考克斯的工作推进迅速。此前，调查是由司法部刑事司司长亨利·彼得森领导的，他在会见考克斯时声称对他与总统的谈话保密。然而他

---

① Doyle above n 1, 41 et seq.

透露了尼克松曾告诉他的一条消息：尼克松的内部律师约翰·迪恩告知总统，如果他透露了他所知道的情况，控方将给予他豁免。彼得森告诉总统，迪恩没有得到豁免，总统回答说迪恩的话被录下来了。此后，考克斯会见了政府代表，要求提供总统和迪恩之间的谈话录音带，以及他们所有的会见记录。政府代表迟迟没有回应。1973 年 7 月 13 日，白宫助理巴特菲尔德在出席参议院调查水门事件的委员会之前接受了采访，并透露椭圆形办公室的所有谈话都被录音了。总统和迪恩之间的会见记录被披露，考克斯发出九张传票，要求交出特定的录音带。总统的特别顾问接受了传票。① 1973 年 7 月 25 日，考克斯得到了总统的答复："把我参加的会议和电话的录音提供给公众，这不符合公众利益和总统的宪法地位，我必须礼貌地表示拒绝。"②

这时，大陪审团正在考虑是否对水门事件提起公诉。在英国，这一程序已经被废除，但在美国，这一程序继续作为优先起诉的一种手段，由陪审团决定需要应诉的案件。大陪审团在私下进行，考克斯拜访了他们，解释了传票的必要性，大陪审团于是授权他代表他们寻求传票。陪审员们进入公开法庭，向西里卡法官确认了他们的立场。由于总统拒绝交出录音带，考克斯申请了一项命令，要求总统说明不交出录音带的理由。西里卡法官主持了庭审。考克斯以特别检察官的身份进行辩论，而得克萨斯大学的法学教授、宪法专家查尔斯·赖特则代表总统进行辩论。赖特辩称，自宪法被批准以来的所有岁月里，美国从未有任何法院发布过考克斯寻求的命令。美国共有 400 名联邦法官，如果这项命令获得批准，就等于授予了这些人免费通行证，可以获取总统的个人文件。考克斯回答说："这不仅是一项指控，而且有强有力的证据表明，行政官员的廉正已遭破坏，尽管其程度尚不清楚。"他接着引用

---

① Gormley above n 1, 290.

② Richard Milhous (ed) *Public Papers of the Presidents of the United States*: *Richard M Nixon*, 1973 (Ann Arbor MI, University of Michigan Library, 2005).

了英国的詹姆斯一世和首席大法官柯克之间的一次交流，在交流中，国
183 王曾说，“我将受法律约束，这种说法即是叛国”；柯克回答说，“国王不在任何人之下，但在上帝和法律之下”。1973 年 8 月，西里卡法官下令总统亲自将九盘录音带交给他，以便他可以私下审查，并决定是否应该披露。

1973 年 10 月，总统命令理查森辞退考克斯；理查森拒绝并辞职。副总检察长被说服，辞退了考克斯，考克斯的特别检察官职位被莱昂·贾沃斯基取代。总统仍然拒绝遵守传票。1974 年 3 月 1 日，大陪审团提起公诉，指控总统幕僚中有七个人共谋欺骗国家并妨碍司法公正。尽管总统没有被指控犯有这些罪行（他在任职期间拥有不被起诉的豁免权），但他被命名为共谋者。针对交出录音带的传票，尼克松一方提出上诉，但尚未裁决。在双方试图达成中间路线失败之后，这方面的案件最终被提交到了最高法院，最高法院于 1974 年 7 月 8 日发表了意见。

首席大法官沃伦·伯格发表了最高法院的多数意见。[①] 沃伦·伯格是于 1969 年被尼克松任命为首席大法官的，以接替厄尔·沃伦的职位。伯格被认为比沃伦保守，毫无疑问，总统的顾问们认为他很可能会赞同对行政特权的主张。在发表最高法院意见时，伯格指出，最高法院此前的意见没有就执行寻求总统机密信息传票的司法权范围作出过界定；然而，行政和立法部门的权力行使都曾因与宪法冲突而被认定无效。保护高级政府官员和顾问之间的秘密交流的重要性显而易见，无须讨论。

> 分权原则和高层交流保密的必要性，在任何情况下都不会维护绝对的、不受限制的总统特权豁免于司法程序。总统需要顾问们完全坦诚和客观的态度，这一点需要得到法院的高度尊重。然而，只是宽泛地主张这种秘密交流之于公共利益的价

---

① *United States v Nixon*, 418 US 683.

值，这种特权无法得到支持，会与其他价值发生冲突。如果没有说明保护军事、外交或敏感的国家安全机密的必要性，我们很难接受其主张，即使总统交流的机密性具有非常重要的利益，也会大大降低，地区法院有义务提供传票，要求交出相关材料……①

我们选择了一种对抗性的刑事司法制度……在对抗制中呈现所有相关事实是一项基本且全面的要求。如果判决是建立在局部事实或推测性陈述的基础上，那么刑事司法的目的就会落空……② 184

第六修正案明确赋予刑事审判中的每一位被告人“与原告证人对质和以强制程序取得有利于自己的证据”的权利。而且，第五修正案还保证，未经正当法律程序，任何人都不得被剥夺自由。③

最高法院认为，西里卡法官适当地权衡了总统保密的利益与在刑事诉讼中获得相关证据的利益。西里卡法官的命令得到确认。虽然考克斯没有在最高法院对这个案件进行辩论，但最高法院支持考克斯的推理。一些录音带内容被公布，内容显示总统至少参与了掩盖卑鄙伎俩的行为。

1974 年 7 月 27 日，众议院司法委员会投票决定对妨碍司法公正的总统启动弹劾程序。8 月 8 日尼克松辞职。9 月，他的继任者福特总统赦免了他。

近 50 人被判犯有与水门事件有关的各种刑事罪行，其中许多人拥有律师资格，包括两位前总检察长。在获得政府公职之前，总统本人曾在加州的一家商业律所做了几年的合伙人。这不可避免地导致了对美国

---

① ibid, 706.

② ibid, 709.

③ ibid, 417.

律师协会成员管理的批评。1977 年，该协会成立了一个委员会来评估职业行为，并于 1983 年出版了《模范律师职业行为规则》（*Model Rules of Professional Conduct*），强调在所有法律事务中诚实的重要性。所有法律院系必须开设职业操守课程。

水门事件乍一看是一个令人不快的事件。在那些塑造美国的人物中，阿奇博尔德实际上只是践行了柯克勋爵在 17 世纪的英国所树立的最高的法律规则：国家元首必须服从法律。

第二十一章 玻璃天花板：桑德拉·奥康纳和露丝·巴德·金斯伯格

如果阿比盖尔·亚当斯活到1981年7月19日，她会欢呼雀跃，因为这一天桑德拉·奥康纳被任命为最高法院首位女性大法官。[①] 12年后，露丝·巴德·金斯伯格追随奥康纳的脚步进入最高法院的法官席。[②] 她们的年龄相差三岁，桑德拉出生于1930年，露丝出生于1933年；一人是爱尔兰后裔，另一人是犹太人，她们代表了美国的两大移民群体。桑德拉是在亚利桑那州的一个牧场长大的，[③] 露丝则是在纽约市长大的。桑德拉曾就读于斯坦福法学院；她曾与威廉·伦奎斯特（William Rehnquist）在《斯坦福法律评论》（*Stanford Law Review*）一起共事，后来在威廉·伦奎斯特任首席大法官时，她在他手下任职。露丝曾就读于哈佛法学院。两名女性在职业生涯初期都遭遇了性别歧视。桑德拉毕业后申请了40家律师事务所的工作，但没有得到过一次面试机会。[④] 露丝 185

① See D Abrams, *Sandra Day O'Connor* (New York, Infobase Publishing, 2009).

② See LN Bayer, *Ruth Bader Ginsburg* (New York, Chelsea House Publications, 2000); S Dodson, *The Legacy of Ruth Bader Ginsburg* (Cambridge, Cambridge University Press, 2015).

③ SD O'Connor and HA Day, *Lazy B*; *Growing up on a Cattle Ranch in the American Southwest* (New York, Random House, 2002).

④ Interview on *Fresh Air* (5 March 2013).

因为是女性而未能担任最高法院大法官法兰克福特的助理。① 她只是获得了地区法院法官助理的职位。

最终，桑德拉获得了一份地区助理检察官的工作，但只是在她提出无薪工作的条件之后。1965 年，她被提升为亚利桑那州助理司法部长。她进入共和党的政界，最终成为亚利桑那州参议院的多数党领袖，之后在亚利桑那州担任上诉法官。1981 年，里根总统打电话给她，说他将提名她为最高法院的大法官，问她是否可以。桑德拉回答：可以。

露丝曾在瑞典工作过一段时间，对法学院和法律职业的女性人数印象深刻。她从职业生涯开始，就是宪法下的妇女平等的推动者，写了一部关于妇女权利问题的标准著作，并在最高法院就这一问题进行了辩
186 论。起初，她在罗格斯大学和哥伦比亚大学从事法律研究工作，后来被卡特总统任命为美国哥伦比亚特区上诉法院法官；1993 年，克林顿总统任命她为最高法院大法官。两个女人都是已婚，有孩子。

一般而言，奥康纳一直被视为属于最高法院的保守派阵营，而金斯伯格属于自由派阵营。然而，这两位妇女都表现出了基于案件具体事实的实用主义，以及对扩张法律含义的不信任，因为扩张法律含义很可能会惹火烧身。在任命奥康纳时，首席大法官威廉·伦奎斯特被公认为保守派领袖。奥康纳大多数时候都同意他的观点。② 然而，有时她也会让作为批评者的最高法院保守派失望。随着时间的推移，法官席的组成发生了变化，奥康纳发现自己在一些关键案件中给出了决定性的意见，特别是那些处理两性关系和少数族群的案件。她被赋予“关键投票人”的称号，表面上意味着她决定了判决，但同时暗示着她不可靠，左右摇摆。她认为这种看法是不公平的。

两个女人之间路径的不同有时是件好事。2003 年，两个案件的判决

---

① N Lewis *New York Times* (15 June 1993).

② RJ Jackson and T Vjgnarajah, ‘Nine Justices, Ten Years:, a Statistical Retrospective’ (2004) 118 (1) *Harvard Law Review* 510-23 at 521.

证明了这一点，这两个案件分别是针对密歇根大学和密歇根法学院提起的诉讼。两个机构的录取程序都包括旨在使学生多元化的标准。密歇根大学的录取程序有许多标准用来给申请者打分，总分为100分。然而，来自少数民族或少数种族的学生会自动获得20分的初始分数，这在实践中意味着这些群体的所有申请人都将获得入学资格。法学院的录取程序还将实现种族和民族多元化作为其标准之一，但每个候选人都不得不被视为不具备多样的价值观。在密歇根大学案中，奥康纳支持（伦奎斯特也支持）多数意见，即尽管实现学生的多元化是国家教育机构的合法目标，但20分的奖励违反了第十四修正案中的平等机会规定，因为这太武断了。① 金斯伯格不同意多数意见，理由是，密歇根大学采取的纠偏行动是自由公开的，优于一个依靠点头和眨眼的体制。另外，她们都同意格鲁特尔诉博林杰案中的多数意见，即密歇根法学院的标准没有违反宪法修正案，因为该标准不包括武断的分数奖励，只是根据广泛的标准对申请人进行个体评估，其中种族多样性仅为一个方面。② 187

在1995年的密苏里州诉詹金斯案中，这两个女人针锋相对。③ 布朗案判决后，学校的种族隔离受到地区法院的监督。④ 废除种族隔离花费了很长时间。堪萨斯城（是其他地方的缩影）就出现了问题，在那里，市中心学校的学生多达90%是黑人，而郊区学校的学生大部分是白人。据说有一场白人从市中心搬离的运动。解决这个问题的一个办法（引起了强烈的反对）是把孩子们从一所学校赶到另一所学校，以消除种族不平衡。密苏里州地区法院试图执行的方案有所不同。它建议通过在基础设施和教师工资方面的投入以及创建高标准的“磁铁”学校来吸引所有种族，提高全市学校的整体水平。这项旨在“通过取消种族隔离来增加

---

① *Gratz v Bollinger* 539 US 244.

② 539 US 306.

③ 515 US 70.

④ Above ch 19.

学校的吸引力”的方案花费巨大。密苏里州政府对地区法院下令实施如此昂贵的项目的权力提出质疑。首席大法官伦奎斯特发布了多数意见，奥康纳随附，判决意见认为，任何取消种族隔离方案的目的都必须使取消种族隔离的受害者恢复到他们在没有隔离情况下的原本地位。密苏里州已经为此采取了重大措施。任何方案都应考虑到州和地方当局管理其事务的利益。拟议的方案需要无限的财政经费，超出了地区法院的救济权力范围。这是违宪的。苏特大法官发布了少数意见，金斯伯格随附。他们认为，该案提交的理由有限，多数判决的依据尚未在最高法院充分辩论。这又回到了最初由布兰代斯提出的关于最高法院是否能超越提交给它的陈述意见并促进其自身政策的论点上。

2000 年，奥康纳和金斯伯格在布什诉戈尔案中也持对立的观点。[1]总统竞选的票数如此接近，以至于其结果取决于佛罗里达州的计票，而这一数字存在缺陷。佛罗里达州上诉法院下令重新计票，但包括奥康纳在内的最高法院多数中止了这个命令。重新计票的最后期限将近，计票程序难以得到恰当且公正的执行。包括金斯伯格在内的少数赞成重新计票。

或许奥康纳最重要的和决定性的行为是在金斯伯格被任命之前，当时罗伊诉韦德案被重新审议。到 1992 年，最高法院的组成发生了显著变化，判决罗伊诉韦德案的大法官只剩一名，即布莱克门，此时最高法院的成员依然是九名法官，其中八名为共和党提名，被视为保守派。有
188 人期望最高法院会推翻罗伊诉韦德案。

宾夕法尼亚州议会通过了一项法令，要求在终止妊娠前满足各种条件；其中包括妇女知情同意书、通知其丈夫，如果该女性为未成年人，应通知其父母，并且界定了可以终止妊娠的医疗紧急情况。在宾夕法尼亚州东南部计划生育中心诉宾夕法尼亚州州长凯西案中，州法案

① 531 US 98.

的合宪性受到质疑；① 地区法院认为法案规定的堕胎要求违反了宪法，但巡回上诉法院支持除通知丈夫之外的所有要求。

对于上诉，最高法院的意见分歧严重，采用了各种不同的进路。四位大法官认为，终止妊娠的权利不是宪法保护的自由，但最终，五位大法官以有效多数确认了罗伊案判决的核心内容。决定性的因素是，有两位大法官赞成肯定罗伊诉韦德案，又有三位大法官加入进来，他们认为，如果该案判决是错误的，有足够的时间来推翻它，但实际上没有。奥康纳是其中一位，虽然她不同意最初的判决，但认为它持续时间太久了，无法扭转。她发表了这个关键的判决意见，她的两位同事随附。如果要推翻罗伊诉韦德案，将对一些人造成严重的不公平，他们在 20 年来的经济和社会发展中，基于避孕失败后堕胎的可能性，来安排私生活，并可能做出违背自己意愿或社会地位的选择。妇女能够平等地参与国家的经济和社会生活，这得益于她们控制生育的能力。

那些希望推翻罗伊案的最初判决的人指出，最高法院不乏推翻先前判决的例子，特别是布朗案的判决，② 在该案中，最高法院命令取消种族隔离，并推翻了先前普莱西案的判决，③ 普莱西案判决认为，如果向黑人和白人提供平等的设施，他们可以被隔离。多数支持罗伊案的人通过指出社会环境中发生的巨大变化来反驳这一论点，普莱西案和布朗案之间 70 年中发生的变化证明推翻先前的判决是正当的；至于罗伊诉韦德案，没有发生这种社会变化。

从罗伊案判决到 1992 年，孕妇医疗保健的进步使得对胎儿存活的评估发生了变化，在怀孕 23 周后，胎儿就可以存活。这导致多数判决否定了罗伊案中的三阶段分析，而代之以胎儿存活的两阶段划分框架。金斯伯格始终不懈地捍卫女性权利。在美国诉弗吉尼亚案中，她同意多

① 505 US 833 (1992).

② Above ch 19.

③ ibid.

189 数意见，认为弗吉尼亚军事学院只接收男性的政策违反了第十四修正案中的平等保护条款。[①] 在其他场合，金斯伯格在反对意见中对她男性同事对于妇女问题的态度提出了尖锐的批评。在莱德贝特诉固特异轮胎与橡胶有限公司案中，一名女员工诉称，她的雇主低估了她的价值，给她低于男员工的工资，从而歧视了她。[②] 多数意见推翻了她的主张，因为她没有及时提起诉讼。金斯伯格持不同意见，她说，“法院不理解，也不关心女性可能成为工资歧视受害者的阴险方式”。在冈萨雷斯诉卡哈特案中，一项联邦法案受到质疑，该法案禁止一种所谓“局部分娩”的节育方法。[③] 最高法院多数支持该法令，但金斯伯格反对。对此，她批评他们采用了“关于妇女在家庭中的地位的古老观念，根据宪法，这些观念已经声名狼藉”。

本书的简述并不能反映这两位大法官参与的许多判决意见的全貌。她们的判决意见显示出一种独立于性别的思想说服力。截至 2017 年，又有了两位最高法院女性法官，她们的任命将激励许多年轻女性。改变关于身份的看法对一个国家的塑造同样重要。

---

① 518 US 515（1996）.

② 550 US 618（2007）.

③ 550 US 124（2007）.

第二十二章　尾声：巴拉克·奥巴马

另一位打破玻璃天花板的是巴拉克·奥巴马，[1] 他成为美国第一位 190
黑人总统，然而种族问题一直困扰着他的总统任期。2016 年 7 月 12 日，他参加了在得克萨斯州达拉斯举行的追悼仪式，五天前，五名警察被一名狙击手击毙。警察是白人，而狙击手是非裔美国人。狙击手对白人警察分别枪击两名年轻的非裔美国人（路易斯安那州巴吞鲁日的奥尔顿·斯特林和明尼苏达州法尔肯高地的菲兰多·卡斯蒂尔）感到非常愤怒。白人警察的死亡又带来了一系列事件，又有年轻的非裔美国人死于警察之手。达拉斯枪击案只是奥巴马总统任期发生的多起多人被杀事件之一。

在葬礼的致辞中，奥巴马总统承认达拉斯人民和全国人民的不幸遭遇，以及在这种悲痛中寻求某种意义的必要性：

> 对于那些保护和服务于达拉斯人民的人们来说，上周四与往日没有什么不同。像大多数美国人一样，你们每天起床，可能很快吃完早餐，和家人吻别，然后开始工作，但是你们的工

---

① Generally see B Obama, *Dreams from My Father* (New York, Random House, 2004); D Maraniss, *Barack Obama: The Story* (New York, Simon and Schuster, 2012).

> 作却和全国其他地方的警察完全不同。在你们穿上制服的那一刻，在你们接电话的那一刻，你们已经面临着生命威胁。①

总统听上去很疲倦，他试图表现出充满希望的样子，但几乎是徒劳的。

总统的父亲，老巴拉克·奥巴马，来自肯尼亚的卢奥部落，他在夏威夷大学学习期间在俄语课上遇到了一位英国裔的年轻女子，来自堪萨斯州的斯坦利·安·邓纳姆。他们结婚了，小巴拉克于 1961 年 8 月出生。这对夫妇早早分居，并于 1964 年离婚。小巴拉克主要是由他母亲在夏威夷的父母抚养长大的。他后来在纽约的哥伦比亚大学学习政治学和国际关系。在参加了许多社会项目之后，他于 1988 年被哈佛法学院
191 录取，后成为《哈佛法律评论》的主编，并于 1991 年以优异成绩毕业。随后，他获得芝加哥大学法学院的教职，并在一家专门从事人权案件和社区发展的律所实习。正是在芝加哥大学，他认识了他的第一夫人米歇尔，她也是一名律师。1997 年，他以民主党的身份成为州参议员，2005 年，成为国会参议员。民主党在 2008 年提名他为总统候选人，2009 年，他成为总统。在他访问达拉斯时，他的第二个任期即将结束。

在他的第一次总统竞选中，他采用了“是的，我们能”的口号。然而不久他就发现“不可能总是这样”。他也犯了困扰克林顿政府的同样的错误。在英国，首相的任命是基于他在下议院中占据多数席位，有时可能是联合席位（尽管哈罗德·威尔逊曾代表少数党政府管理过一段时间）。在国会，美国总统可能在众议院或参议院或两院都没有占据多数。这主要发生在中期选举之后。在奥巴马总统任期的大部分时间里，他在国会中并没有占多数，而且他要求跨党派支持的呼吁被置若罔闻。

2009 年，奥巴马推出了一项医疗保健计划，政府投资 9000 亿美元

---

① 这篇演讲的文本可见 www. whitehouse. gov/the-press-office/2016/07/12/remarks-president-memorial-service-fallen-dallas-police-officers。

以建立所谓的公共健康保险项目。众议院通过了一项法案，该法案包含了这样的公共健康保险项目。参议院没有批准这项法案，而是通过了他们自己的医疗法案，没有公共健康保险项目的内容。最后勉强通过了一项妥协法案，即2010年《患者保护与平价医疗法案》。该法案包含复杂的机制，其中包括对最贫困者的某些政府补贴、对雇主提供医疗保健的激励，以及对那些没有参加最低医疗保险的人的税收惩罚。该法案并没有实现奥巴马的愿景。

2001年9月11日，基地组织成员利用飞机摧毁了纽约世贸中心的双子塔。国会两院通过了一项联合决议，授权总统使用一切必要且适当的武力对付他认定对袭击负责的组织和人员。阿富汗民兵部队抓获了萨利姆·艾哈迈德·哈姆丹，据称他是基地组织头目奥萨马·本·拉登的司机，阿富汗民兵将他移交给了美国军队。2002年，哈姆丹被送往古巴关塔那摩湾美国海军基地的羁押中心，该中心主要用于关押在阿富汗和伊拉克被逮捕的恐怖分子嫌疑人。该地于1903年从古巴租用，古巴保留最终主权，因此有人认为，美国法律的一般保护不适用于被羁押在那里的人。这座建筑最多曾容纳近800名在押人员。

在美国革命时期，第二届大陆会议决定组织大陆军，并制定《战争法规》以管理大陆军队的行为。法规第15条授权设立军事委员会，审判被指控违反战争法的囚犯。国防部长唐纳德·拉姆斯菲尔德设立了这样的委员会来审判那些在关塔那摩湾被羁押的人。哈姆丹即将接受这样 192
一个委员会的审判，他根据人身保护令质疑该机构的管辖权，官司打到了最高法院，即2006年的哈姆丹诉拉姆斯菲尔德案。[1] 2005年的《在押人员待遇法》规定，法院无权审议关塔那摩湾羁押者提出的人身保护令申请，但最高法院认为，该法的条款没有具体针对其管辖权，于是受理了该案。最高法院的判决意见认为，由于军事委员会的组成和程序都

① 548 US 557.

违反了《美国统一军事司法法典》和1949年《日内瓦公约》（美国是该公约的签署国），因此该委员会缺乏继续审理哈姆丹案的权力。最高法院授予了人身保护令。此后，2006年《军事委员会法》试图以其他方式排除国内法院对关塔那摩湾中心的管辖权，但2008年在布迈丁诉布什案中，该法的有效性受到了质疑。① 最高法院的判决意见认为，即使古巴政府保留了关塔那摩基地的主权，但美国政府事实上对其拥有控制权，最高法院也有权授予人身保护令。

在2008年的总统竞选中，巴拉克·奥巴马的主要承诺之一是关闭关塔那摩湾的综合设施。他确保通过了一项法案，增加了对那些军事委员会审判的人的程序保护，并逐渐减少了被羁押的人数，但总统在最终关闭关塔那摩的过程中遇到了明显无法克服的困难。在军事情报部门看来，一些被羁押的人仍然非常危险。他们可能被遣返的国家（如也门）不能充分保证他们继续被羁押。唯一的选择是在美国关押他们，于是奥巴马总统下令伊利诺伊州的一所监狱为此做好准备。然而，国会反对将这样的人关押在美国领土上，并拒绝提供资金。截至2016年初，关塔那摩湾仍有大约90人被羁押。看来，尽管奥巴马总统在减少关塔那摩湾的羁押人数方面做了很多努力，但他在执政8年后将无法兑现竞选承诺。

奥巴马限制枪支犯罪的努力似乎更不成功。2016年1月，他发布了一系列旨在减少美国枪支犯罪的行政命令。一直以来，有一个强大的游说团体反对任何限制宪法规定的携带武器权利的企图。这有效地阻止了任何控制枪支使用的立法。总统下达命令时发布的情况表明，在过去的10年中，美国有超过10万人死于枪支暴力，另有数百万人遭遇了使用枪支的犯罪。

行政命令的使用可以追溯到乔治·华盛顿的总统任期。《美国宪法》

① 553 US 723.

第2条第1款将国家行政权力授予总统，第3款要求总统“注意忠实执行法律”，即所谓忠实执行条款。根据总统的宪法权力，行政命令是正 193
当的，但它们显然仅限于执行已经生效的法律。2016年1月发布的行政命令试图遏制枪支犯罪，首先确保严格执行对购买某些枪支的人进行背景调查的立法要求，其次确保所有出售武器的人都获得了适当的许可，还将为精神健康治疗和改进武器安全的研究提供新的资金。共和党发言人严厉抨击这些措施。后来成为共和党总统候选人的唐纳德·特朗普说，如果当选，他将很快取消对这些命令的签署。众议院议长保罗·瑞安指责奥巴马总统在打击守法的公民，而不是犯罪分子和恐怖分子在威胁守法的公民。

奥巴马总统也有成功之处。他的政府是在经济衰退时期上台的，尽管花费了时间，但美国已经恢复了繁荣。他扩大医疗保健供应本身就是一个里程碑。他对外交政策的一些判断受到质疑，但他是诺贝尔和平奖的获得者。现在判断他对美国的发展贡献有多大还为时过早。然而，很容易看出，他在达拉斯参加追悼会时，为什么显得疲惫不堪。种族分歧的两边都有枪杀事件。他继续他的演讲：

> 我们民主最深的裂痕突然暴露出来，甚至可能扩大……面对这场暴力，我们想知道美国种族的分歧是否能够弥合。我们想知道，如果非裔美国人群体觉得被警察不公平地盯上了，而警察部门觉得其工作受到了不公平的指责，他们是否能够理解彼此的经历……我理解。我理解美国人的感受。但是，我来达拉斯是想说，我们必须拒绝绝望。我来这里是因为坚信我们并非水火不容。我知道，因为我了解美国。我知道我们知其不可为而为之的成效。①

2016年11月，或许见证了美国历史上最具分裂性的总统竞选。法

① Above n 2.

律人被击败了；选民们选择了一位商人，尽管是以微弱优势获胜。特朗普的当选受到许多城市街头抗议者的欢迎。奥巴马医改似乎不可避免地会一败涂地，不会再有进一步的枪支管制。

评论家们认为，唐纳德·特朗普是在白人男性蓝领工人的支持下当选的，他们是民主党政府的抗议者。1776 年 5 月 26 日，约翰·亚当斯曾写信给詹姆斯·沙利文，内容如下：

> 理论上可以肯定的是，政府的唯一道德基础是人民的同意。但我们应该在多大程度上贯彻这一原则呢？我们是否应该说，社区中的每一个人，无论老少，无论男女，无论贫富，都必须明确同意每一项立法？你会说，不是这样的。这是不可能的。那么，多数人违背少数的意志来进行管理又如何呢？……在每个社会中，完全没有财产的人一般而言对公共事务的了解也很少，无法形成正确的判断，过多依赖于其他人，而没有自
> 194 己的意志……人心如此脆弱，以至于没有财产的人很少能有自己的判断。他们的谈话和投票是按照某个富有的人的指示进行的，这个人令他们的想法符合他的利益。①

唐纳德·特朗普是一位富有的职业人士。毫无疑问，大都会的自由主义精英（在脱欧后的英国以及在美国）读到亚当斯的话会伤感。然而，特朗普总统将在签署美国宪法 230 周年之际宣誓效忠美国宪法；让我们希望，尽管总统竞选存在分歧，他仍能找到一种以全体人民的名义执政的方式。

---

① RJ Taylor (ed), *Papers of John Adams* (MA and London, Belknap Press of Harvard University Press, 1977) Vol IV 208.

索　　引

著作权合同登记号 图字：01-2018-2170

图书在版编目（CIP）数据

改变美国的律师们 /（英）安东尼·阿里奇（Anthony Arlidge）著；毕竟悦译. —北京：中国法制出版社，2023. 2

书名原文：The Lawyers Who Made America
ISBN 978-7-5216-3249-1

Ⅰ. ①改… Ⅱ. ①安…②毕… Ⅲ. ①律师-列传-美国 Ⅳ. ①K837. 125. 19

中国国家版本馆 CIP 数据核字（2023）第 022220 号

责任编辑：侯 鹏　　　　封面设计：李 宁

改变美国的律师们
GAIBIAN MEIGUO DE LÜSHIMEN

著者/（英）安东尼·阿里奇（Anthony Arlidge）
译者/毕竟悦
经销/新华书店
印刷/三河市紫恒印装有限公司
开本/880 毫米×1230 毫米 32 开　　印张/ 9. 25 字数/ 202 千
版次/2023 年 2 月第 1 版　　2023 年 2 月第 1 次印刷

中国法制出版社出版
书号 ISBN 978-7-5216-3249-1　　定价：49. 00 元

北京市西城区西便门西里甲 16 号西便门办公区
邮政编码：100053　　传真：010-63141600
网址：http：//www. zgfzs. com　　**编辑部电话：010-63141826**
市场营销部电话：010-63141612　　**印务部电话：010-63141606**

（如有印装质量问题，请与本社印务部联系。）